AF523631

JESUS

sein Wirken, sein Erbe

Michael Andréewitch

Text: Michael Andréewitch
Covergestaltung: Verlagshaus Schlosser
Umschlagabbildung: AdobeStock
Satz und Layout: Verlagshaus Schlosser
Bilder: Wiki Commons
ISBN 978-3-7581-0021-5
Druck: Verlagsgruppe Verlagshaus Schlosser
D-85652 Pliening • www.schlosser-verlagshaus.de

Printed in Germany

„Ich bin das Brot des Lebens.“

Johannes 6,48

Für Siggi, meine Frau, die mir seit
Jahrzehnten liebend zur Seite steht.

Inhalt

Jesus – sein Wirken, sein Erbe
Kapitel 1

GARTEN DER WONNE

das Paradies

Um Jesus zu verstehen, soweit uns dies zweitausend Jahre nach seinem Tod möglich ist, geben uns zwar Aufzeichnungen, Überlieferungen und Lehren vielfältige Informationen über sein Leben, sein Denken und sein Wirken. Das Bild, das wir uns von ihm zu machen vermögen, kann aber nicht abgerundet sein ohne Wissen um seine Herkunft, wie auch um seine Religion. Jesus war gläubiger und praktizierender Jude. Wie aber entstand dieser Glaube, woher kommt er? Wurde er von den Hebräern sozusagen erfunden, oder können wir auf eine religiöse Entwicklung zurückblicken? Wenn ja, wo sind die eigentlichen Anfänge zu suchen? Wie weit gehen sie zurück, wie tief reichen die religiösen Wurzeln?

Religion, den Glauben an Überirdisches, hat es seit dem Beginn der Menschheit gegeben, seit der homo sapiens fähig ist zu reflektieren. Zu vieles gab es, das nicht verstanden werden konnte, das unerklärlich war und dennoch einer Erklärung bedurfte.

Ob Flüsse über die Ufer traten, ob es donnerte, regnete oder ob die Sonne täglich aufs Neue aufging, hinter all diesen nicht zu begreifenden Vorgängen und Ereignissen musste eine Kraft stehen. Diese Kraft hat der Mensch Gott genannt. Und Götter waren stark, viel stärker als die Menschen, dazu eigenwillig und unberechenbar, daher war es wichtig, sich ihnen zu unterwerfen, sie zu besänftigen, sie nicht zu reizen. Nur dann bestand Aussicht auf ein Leben ohne große Not und Unglück. Beides wurde schließlich als Strafe der Götter gesehen.

Unerklärliches aber gab es zur Genüge, und für jedes unergründliche Mysterium war eine Schutzmacht vonnöten. So gab es mit der Zeit Tausende von Göttern. Und als sich verschiedene Kulturkreise zu bilden begannen, verehrten alle ihre eigenen Gottheiten. Mächtig waren sie, die schützen, Milde walten lassen oder strafen konnten, und alle hatten neben göttlichen auch menschliche Eigenschaften.

So ist zu erklären, dass sich die Menschheit 300.000 Jahre lang an viele Götter wandte und sich der Ein-Gott-Glaube erst vor etwa 3000 Jahren durchsetzte, damals aber bei Weitem noch nicht überall.

Die Anfänge von göttlichem Glauben können aber nur dort erfasst werden, wo begonnen wurde, schriftliche Aufzeichnungen anzulegen. Diese ersten Zeugnisse in geschriebener Form kennen wir seit der Entstehung der Keilschrift, erdacht um 3300 v. Chr. von den Sumerern, der ältesten aller mesopotamischen Kulturen. Die Zeichen der sumerischen Keilschrift wurden in Tontafeln gedrückt. Diese erwiesen sich als sehr haltbar und geben vielfältiges Zeugnis über Kultur und Religion.

Die Sumerer, in deren Vorstellung eine Vielzahl von Göttern existierte, schrieben diesen bereits die Erschaffung des Menschen zu. Auch hatten die Götter einen eigenen

Garten, den sie bewohnten. Hier ist also der Beginn des Menschen und des Paradieses zu suchen und hier werden wir fündig.

Nach jüdischer Vorstellung war und ist das Paradies der von Gott geschaffene Ort, an dem die ersten Menschen, Adam und Eva, lebten, bevor sie daraus verbannt wurden. Solch eine religiöse Vorstellung wurde später vom Christentum und auch vom Islam übernommen. Dieses Paradies ist aber nicht zu verwechseln mit jenem, das auch als Himmel bezeichnet wird und in das uns – so hoffen jedenfalls viele Gläubige – nach unserem Tode Einlass zu ewiger Seligkeit gewährt wird.

Einer der Hauptunterschiede ist somit dies: Das Paradies von Adam und Eva wurde von Gott als deren Wohnort geschaffen. Das auf uns wartende Paradies, von Christen auch Himmel genannt, ist aber in den Buchreligionen der Wohnort von Gott, allerdings ein Wohnort mit sehr vielen Gästezimmern.

Der Begriff Paradies leitet sich etymologisch[1)] vom Altiranischen ab und bedeutet eingezäunte Fläche. Gemeint waren damit Königs- und Palastgärten – durchaus auch ein Gottesgarten, und Götter gab es ja viele.

Eine andere Bezeichnung für Paradies ist Garten Eden. Die sumerische[2)] Bezeichnung „GuAn Edin“ wurde mit begrünter Steppe oder auch mit Himmelsrand übersetzt. GuAn Edin wurde im Hebräischen zu Gan Eden und im Deutschen zu Garten Eden. In der Bibel wird der Garten Eden zudem auch als Garten der Wonne bezeichnet.

Die über 5000 Jahre alte sumerische Mythologie erzählt von Inanna, der Göttin der Liebe. Sie hatte einen Garten und in dem wuchs ein besonderer Baum heran, der Baum des Lebens.

Im sumerischen Gilgameschepos[3)], das um 2600 v. Chr. verfasst wurde, hat das Paradies dann einen anderen Namen, es wird Dilmun genannt. Dilmun ist der Legende nach ein wundervoller, schöner Ort, aber auch gleichzeitig Heimat der Schlange, des Sinnbilds des Bösen. Die Schlange stiehlt die Blume der Unsterblichkeit und als Konsequenz muss Gilgamesch den Dilmun verlassen und sterben.

Vermutlich meinten die Sumerer mit Dilmun die Insel Bahrain wegen ihres Süßwasser-Vorkommens und der daraus entstandenen Flora und Fauna. Ein Königreich Dilmun wurde um 2500 v. Chr. in einigen mesopotamischen, aber auch in bahrainischen Textfunden erwähnt. Im 8. Jh. v. Chr. wird Dilmun als assyrischer Vasall bezeichnet, im 6. Jh. v. Chr. war Dilmun in das Neubabylonische Reich eingegliedert.

In dem sumerischen Mythos von Enki (Weisheitsgott) und Ninhursanga (Muttergöttin und Ehefrau des Enki) wird der Dilmun folgendermaßen beschrieben: In Dilmun verstummt der Schrei der Krähe, der Löwe tötet nicht, der Wolf reißt nicht das Lamm. Der wilde Hund, Verschlinger der Kinder, ist unbekannt.

Doch da dieser Mythos eine ziemlich wilde Geschichte ist, die uns sehr interessante Einblicke über die Zustände in der sumerischen Götterwelt gibt, wollen wir über sie in Kurzfassung berichten, wohl wissend, dass wir etwas abschweifen, aber eben nur etwas, denn schließlich spielt das Ganze ja im sumerischen Paradies:

„Der Weisheitsgott Enki möchte von seiner Frau Ninhursanga einen Sohn, sie gebiert ihm aber nur eine Tochter. Also schwängert er seine Tochter, doch auch diese schenkt ihm eine Tochter. Enki gibt aber nicht auf und beglückt nun seine Enkelin, doch auch die be-

kommt wieder eine Tochter. Seine Urenkelin heißt Uttu und ist die Göttin des Flachses.

Ninhursanga, die Frau von Enki, hat jetzt ob all dieser Betrügereien die Schnauze endgültig voll und berät ihre Urenkelin, wie den Avancen ihres Mannes zu widerstehen ist. Doch Enki verkleidet sich als gut aussehender Gärtner und so gelingt es ihm, auch seine Urenkelin zu vernaschen.

Uttu merkt den Betrug und bittet Ninhursanga um Hilfe. Diese entfernt den Samen des Enki aus Uttu und wirft ihn auf den Boden, und siehe, aus diesem Samen wachsen acht Pflanzen. Diese setzt Ninhursanga ihrem Mann zum Essen vor und Enki erkrankt schwer an dieser Mahlzeit. Der Götterrat aber bittet Ninhursanga, ihren Mann Enki nicht sterben zu lassen. Sie zeigt Einsicht, setzt sich auf ihren Mann, nimmt die Samen in sich auf und gebiert aus diesen acht Götter und Göttinnen. So ist zum Schluss alles wieder gut, denn Ninhursanga verzeiht Enki, der hat nun endlich Söhne, die Urenkelin ist nicht auch mehr schwanger – und wenn sie nicht gestorben sind, dann leben sie noch heute."

Im ersten Buch der Tora[4)], der Genesis, wird das Paradies als Garten mit vier Flüssen beschrieben. Wasser, die Grundlage allen Lebens, gibt es also im Überfluss[5)]. Dort finden sich auch Gold, Karneolsteine und Myrrhe – alles Dinge, die nicht nur teuer waren, sondern auch bestens geeignet, um Handel zu treiben.

Wo dieser Garten Eden zu finden war, darüber kann aber nur spekuliert werden. Manche Historiker vermuten ihn in Ost-Aserbaidschan, andere verweisen darauf, dass zwei der vier genannten Flüsse Euphrat und Tigris sind, der Garten Eden demnach im Zweistromland zu finden gewesen sein müsste.

Allerdings heißt es in der Genesis auch, dass der zweite Strom, er wird Gihon genannt, das Land Kusch umfließt.

Kusch bezeichnet aber das heutige Nubien, das sich Ägypten und der Sudan teilen und dessen Bewohner vor langer Zeit Kuschiter hießen. In der Bibel steht außerdem, dass Kuschiten (man beachte den feinen Unterschied: Kuschiten und nicht Kuschiter) Bewohner von Palästina und Arabien waren.

Wie auch immer: Die Bibel drückt sich hier einfach und verständlich, aber ungenau aus, wenn wir erfahren, dass der Herr in Eden, im Osten, einen Garten anlegte[6)].

Das Paradies war also fertig, und nun konnte Gott darangehen den Menschen zu erschaffen; erst den Adam, den er in einen tiefen Schlaf fallen ließ, um ihm eine Rippe zu entnehmen[7)], die Gott brauchte, um daraus eine Frau zu formen. Dieser Tiefschlaf, der Adam befiel, war also göttliche Anästhesie und stellte sicher, dass die Rippe schmerzfrei entnommen werden konnte.

Der Rest der Geschichte ist bekannt: Adam und Eva durften alles essen, das da wuchs, nur vom verbotenen Baum mussten sie sich fernhalten. Doch die Lust, Verbotenes zu probieren, überkam sie. Später sollten sie dann sagen: Es ist ja gar nicht unsere Schuld, die Schlange hat uns verführt!

Doch dieses Argument ließ Gott nicht gelten. Er wurde böse, verfluchte erst die Schlange[8)] und bestrafte dann Adam und Eva für ihren Ungehorsam. Wie aber bestrafte er sie? Zu Eva sagte er: „Unter Mühsal und Schmerzen wirst du gebären.“ Und an Adam gerichtet fuhr er fort: „Unter Mühsal wirst du vom Ackerboden essen, im Schweiße deines Angesichts. Und zum Ackerboden wirst du zurückkehren, denn Staub bist du, und zum Staub musst du zurück.“

Diese Worte werden vielfach als Fluch gedeutet, doch wenn man das Ganze etwas pragmatischer sieht, dann ist es, bis auf die Schlange, eher eine Strafpredigt. Allerdings ist der schwerste Teil der Strafe für Adam und Eva weder, dass sie Mühe und Schmerzen erleiden noch dass sie aus dem Paradies vertrieben werden, sondern die Tatsache, dass sie ihre Unsterblichkeit verlieren. So sagt Gott explizit: „Denn Staub bist du, zum Staub musst du zurück!“[9]. Damit ist alles klar, denn bereits, nachdem er ihn erschaffen hatte, warnte Gott Adam: „Doch vom Baum der Erkenntnis von Gut und Böse darfst du nicht essen; denn, sobald du davon isst, wirst du sterben.“[10]

Die Botschaft ist also eindeutig, wenn die Drohung, wie wir im Weiteren erfahren, auch nicht bedeutet, dass Adam sofort nach Genuss der Frucht tot umfällt, sondern eben ab nun ein sterblicher Mensch ist.

Auch hat Eva dieses Verbot nicht von Gott selbst vernommen, schließlich wurde sie ja erst erschaffen, nachdem es ausgesprochen war. Doch sie wurde von Adam mit den Regeln des Paradieses vertraut gemacht. Davon zeugt ihre Ausrede vor Gott: „Die Schlange hat mich verführt.“[11]

Zum Schluss zeigt sich dieser zornige, strafende Gott dann noch von einer liebenswerten Seite, denn bevor er die beiden rausschmeißt, betätigt er sich fürsorglich als Schneider für seine Kinder. Wir zitieren Vers 3,21 der Genesis: „Gott, der Herr, machte Adam und seiner Frau Röcke aus Fellen und bekleidete sie damit.“ Schließlich hätte er ja auch sagen können: „Macht euch eure Klamotten selbst!“

Der Ungehorsam aber mutiert zur Erbsünde, zu diesem unglückseligen Nachlass von Adam und Eva, dem wir als Christen nicht entkommen können und den jeder von uns in die Wiege gelegt bekommt, nur Maria nicht.

Am härtesten aber trifft es Jesus, denn er wird für diese Erbsünde, 3760 Jahre, nachdem sie begangen worden ist, an das Kreuz genagelt. Es ist schade, dass es nicht schon damals die Beichte gab. Wie viel einfacher wäre doch dann alles gewesen?

Begriffe, Literatur, Zitate

1) Etymologie – Wissenschaft von der Herkunft und Bedeutung von Wörtern.

2) Das Reich der Sumerer, neben der ägyptischen die älteste Hochkultur unseres Planeten, lag im südlichen Mesopotamien, dem Zweistromland zwischen Euphrat und Tigris. Es bestand von 3200 bis 1950 v. Chr.

3) Der sumerische König Gilgamesch lebte um 3000 v. Chr. Das Gilgamesch Epos entstand um 2600 v. Chr. und ist eine der ältesten Dichtungen, die schriftlich erhalten sind. Sie berichtet über Reisen, Taten und Erlebnisse des Gilgamesch, der zu zwei Drittel Gott und zu einem Drittel Mensch war.

4) Der erste der vier großen Abschnitte des Alten Testaments sind die fünf Bücher Mose, auch Tora – hebräisch für Unterweisung – oder Pentateuch – griechisch für Fünfgefäß – genannt. Der Begriff bezeichnet Tonkrüge, in denen Schriftrollen aufbewahrt wurden. Die fünf Bücher Mose tragen folgende Titel: Genesis, Exodus, Levitikus, Numeri, Deuteronomium.

5) AT, Gen 2,10.

6) AT, Gen 2,8.

7) AT, Gen 2,21.

8) AT, Gen 3,14.

9) AT, Gen 3,19.

10) AT, Gen 2,17.

11) AT, Gen 3,13.

Jesus – sein Wirken, sein Erbe
Kapitel 2

PECCATUM ORIGINALE

die Erbsünde

Das Christentum kennt als einzige der Buchreligionen den Begriff der Erbsünde. Der Verlust der Unschuld, die Jahwe Adam und Eva in das Paradies mitgegeben hatte, war Folge und Strafe für den Sündenfall, für Ungehorsam. Die Kirche ließ sich diese Gelegenheit nicht entgehen und konstruierte aus dem Sündenfall einen genetisch vererbbaren Drang zur Sünde, also zum Bösen.

Unschuld frei Haus gibt es bei den Christen also nicht mehr, diese hat die Kirche abgeschafft, seit der nordafrikanische Bischof Augustinus von Hippo im 5. Jh. die Erbsünde erdachte und einführte. Ab da wurde Jeder schuldbeladen geboren. Dies wird von der heiligen Mutter Kirche unter anderem mit Psalm 51 begründet, der in Vers 7 dazu Stellung bezieht: „… denn ich bin in Schuld geboren, in Sünde hat mich meine Mutter empfangen." Doch werden hier Zeugung und Geburt nicht als Sünde qualifiziert, sondern gemeint ist: „Ich bin empfangen und geboren im Zustand der Sünde."[1)]

Schon der Apostel Paulus sieht den Sachverhalt der Erbsünde sehr ähnlich, obwohl er diese Bezeichnung nicht verwendet, weil er sie nicht kennt. Im Römerbrief schreibt er: „Der Tod gelangte durch die Sünde eines einzelnen zu allen Menschen, weil alle sündigten."[2] Gleichzeitig aber bestätigt Paulus, dass der Mensch von Gott ursprünglich als unsterblich konzipiert wurde, denn er sagt auch: „... dennoch herrschte der Tod von Adam bis Mose auch über die, welche nicht wie Adam durch ein Übertreten eines Gebots gesündigt hatten."[3] Eines Gebots? Wie grausam ist denn das? Diese Aussage von Paulus lässt nur eine Schlussfolgerung zu: erst die Todesstrafe für zwei, nämlich Adam und Eva, die ein einziges Mal ein Gebot übertreten hatten, dann die Todesstrafe für alle anderen, die diesen zwei nachkommen, und zwar für immer. Also ewig währende Sippenhaft. Es darf auch noch angeführt werden, dass Paulus hier von der Sünde eines Einzelnen spricht, dass er also Eva nicht einmal erwähnt.

Und welch eine Gerechtigkeit uns da präsentiert wird! Eva hat die verbotene Frucht gepflückt und beide aßen davon, dafür verlieren beide ihre Unsterblichkeit, müssen also sterben, wenn auch nicht gleich. Einer der Söhne der beiden aber, nämlich Kain, wird nicht nach dem damals herrschenden Prinzip „Auge um Auge" hingerichtet, weil er seinen Bruder Abel erschlagen hat. Nein, er wird lediglich ins Exil geschickt, und dabei droht Gott noch dem Rest der Welt mit empfindlichen Strafen, falls Kain körperliches Leid angetan werden sollte. Na ja, sterben muss Kain trotzdem, wenn auch erst später, wegen der Sippenhaft. Davor jedoch darf sich Kain noch eine Frau nehmen, eine Familie und später sogar eine Stadt gründen. Gar nicht schlecht für einen im Exil. Also wirklich, nach Rastlosigkeit und Ruhelosigkeit, zu welcher der Herr den straffällig gewordenen Kain verdonnerte, sieht das nicht gerade aus.

Die mit der Erbsünde angesteckte Menschheit kann also nur durch den Heilsbringer Christus gerettet werden. Und zu dieser Rettung hat sich die Kirche zum Thema peccatum hereditarium, auch peccatum originale[4], ein Hintertürchen offengelassen – die Taufe, die heute einen ganz anderen Zweck erfüllt als zu Jesu Lebzeiten; aber darüber später mehr.

Im Neuen Testament erwähnen weder Jesus noch die Evangelisten den Sündenfall, noch wird eine Verbindung zwischen Adam und Jesus angedeutet. Doch der Apostel Paulus entwickelt eine Rechtfertigungstheologie, die das zentrale Thema des christlichen Glaubens wird. Paulus verkündet, das Sterben Jesu bewirke Sühne. In ihm handelte Gott, um das Unheil, das sich aufgrund der Sünde zwischen ihn und die Menschen gestellt hatte, zu beseitigen. Am Kreuz erfolgt der Friedensschluss zwischen Gott und den Menschen.[5]

Augustinus von Hippo, einer der vier lateinischen Kirchenväter und römischer Bischof, hat die Erbsünde zu einer Lehre formuliert, und diese wurde 418 n. Chr. auf der Synode von Karthago[6] zum Dogma erhoben. Doch schon der frühchristliche Schriftsteller Tertullian hatte in seiner Schrift „Apologeticum" 200 Jahre vor Augustinus die These aufgestellt, dass die sündige Natur des Menschen durch die geschlechtliche Zeugung fortgepflanzt wird.

Und so wurden diese beiden Herren Augustinus und Tertullian zu den Urhebern der Verdammung von Sexualität, ein Thema, an das sich die Kirche bis heute mit Begeisterung klammert. Dies ist bemerkenswert angesichts der Tatsache, wie genau es ein Teil des Klerus mit dem Zölibat nimmt und auch genommen hat.

Der aus der römischen Provinz Britannia stammende Mönch und Theologe Pelagius – er lebte etwa zur gleichen Zeit wie Augustinus – hat dieser Theorie widersprochen und gemeint, wenn der Mensch gute Werke tut, so trägt er damit zu seinem eigenen Heil bei, und die Erlösung durch Christus wird auch ohne den Glauben an die Erbsünde hinfällig. Doch Pelagius wurde 418 n. Chr. auf der Synode von Karthago überstimmt. Augustinus, dessen Erbsündenlehre mit der des Pelagius kollidierte, ließ diesen als Häretiker exkommunizieren. Um aber ganz sicher zu gehen, bewirkte Augustinus dazu noch, dass diese Verurteilung auf dem Konzil von Ephesos (431) ein weiteres Mal offiziell bestätigt wurde. Damit stärkten jene Kräfte in der Kirche ihre Macht, die erkannt hatten, dass es am einfachsten ist, die Schäfchen der Herde durch Verängstigung und Drohung bei der Stange zu halten.

Sowohl der Scholastiker und Zisterzienser Alanus ab Insulis im 12. Jh. als auch Papst Innozenz V. im 13. Jh. unterschieden wenigstens zwischen der aktiven, der erzeugenden, und der passiven, der erzeugten, Ursünde. Ob diese Unterscheidung aber den Gläubigen Trost spendet, darüber darf diskutiert werden.

Johann Geiler von Kaysersberg, einer der bedeutendsten deutschen Prediger des 15. Jahrhunderts, ging noch weiter. Er hat als Erster das deutsche Wort „Erbsünde“ benutzt und damit das vorher gebräuchliche „angeborene Verderbnis“, das peccatum originale, ersetzt.

Das Konzil von Trient stellte unter Papst Paul III. im Jahre 1546 in dem Dekret „Ut fides nostra catholika“ (die Anfangsworte dieses Dekrets: „damit unser katholischer Glaube“) über die Erbsünde fest, dass Maria, die Mutter Jesu, der einzige Mensch war, der ohne Erbsünde auf die Welt kam.

Dieses Dekret[7] bestätigt außerdem mehrere Thesen. Erstens – aus eigener Kraft kann sich der Mensch nicht von der Sünde befreien; zweitens – die unsterbliche Seele des Menschen war seit jeher dem Tod verfallen; und drittens – Christus ist der neue Mensch und somit der zweite Adam, der den Getauften die Teilhabe am ewigen Leben schenkt. Also auch in diesem Dekret wird die Achse Adam–Jesus explizit hervorgehoben.

Gleichzeitig wurde in diesem Konzil das getan, was die Kirche sehr gut kann: Es wurde erst einmal gedroht. Dieser Beschluss über die Erbsünde besteht aus einer Einleitung, fünf Einzelbeschlüssen und einem Abschluss. Alle fünf dieser Beschlüsse beginnen mit den Worten, „wenn jemand nicht bekennt“, „wenn jemand behauptet“ oder „wenn jemand leugnet“, und alle enden mit der Androhung des Kirchenbannes.

Im juridischen Sinn ist die Erbsünde als Sippenhaft zu interpretieren. Sippenhaft ist als Kollektivhaftung die Pflicht der Verwandtschaft, für die Schuld eines Angehörigen einzustehen. Sie wurde schon seit Menschengedenken, also seit ältesten Zeiten von den meisten Kulturen aus mehreren Gründen angewandt: zur Abschreckung, als Druckmittel, aber auch, um sicherzustellen, dass Verwandte die Verurteilung eines Angehörigen nicht rächen würden, und schließlich auch, um eine Bußzahlung tatsächlich eintreiben zu können.

Im zweiten Buch Mose[8] spricht der Herr zu Mose: „Jahwe ist ein barmherziger und gnädiger Gott, langmütig, reich an Huld und Treue; er bewahrt Tausenden Huld, nimmt Schuld, Frevel und Sünde weg, lässt aber den Sünder nicht ungestraft; er verfolgt die Schuld der Väter an den Söhnen und Enkeln, an der dritten und vierten Generation.“

Auch in der Offenbarung des Johannes wird die Sippenhaft durch Gott höchstpersönlich bestätigt: So spricht der Sohn Gottes, der Augen hat wie Feuerflammen und Beine wie Golderz[9)]: „… das Weib Isebel gibt sich als Prophetin aus und lehrt meine Knechte und verführt sie, Unzucht zu treiben und das Fleisch zu essen, das den Götzen geweiht ist[10)]. Ihre Kinder werde ich töten, der Tod wird sie treffen, und alle Gemeinden werden erkennen, dass ich es bin, der Herz und Nieren prüft und ich werde jedem von euch vergelten, wie es seine Taten verdienen.“[11)]

Wer eine Straftat oder eine Sünde beging, musste sich also der Tatsache bewusst sein, dass sein Vergehen nicht nur an ihm, sondern gleichzeitig an seiner gesamten Familie gesühnt wurde.

In der modernen Rechtsordnung von demokratischen Staaten ist Sippenhaft mit dem staatlichen Schuldprinzip längst nicht mehr vereinbar. Doch in einer Reihe von totalitären Staaten wie zum Beispiel China oder Nordkorea wird Sippenhaftung heute noch gerne und häufig als Druck- und Beugemittel angewandt.

In Österreich wurde die Sippenhaft bereits vor 250 Jahren durch Maria Theresia abgeschafft. Manchmal lebte Sippenhaft wieder auf, wenn auch nur für kurze Dauer, so zur Zeit des Nationalsozialismus. In diesem Zusammenhang darf auch erwähnt werden, dass heute immer noch in einigen – vornehmlich ländlichen – Gegenden im südlichen Balkan Blutrache praktiziert wird, wohl die schändlichste Form von Sippenhaft. Diese Art der Rache geht zwar immer weiter zurück, ausgerottet aber ist sie noch nicht.

Das deutsche Strafrecht beschreibt in § 46 mit dem Titel „Grundsätze der Strafzumessung“ Schuld und Täter. Absatz 1, Satz 1 dieses Paragrafen sagt: „Die Schuld des Täters ist Grundlage für die Zumessung der Strafe.“ Diese Definition aber schließt Sippenhaft als Schuldzumessung aus.

Und im geltenden österreichischen Bundesgesetz ist der Ausschluss der Sippenhaft ebenfalls geregelt, denn im Strafgesetzbuch, allgemeiner Teil, erster Abschnitt, allgemeine Bestimmungen hat der Paragraf 4 die Überschrift: Keine Strafe ohne Schuld. Der Text im § 4 lautet: „… strafbar ist nur, wer schuldhaft handelt.“[12)]

In ähnlicher Form ist der Ausschluss von Sippenhaft als Schuldgrund in den Gesetzen der meisten Länder geregelt.

Nun stelle man sich vor, ein katholischer Geistlicher erhält eine behördliche Aufforderung, ein Organmandat für eine Verkehrsübertretung zu begleichen. Diese Übertretung wird zwar nicht ihm, sondern einem seiner Verwandten zur Last gelegt, doch er soll dafür geradestehen. Gegen eine derartige Aufforderung wird der Geistliche mit Sicherheit und zu Recht empört Einspruch einlegen. Die Erbsünde, ebenfalls eine Sippenhaft, wird derselbe Geistliche aber mit all seiner Kraft als dogmatische Wahrheit verteidigen.

Begriffe, Literatur, Zitate

1) Erich Zenger, Stuttgarter Psalter, S 143 ff.

2) NT, Röm 5,12.

3) NT, Röm 5,14.

4) Lateinisch für ererbte Sünde (Ursünde).

5) Jürgen Roloff, Einführung in das Neue Testament, S. 136.

6) Synode: Bischofsversammlung ohne Teilnahme des Papstes, um rechtliche und theologische Fragen zu klären. Im Unterschied dazu wird ein Konzil vom Papst einberufen; am Ende muss der Papst allen Beschlüssen zustimmen, er hat also das alleinige Entscheidungsrecht.

7) Dekret: behördlicher Beschluss; Verfügung.

8) AT, Ex 34,6-7.

9) NT, Offb 2,18.

10) NT, Offb 2,20.

11) NT, Offb 2,23.

12) StGB, BGBl. Nr. 60/197.

Kindheit des Christus (hier mit Josef); Öl auf Leinwand um 1620;
Gerrit van Honthorst (NL); Eremitage, St. Petersburg

Kapitel 03

DER KNABE JESUS

Geburt, Kindheit und Jugend

Wir wissen nicht, wann Jesus geboren wurde. Doch wir wissen mit Sicherheit, dass Jesus weder in der Nacht zum 25. Dezember geboren wurde noch im Jahre null, das es überhaupt nicht gibt.

Den Umstand, dass Religionsgründer, egal wo in dieser Welt, regionale Bräuche, Traditionen und Feste nicht einfach wegradieren können, sondern in ihrer Lehre verarbeiten müssen, wenn ihre Gemeindegründung erfolgreich sein soll, diesen Umstand haben wir bereits behandelt. Und der 25. Dezember ist solch eine Tradition. Denn dieser Tag der Wintersonnenwende – seit 1582 ist dies nach dem gregorianischen Kalender der 21. Dezember[1)] – war in vielen früheren Kulturen ein besonderer Tag.

Die Germanen und die Kelten feierten den 25. Dezember als Mittwinter, und zwar zu Ehren des Gottes Odin[2)], der höchsten germanischen und nordischen Gottheit. Dieser Tag wurde auch Julfest genannt. Und so heißt Weihnachten heute noch in Skandinavien.

Die Römer begingen die Saturnalien zu Ehren des Gottes Saturn[3)], des unbesiegbaren Sonnengottes. Zunächst wurde der Abschluss der Winteraussaat, also ein Bauernfest, gefeiert. Ab dem 3. vorchristlichen Jahrhundert wurden die Riten dieser Feierlichkeit dem griechischen Vorbild angepasst, Opfer und große Gelage zu Ehren des Saturn bürgerten sich ein. Zu Beginn des 3. Jahrhunderts versuchte die christliche Urkirche unter Papst Hyppolit[4)] mit der Festlegung des Geburtstages Christi auf den 25. Dezember Einfluss auf diesen römischen Brauch zu nehmen. Die Saturnalien sollten zu einem christlichen Fest umgewandelt werden. Leider war diesem Unterfangen aber kein Erfolg gegönnt.

Im Jahre 275 nach Christus führte der römische Kaiser Aurelian das heidnische Sonnenfest „Natale Solis invicti" (Fest der unbesiegbaren Sonne) als Staatsfeiertag ein. Und wieder versuchten die Christen, den Geburtstag Jesu als Natale Christi auf diesen Tag zu datieren.

An verschiedenen Stellen in der Bibel wird Jesus als die unbesiegbare Sonne[5)] und als das wahre Licht der Welt bezeichnet. Im Johannesevangelium (Joh 8,12) sagt Jesus: „Ich bin das Licht der Welt", eine Umschreibung für „die unbesiegbare Sonne". Und beim Propheten Maleachi (Mal 3,20) heißt es: „Der Herr spricht: für euch aber, die ihr meinen Namen fürchtet, wird die Sonne der Gerechtigkeit aufgehen, und ihre Flügel[6)] bringen Heilung."

Durchsetzen konnte sich die Kirche mit dem Datum des 25. Dezember als Geburtstag für Jesus aber erst im 4. Jh., und es dauerte dann noch einmal 400 Jahre, bis dieser Brauch im 8. Jh. schließlich auch in unseren Regionen ankam.

Jesus wurde sehr wahrscheinlich im Jahre 4 oder 6 vor unserer Zeitrechnung geboren, und zwar in Nazareth, denn sonst würde man ihn als Jesus von Betlehem kennen. Nazareth liegt in Galiläa[7], etwa 110 km Luftlinie nördlich von Betlehem[8], einer Stadt in Judäa. Zwischen Galiläa und Judäa befindet sich die ehemalige Provinz Samaria. Der Geburtsort wurde verlegt (von wem, das ist nicht mehr zu eruieren), um zu untermauern, dass Jesus in direkter Linie von David abstammte, der ebenfalls aus Betlehem kam. Deshalb sprechen wir auch vom davidischen Jesus. Doch er wuchs in seinem Geburtsort Nazareth mit seinen Geschwistern auf. Seine vier Brüder[9] werden in der Bibel namentlich genannt (Mar 6,3), seine Schwestern nicht.

Die Muttersprache von Jesus war Aramäisch, oder genauer: galiläisches Westaramäisch. Er scheint sehr sprachbegabt gewesen zu sein, denn er lernte auch Hebräisch und Griechisch. Lernen fiel ihm leicht und er konnte trotz vermutlich nur kurzer Ausbildung lesen und schreiben. Jesus hatte außerdem ein sehr gutes Gedächtnis und eine hohe Auffassungsgabe. So waren die Schriftgelehrten höchst beeindruckt, als der zwölfjährige Jesus im Tempel mit ihnen diskutierte.

In den kanonischen[10] Evangelien erfahren wir sonst nichts über die Kindheit und Jugend von Jesus.

Anders im apokryphen Kindheitsevangelium nach Thomas[11]: Dort wird beschrieben, wie Jesus als Fünfjähriger das Wasser eines Baches rein macht, dann aus Lehm zwölf Sperlinge formt, diesen Leben einhaucht und sie wegfliegen lässt. Er besitzt also bereits als Kind göttliche Wunderkräfte.

Vom jungen Jesus wird hier aber auch ein jähzorniges und grausames Bild gezeichnet. Als ein anderer Knabe ihn versehentlich mit der Schulter anstieß, ließ er ihn mit den Worten „du sollst nicht weitergehen“ auf der Stelle sterben.

Als Sechsjährigen schickte ihn seine Mutter mit einem Krug Wasser holen. Als aber der Krug zerbrach, füllte der kleine Jesus sein Oberkleid mit Wasser und brachte es seiner erstaunten Mutter.

Josef erkannte das Potenzial seines Sohnes und führte ihn zu einem Lehrer, der Jesus Lesen und Schreiben, aber auch Griechisch und Hebräisch beibringen sollte. Als aber Jesus das Wissen des Lehrers prüfen wollte, züchtigte dieser ihn. Da wurde Jesus zornig, verfluchte den Lehrer, der fiel hin und starb. Als Josef dies erfuhr, wurde er traurig und er wies Maria an: „Lass ihn nicht mehr aus dem Haus, denn alle, die ihn erzürnen, sterben."

Ein anderes Mal ging Jesus mit seinem großen Bruder Jakobus Holz sammeln. Als Jakobus dabei von einer giftigen Natter gebissen wurde, blies Jesus auf die Wunde und sofort war sein Bruder wieder gesund.

Im apokryphen Arabischen Kindheitsevangelium[12)] heißt es: Im ägyptischen Ort Matarea begab sich Maria mit dem Säugling Jesus zu einem Maulbeerfeigenbaum. Und der Säugling ließ dort eine Quelle sprudeln, in der Maria sein Hemd wusch. Aus dem Schweiß, den Maria aus dem Hemd ihres Kindes auswrang, wurde aber Balsam.

Am nächsten Tag nahm Maria wohlriechendes Wasser, um Jesus zu waschen. Dieses Wasser schüttete sie nicht weg, sondern goss einen Teil davon über ein Mädchen, dessen Haut weiß von Aussatz war. Doch sobald dieses Wasser die Haut des Mädchens benetzte, war es vom Aussatz geheilt.

Die Erzählungen dieser apokryphen Kindheitsevangelien sind als Legenden zu verstehen, doch sie zeigen, wie die Persönlichkeit des Knaben Jesus in gewissen Kreisen gesehen wurde.

Über die Jugend von Jesus erfahren wir nichts, weder von den Evangelisten[13], noch von den Apokryphen[14], noch von den damaligen Historikern. Doch in ihm mussten mit der Zeit Charisma, das Talent, andere zu begeistern, und beeindruckende rhetorische Fähigkeiten herangereift sein, die in seinen Reden, Predigten, anschaulichen Gleichnissen und religiösen Formulierungen zum Ausdruck kommen und die seine Anhängerschaft rasch wachsen ließen.

Begriffe, Literatur, Zitate

1) 1582 ordnete Papst Gregor XIII. in seiner Bulle „inter gravissimas“ an, den bis dahin gültigen julianischen Kalender neu zu definieren und die Länge des Sonnenjahres genauer zu berechnen.

2) Odin, Gott der Weisheit, des Todes, aber auch des Krieges war der oberste Gott der Asen, eines der drei Göttergeschlechter der nordischen Mythologie.

3) Saturn war in der griechischen Mythologie der Gott des Ackerbaus.

4) Er war Schüler des Kirchenvaters Irenäus und Papst; es scheint, dass er Gegenpapst zu Calixt I. war, doch bewiesen ist das nicht. Wenn dem so war, dann war er der 1. heiliggesprochene Gegenpapst.

5) Der Ursprung der Bezeichnung „unbesiegbare Sonne“ geht auf die alt-orientalischen Sonnengötter zurück.

6) Die Bezeichnung Flügel ist hier eine Umschreibung für Sonnenstrahlen.

7) Das Gebiet von Galiläa, das im Norden an den Libanon grenzt, nimmt heute etwa ein Drittel des israelischen Staatsgebietes ein.

8) Jesus kannte Betlehem nicht. Er war nie in seinem Leben dort.

9) Die Brüder hießen Jakobus, Joses (= Josef), Judas und Simon.

10) Kanon: Verzeichnis der kirchlich anerkannten biblischen Schriften; auch Kirchenrecht.

11) Das apokryphe Kindheitsevangelium nach Thomas (nicht zu verwechseln mit dem apokryphen Thomasevangelium) berichtet von Kindheitstaten des Jesus, der schon sehr früh zu wunder-

samen Wirken fähig war. Der Verfasser und die Entstehungszeit sind unbekannt.

12) Arabisches Kindheitsevangelium: Diese apokryphe syrische Schrift ist dreigegliedert: Geburt des Jesus, Wunder in Ägypten und Wunder des Jesusknaben. Vorlagen waren das apokryphe Protoevangelium des Jakobus und das Kindheitsevangelium nach Thomas. Einige Passagen dieser Schrift finden sich sogar im Koran wieder.

13) Evangelium heißt „gute Nachricht“ oder „frohe Botschaft“. Evangelisten sind die Verfasser der Evangelien.

14) Apokryphen: „Apokryphos“ bedeutet verborgen, dunkel. Apokryphen waren verborgene, versteckte religiöse Schriften. Ihre Lektüre war in den frühen Jahrhunderten streng verboten und strafbar, da sie nicht dem Kanon zugeordnet waren und daher die alleinige Wahrheit nicht vertreten durften. Heute wird der Begriff Apokryphen meistens für kirchliche Schriften verwendet, die zwar nicht Teil der Bibel, aber bibelnahe und deshalb wertvoll zu lesen und erbaulich sind.

Jesus – sein Wirken, sein Erbe
Kapitel 4

FAMILIE UND VERWANDTE

die heilige Sippe

Maria war die Mutter von Jesus. In ihrer Sprache, dem Aramäischen, wurde sie Marjam gerufen, sie wird aber auch Maria von Nazareth genannt. Sein Vater war Josef, wenn auch laut Kirche nicht der leibliche.

Der Stammbaum von Jesus[1)], der über Josef und David bis auf den Urvater Abraham[2)] zurückgeht, wird im Evangelium des Matthäus[3)] erklärt und aufgelistet. Gleichzeitig wird aber Josef dort nicht als Vater von Jesus, sondern als Mann von Maria bezeichnet, wohl um keinen Zweifel an deren Jungfernschaft aufkommen zu lassen. Um hier aber jedem Widerspruch zwischen Abstammung und Jungfernschaft entgegenzuwirken, muss eine rein rechtliche, also eine Adoptiv-Vaterschaft von Josef vorausgesetzt werden.

Doch nach Markus 6,3 hatte Jesus vier Brüder und eine nicht genannte Anzahl von Schwestern. Um auch hier das Jungfrauen-Image von Maria zu bewahren, werden diese von der Kirche als Halbgeschwister oder auch als Cousins geführt; das Zweitere wird die historische Exegese[4)] bestätigen.

Maria wird, wie erwähnt, auch die von Nazareth genannt, sie stammt also von dort. Und Josef war Zimmermann, ebenfalls in Nazareth. Als solcher hat er wohl eine Werkstatt und somit auch ein Haus sein Eigen genannt, das er, der Zimmermann, wahrscheinlich sogar selbst gebaut hat. Auch wäre es kaum vorstellbar, dass eine Frau, auch nicht Maria!, einen Mann geheiratet hätte, der ihr kein Zuhause bieten konnte. Damit wird deutlich, dass die Geschichte der Stallgeburt eine weitere Legende ist.

Als Urmutter der heiligen Sippe aber gilt die heilige Anna[5)] (hebräisch: Hannah), die Mutter der Maria und Großmutter von Jesus. In den kanonischen Evangelien wird sie nicht erwähnt, und trotzdem wissen wir von ihr, die als Heilige verehrt wird, einiges.

Die Eltern von Anna hießen Emerentia und Ysaschar. Anna hatte auch eine Schwester namens Esmeria. Esmeria war die Mutter von Elisabeth, der Mutter des Johannes des Täufers. Elisabeth und Maria waren also Cousinen, folglich waren deren Söhne Jesus und Johannes der Täufer Cousins zweiten Grades.

In erster Ehe war Anna mit Joachim[6)] verheiratet, dem Vater von Maria und dem Großvater von Jesus. Nach kirchlichem Verständnis, das 1854 von Papst Pius IX. in der Enzyklika „Ubi primum" („so bald wie möglich") zum Dogma[7)] erhoben wurde, wurde Maria zwar von ihrem Vater Joachim gezeugt und von ihrer Mutter Anna geboren, kam aber durch göttliche Gnade ohne Erbsünde zur Welt. Dies wird als unbefleckte Empfängnis (immaculata conceptio) bezeichnet.

Doch nach dem Tod von Joachim (er muss relativ früh verstorben sein) heiratete Anna ein zweites Mal, und zwar Kleophas[8)]. Auch ihm gebar sie eine Tochter, die sie Maria Kleophas nannte. Als aber auch Kleophas starb, heiratete Anna ein weiteres Mal, ihr dritter Ehemann hieß Salomas[9)].

Aus dieser Ehe ging wieder eine Tochter hervor, die Maria Salome genannt wurde. Somit hatte Maria, die Mutter von Jesus zwei Halbschwestern, Maria Kleophas und Maria Salome.

Maria Kleophas, die Tochter aus Annas zweiter Ehe, heiratete einen Mann namens Alphäus[10)] und gebar ihm fünf Söhne. Diese hießen Jakobus, Simon, Judas, Joseph und Matthäus. Und die Legende dieser fünf Söhne hat es in sich:

Der erste Sohn, auch Jakobus der Jüngere genannt, wurde später ein Apostel von Jesus.

Der zweite, Simon, war auch als Simon Zelotes bekannt, er war ebenfalls Apostel.

Judas, der dritte Sohn, hieß mit vollem Namen Juda Thaddäus und wurde der dritte Apostel, der dieser Ehe entstammte.

Joseph, der vierte, hieß eigentlich Joseph Justus Barsabbas. Er war einer der siebzig Jünger und schrammte nur knapp an einem Apostelamt vorbei; nach dem Tod des Judas Iskariot wurde ein Nachfolger in die Zwölfergruppe gewählt und bei dieser Wahl unterlag Barsabbas seinem Gegenkandidat Matthias.

Der fünfte Sohn der Maria Kleophas hieß Matthäus[11)] (der Evangelist Markus nannte ihn Levi) und war nicht nur Apostel, sondern nach kirchlicher Auffassung auch Evangelist.

Maria Salome, die zweite Halbschwester der Maria Mutter Gottes, war verheiratet mit Zebedäus. Dieser Ehe entsprangen zwei Söhne, die aufgrund ihres – nennen wir es leidenschaftlichen – Charakters, Donnersöhne genannt wurden:

Deren erster Sohn war Jakobus, auch genannt Jakobus der Ältere, er war ebenfalls einer der Apostel.

Der zweite Sohn, Johannes, ging als Lieblingsjünger von Jesus in die Geschichte ein und er war gleichfalls ein Apostel. Weiters führt ihn die Kirche als den vierten Evangelisten[12)] und als den Verfasser der Johannesbriefe wie auch der Offenbarung.

Dieser Familiengeschichte ist also zu entnehmen, dass mindestens sechs der zwölf Apostel Blutsverwandte von Jesus waren, dass also der Kreis der Zwölf, den Jesus um sich versammelte, getrost als „family business" bezeichnet werden darf. Doch diese Informationen, durch welche die Familienverhältnisse von Jesus etwas entschleiert werden, haben bis heute leider noch keinen Eingang in den Religionsunterricht gefunden.

Begriffe, Literatur, Zitate

1) Der Stammbaum von Abraham bis Jesus wird in der Bibel als dreimal vierzehn Generationen gerechnet; Abraham bis David, David bis zur Babylonischen Deportation, die Deportation bis Jesus. Diese Zahlensymbolik soll zeigen, dass sich die Weissagung an David in Jesus erfüllt hat (2Sam 7,12-16; Jes 11,1).

2) Abraham ist der 1. Erzvater von Israel. Über ihn wird in 1Mose 11,10-25,10 berichtet. Abraham ist aber, ebenso wie Moses, keine historische, sondern eine rein literarische, mythische Figur.

3) NT, Mat 1,1-17.

4) Exegese: wissenschaftliche Auslegung der Bibel (entweder vom Vatikan oder von unabhängigen Historikern und Wissenschaftlern).

5) Die Gestalt der Anna basiert auf der alttestamentlichen Figur der Hannah, der Frau des Elkanas und der Mutter des Propheten Samuel (1Sam 1,1; 1Chr 6,12).

6) Die Geschichte von Anna und Joachim findet sich im apokryphen Protoevangelium des Jakobus.

7) ein Dogma ist eine Glaubensaussage mit unumstößlichem Wahrheitsanspruch.

8) Die Exegese diskutiert, ob dieser Kleophas identisch ist mit jenem, der dem auferstandenen Jesus auf dem Weg nach Emmaus begegnete.

9) Über Salomas finden sich weder in den kanonischen noch in apokryphen Schriften weitere Angaben.

10) Über diesen Alphäus ist nichts bekannt, außer, dass er der Ehemann der Maria Kleophas war.

11) Das sogenannte Matthäusevangelium stammt von einem unbekannten Verfasser und wurde erst im 2. Jahrhundert nach Matthäus benannt. Zugeschrieben wurde es dem Apostel, weil es im frühen Christentum das beliebteste der vier Evangelien war.

12) Dieses vierte und jüngste Evangelium will von „dem Jünger, den Jesus liebte“ um 100 n. Chr. geschrieben worden sein. Die historisch-kritische Exegese lehnt Johannes, allein schon wegen des Entstehungszeitpunktes, als Autor ab. Für diese Schrift werden mehrere Verfasser vorausgesetzt, die eine Evangelien-Grundschrift nach und nach erweiterten und redaktionell veränderten. Auch die Briefe und die Offenbarung stammen nicht von Johannes, sondern von unbekannten Verfassern.

Jesus – sein Wirken, sein Erbe
Kapitel 5

OCHS UND ESEL

Symbole für Juden und Heiden

Ohne Ochs und Esel ist heute keine Krippe vollständig, ja nicht einmal denkbar. Doch woher kommen sie, diese Tiere, wieso sind sie überhaupt da? Beim Esel gibt eine einleuchtende Erklärung, schließlich ist ja Maria auf ihm geritten. Aber der Ochse?

Es ist interessant, dass diese Frage bisher noch nicht mit Bestimmtheit geklärt werden konnte, Historiker sind sich einfach nicht einig. Einige verweisen auf den Propheten Jesaja. Dort ist zu lesen: „Der Ochse kennt seinen Besitzer und der Esel die Krippe seines Herrn; Israel aber hat keine Erkenntnis, mein Volk hat keine Einsicht.“[1)] Das soll heißen, die Tiere wissen, wohin sie gehören, sie sind klüger als gedacht, und der Mensch sollte sie zum Vorbild nehmen.

Auch ist nicht zu vergessen, dass diese Tiere im Altertum einen hohen Stellenwert hatten, sowohl als Lebensgrundlage, als auch als Arbeitshilfe. So sind Ochs und Esel die Ersten, sie sind ganz nah dran an der Geburt Christi, an der Botschaft der Menschwerdung Gottes, noch vor den Hirten und den Sterndeutern.

Der Esel wurde schon in der Antike vielfach verehrt. So war er im alten Griechenland dem Dionysos, dem Gott des Weines, heilig, aber auch Apollo, dem Gott des Lichts, und dem Kriegsgott Ares.

Die Eselin des Sehers Bileam rettete mit ihrer Rede ihren Meister, den ein Engel des Herrn eigentlich mit einem Schwert erschlagen wollte[2)].

Der Perserkönig Artaxerxes III., er war auch als Ochos bekannt, ließ im 4. Jh. v. Chr. einen Esel im Tempel des ägyptischen Gottes Phta[3)] verehren.

Im Jahre 31 v. Chr. begegnete der zukünftige römische Kaiser Oktavian vor der Schlacht bei Actium[4)] in der Nähe des Hafens seiner Flotte einen Mann, der seinen Esel Nikon rief. Das heißt „der Siegreiche". Nach gewonnener Schlacht baute Oktavian einen Tempel zur Erinnerung an seinen Sieg und in diesem ließ er einen bronzenen Esel aufstellen.

Lukas berichtet in der Weihnachtsgeschichte[5)] von der Krippe, aber von Tieren sagt er nichts. Das konnte er auch gar nicht, denn Ochs und Esel gehören erst seit dem 4. Jahrhundert zum Weihnachtsbild.

Bei einem Besuch in der Mailänder Kirche Sante Ambrogio fällt der Stadttorsarkophag[6)], auch Sarkophag des Stilicho genannt, auf, der aus dem späten 4. Jahrhundert stammt. Auf diesem Sarkophag dargestellt ist das Jesuskind in der Krippe, flankiert nur von Ochs und Esel, aber ohne Eltern. Diese Darstellung ist von tiefer symbolischer Bedeutung, denn nach christlichem Verständnis steht der Esel hier für Heiden und der Ochse für Juden. Gregor von Nyssa[7)] hat sich darüber Gedanken gemacht und sagt, das Jesuskind wurde zwischen Juden und Heiden geboren, und der Knabe streckt beiden seine kleinen Ärmchen entgegen.

Und in dem apokryphen Kindheitsevangelium des Pseudo-Matthäus erfahren wir: „Am dritten Tag der Geburt unseres Herrn ging die allerseligste Jungfrau aus der Höhle heraus, begab sich in den Stall und legte ihren Knaben, den Ochs und Esel anbeteten, in eine Krippe. Sogar die Tiere, Ochs und Esel, zwischen denen er lag, beteten ihn unaufhörlich an."

Auch in dem Buch des Propheten Habakuk findet sich ein – wenn auch vager – Hinweis auf Ochs und Esel in der Krippe. Der Prophet schreibt: „Herr, gehört habe ich deine Kunde und ich bekam Ehrfurcht, Herr, ich betrachte deine Werke und ich bin betroffen. Inmitten zweier Lebewesen wirst du erkannt."[8] Vage ist dieser Hinweis deshalb, weil von einigen Bibelforschern die Formulierung „inmitten zweier Lebewesen" auf die beiden Schächer bezogen wird. Doch als gesichert gilt, dass im antiken Christentum Ochs und Esel als Symbole für Juden und Heiden galten. Diese These stellt auch der Kirchenvater Origines[9] in einer seiner Schriften[10] auf. Und er geht noch weiter, wenn er behauptet, der Ochse stehe auch als symbolisches Opfertier für das Opfer Jesu am Kreuz.

Der Esel bei der Geburt, der Maria nach Betlehem trug und auf dem Mutter und Kind auf der Flucht nach Ägypten ritten, dann die Eselin bei Jesu Einzug in Jerusalem – es scheint sich der Kreis zu schließen. Deshalb kann es kein Zufall sein: ein Esel am Ort seiner Geburt, wie auch ein Esel in der Stadt, in der er sterben wird. So wird der Esel zum Symbol für Leben und Tod des Herrn.

Zweierlei sollte hier noch festgestellt werden; Erstens wissen wir über den Esel bedeutend mehr als über den Ochsen, zweitens, auch das muss gesagt werden, ist die Symbolik des sich schließenden Kreises, obwohl gefällig, so doch spekulativ.

Begriffe, Literatur, Zitate

1) AT, Jes 1,2-3.

2) AT, Num 22,22-33.

3) Phta war der örtliche Gott der ägyptischen Stadt Memphis (ca. 18 km südlich von Kairo). Er war Schöpfergott, aber auch göttlicher Künstler und Handwerker.

4) In der Seeschlacht bei Actium (31 v. Chr., Mittelgriechenland, ionisches Meer) besiegte Oktavian, der spätere Kaiser Augustus, seine Gegenspieler Marcus Antonius und Kleopatra VII. und sicherte sich damit die Alleinherrschaft im römischen Reich.

5) NT, Luk 2,1-20.

6) Der Stadttorsarkophag ist ein mit kunstvollen Reliefs geschmückter Steinsarg, geschaffen um das Jahr 390, wahrscheinlich für den römischen Heermeister und Politiker Flavius Stilicho, der auch Reichsverweser war und 408 starb.

7) Gregor von Nyssa (Stadt in der heutigen Türkei) war im 4. Jh. Bischof und Kirchenlehrer.

8) AT, Hab 3,2.

9) Origines war ein christlicher Theologe und Kirchenvater des 2. Jhs. aus Alexandria.

10) Die Werke des Origines: 13. Homilie zum Lukasevangelium (eine Homilie ist die Auslegung eines Bibeltextes in Form einer Predigt).

Jesus – sein Wirken, sein Erbe
Kapitel 6

DIE HIRTEN

die ersten Zeugen

In der Weihnachtsgeschichte des Evangelisten Lukas trat ein Engel zu den Hirten und sprach: „Ich verkünde euch eine große Freude!“[1)]

Mit dieser Formel wird heute noch, kurz, nachdem weißer Rauch aus einem kleinen Schornstein vom Dach der Sixtinischen Kapelle aufgestiegen ist, auf dem Balkon des Peterdomes jeder neu gewählte Oberhirte in lateinischer Sprache angekündigt. Der Kardinalprotodiakon[2)] spricht die Worte „annuntio vobis gaudium magnum – habemus Papam“[3)], um danach noch den vollen Namen sowie den neuen Papstnamen des Gewählten zu verkünden.

Dass aber den Hirten ein Engel erschien, ist ziemlich unrealistisch und höchstwahrscheinlich ein Mythos. Viel interessanter ist die Frage, warum sich dieser Engel zuerst an die Hirten wandte und das freudige Ereignis nicht vielleicht am Marktplatz von Betlehem verkündete. Aber dort war ja wahrscheinlich um diese Zeit niemand.

Die Bibel will uns hier etwas sagen: Angesprochen werden Hirten, also einfache Leute, so wie die Fischer, die Jesus rekrutierte, einfache Leute waren. Und der allergrößte

Teil der Zuhörer, die sich während seiner Reden und Predigten um ihn versammelten, stammte auch aus dem einfachen Volk. Dies steht im Einklang mit der Verkündigung und mit dem christlichen Verständnis der Kirche: vor Gott sind alle Menschen gleich, egal welcher Geburt, jedem steht das Himmelreich offen, die einzige Unterscheidung ist die nach Gut und Böse.

Und Jesus setzt noch einen drauf, wenn er die Oberschicht provoziert, die Massen aber begeistert: Er sagt, die Letzten werden die Ersten sein, die Hungrigen werden satt sein, die Durstigen werden zu trinken bekommen, du kannst nicht zwei Herrn dienen, mir und dem Mammon.

Außerdem sagte Jesus: „Liebe deinen Nächsten wie dich selbst." Da hat er sich sicherlich nicht nur Freunde gemacht, denn welcher Reiche denkt schon daran, einen Armen zu lieben?

Den Hintergrund, warum sich die Evangelisten Hirten als erste Zeugen der göttlichen Geburt ausgesucht haben, den kennen wir nun. Aber den Engel müssen wir leider weglassen.

Hirten sind mit ihren Tieren meistens alleine, fernab, in einsamen Gegenden, damit die Herde ungestört ist und Ruhe hat. Hirten und ihre Herden sind auch verstreut, denn so ist sichergestellt, dass jedes Revier über ausreichend Futterweiden verfügt. Außerdem gibt es für Hirten keinen großen Unterschied zwischen Wochentag und Feiertag, das Leben ist eintönig. Und deshalb ist alles, was in ihrer Umgebung geschieht, für sie von Interesse, jede Begebenheit, auch unbedeutende.

Die Nachricht einer Geburt verbreitet sich rasch unter ihnen. Die meisten schliefen noch nicht, sondern saßen am Feuer, es war ja Wintersonnenwende, da durfte schon ein wenig gefeiert und gesungen werden. Und was hörten die Hirten: Die Eltern waren keine Einheimischen, sondern Fremde, erst heute angekommen. Das war doch Grund genug, schauen zu gehen, Grund genug für einen Besuch. Da ist etwas Besonderes geschehen, da gehen wir hin! Ist eine Geburt nicht immer auch ein kleines Wunder?

Hirten sind Teil der Landbevölkerung und als Landbewohner nun einmal freundlicher als Städter. Landbewohner grüßen im Vorbeigehen, auch wenn man sich nicht kennt, wohingegen ein derartiges Betragen in der Stadt wohl übermäßigem Alkoholgenuss oder getrübtem Bewusstsein zugeschrieben würde.

Und weil diese Menschen vom Land freundlich sind, bringen sie etwas mit. Viel haben sie ja selbst nicht, aber mit leeren Händen kommt man nicht. Es muss ja nicht gleich ein ganzes Lamm sein, wie es viele Krippendarstellungen suggerieren. Aber vielleicht ein wenig Milch, ein Stück Käse, ein paar Eier, ein wärmendes Tuch oder eine Tonschale zum Trinken.

Diese Hirten waren arm, und Arme rümpfen nicht die Nase über andere Arme. Die Lebensweisen gleichen sich, deshalb ist ein gewisses Zusammengehörigkeitsgefühl da. Saul[4)] und David[5)] waren doch auch einmal Hirten, einfache Menschen aus dem Volk.

Aber in der Bibel steht ja auch, dass die Hirten das Jesuskind angebetet haben. Denn der Engel hatte ihnen gesagt: „Heute ist euch der Retter geboren, er ist der Messias[6)], der Herr."[7)] Also wussten sie, wer da in der Krippe lag, und sie erzählten es allen anderen. Denn wenn er, der Retter, der zukünftige König, in ärmlichsten Verhältnissen zur Welt gekommen war, dann würde er sie, die Hirten doch später nicht vergessen, er würde sich an sie erinnern und ihnen beistehen. Dann müsste sich auch niemand mehr vor dem tyrannischen König Herodes fürchten.

Und Jesus wurde selbst zum Hirten; zu Beginn war seine Herde noch überschaubar, heute ist sie es nicht mehr. Auch deshalb ist die Bezeichnung Hirte für Jesus eine der zutreffendsten unter den vielen, die wir kennen.

Begriffe, Literatur, Zitate

1) NT, Luk 2,10.

2) Der Kardinalprotodiakon ist der amtierende dienstälteste Kardinaldiakon, doch da alle Kardinäle gleichgestellt sind, ist er primus inter pares.

3) Auf Deutsch: „Ich verkünde euch große Freude – wir haben einen Papst."

4) Saul war der erste König des Nordreiches Israel, nachdem die sogenannte Richterzeit zu Ende gegangen war.

5) David, er regierte etwa von 1000 bis 950 v. Chr., war als zweiter König der Nachfolger von Saul und herrschte bereits über das vereinigte Nord- und Südreich, Israel und Juda.

6) Das aramäische Wort Messias bedeutet Gesalbter. Auf Griechisch heißt Gesalbter Christos, latinisiert heißt es dann Christus.

7) NT, Luk 2,11.

Jesus – sein Wirken, sein Erbe
Kapitel 7

KÖNIGLICHER BESUCH IM STALL

Magier, Sterndeuter, Weise oder Könige?

Die Tatsache, dass es sich hier um religiöse Mythen, um überlieferte Sagen und Legenden handelt, soll die Freude am Lesen nicht trüben, im Gegenteil; auch die Lektüre von Sagen und Mythen kann Genuss bereiten und erbaulich sein.

Die katholische Kirche verehrt diese drei als Könige, als Heilige und feiert mit ihnen am 6. Januar das Fest der Erscheinung des Herrn, auch Epiphanie genannt. Doch wer waren die Magier aus dem Osten? Die tatsächliche Existenz dieser Herren wurde ja nie nachgewiesen, fest steht nur, dass es sich hier um beliebte Krippenfiguren handelt.

Im Matthäusevangelium[1)] steht, dass zur Zeit von König Herodes[2)] Sterndeuter aus dem Osten nach Jerusalem kamen und fragten, wo der neugeborene König der Juden wäre. Man erklärte ihnen, das Kind sei in Betlehem in Judäa geboren. Doch wie viele dieser Sterndeuter tatsächlich kamen, wird nicht gesagt.

Die Anzahl drei wurde im 5. Jahrhundert von Papst Leo II. aufgrund der Anzahl der Geschenke, aber auch gestützt auf die Schriften des Origines[3] abgeleitet. Doch die Zahl drei ist auch von symbolischer Bedeutung, sie gilt in vielen Kulturen als heilig. Als Beispiele kennen wir: die christliche Trinität, die römische Triade Juno-Jupiter-Minerva, die ägyptische Dreiheit Horus-Isis-Osiris, die indische Religionsphilosophie Denken, Sein und Wonne sowie die Einteilung Himmel, Erde, Hölle.

Auch die Geschenke haben Symbolik. Gold ist ein Geschenk von und für Könige. Die Heilpflanze Myrrhe ist eine passende Gabe von einem Heiler, und Weihrauch ist ein angemessenes Präsent eines Priesters.

Die drei werden in der Einheitsbibel Sterndeuter genannt, da die Legende besagt, dass sie einem Stern gefolgt seien. Bei ihren Namen werden sie nicht genannt.

In der Septuaginta, der griechischen Bibel, werden sie Mágoi genannt, Magier. Dieser Begriff bezeichnete zunächst eine persische Priesterkaste, die sich auch mit Sternkunde und Astronomie befasste. Später waren damit babylonische und sonstige Astronomen gemeint, die auch oft als Berater und Wahrsager von Königen, Fürsten und Reichen wirkten.

Diese Wissenschaftler, vermutlich Astronomen und Astrologen, kamen aus dem Morgenland, also aus dem Nahen Osten, und sie beobachteten zur Weihnachtszeit das Aufgehen eines neuen Himmelssternes. Neuzeitliche wissenschaftliche Untersuchungen gehen davon aus, dass die Erscheinung kein Komet war, sondern eine relativ enge Stellung der Planeten Jupiter und Saturn.

Andere Auslegungen beschreiben die Männer als Magier, als Zauberer mit Gespür für Übersinnliches, oder auch als Alchemisten und somit als Heiler.

Erstmals um das Jahr 200 werden die Sterndeuter aus dem Osten vom christlichen Schriftsteller Tertullian[4] als

Könige bezeichnet. Origines nennt im 3. Jahrhundert als Erster die Dreizahl der Magier.

Psalm 72 wurde, so nimmt man an, bei judäischen Königskrönungen rezitiert. In diesem Psalm erfahren wir, dass eingeladene Herrscher zu derartigen Anlässen Gaben und Geschenke überbringen. Dabei handelt es sich vermutlich um eine Weissagung in Gebetsform, die sich durch Jesus bewahrheitete.

Auf diesen Psalm stützen sich ab dem 4. Jahrhundert Theologen, um das Dreikönigsfest, gefeiert am 6. Januar, so zu bezeichnen. Davor hieß es Epiphanias – Erscheinung des Herrn –, gemeint ist damit die Erscheinung des Christus vor den Menschen. Die älteste Erwähnung des Festes als Dreikönigsfest stammt aus dem Jahr 336. Aber auch bei Jesaja[5)] werden drei Könige erwähnt.

Erst Martin Luther nennt die Könige die „drei Weisen aus dem Morgenland“. Und ab dem Mittelalter wurden die drei Könige dann „heilig“ genannt, obwohl sie nie heiliggesprochen wurden.

Die Namen der drei Könige, erstmals im 6. Jahrhundert erwähnt, sind auch Aussagen über deren (tatsächliche oder erdachte) Herkunft:

- Caspar bedeutet „Hüter des Schatzes oder Schatzmeister“ und ist ein persischer Name. Caspar schenkte Myrrhe.
- Melchior bedeutet „mein König ist das Licht“ oder „König des Lichtes“ und ist hebräisch. Melchior schenkte Gold.
- Balthasar bedeutet „Gott schützt das Leben“ und ist ein babylonischer Name. Balthasar schenkte Weihrauch.

Gold ist ein Geschenk für Könige. Hier erinnert die Goldgabe an ein antikes römisches Ritual, die Goldkranzspende, das „aurum coronarium". Dabei überreichte ein Barbar dem Triumphator als Geschenk einen goldenen Siegeskranz. Durch dieses Geschenk wird also verdeutlicht, dass hier einem König gehuldigt wird.

Myrrhe ist der zwar bittere, doch duftende Saft des Balsambaumes. Beim Trocknen kristallisiert der Myrrhesaft zu kleinen Körnern, die beim Verbrennen noch intensiveren Duft verbreiten. Myrrhe fand in der antiken Medizin und Kosmetik Verwendung. Jesus wurde am Kreuz mit Myrrhe versetzter Wein angeboten, was er aber ablehnte. Bei Verzehr wirkt Myrrhe betäubend und schmerzlindernd. Myrrhe war aber auch Bestandteil von Salben, die zur Einbalsamierung verwendet wurden. Im zweiten Buch Mose[6)] wird beschrieben, dass Myrrhe ein Hauptbestandteil des heiligen Salböles ist.

Weihrauch, das Harz des Boswelliabaumes, kristalliert beim Trocknen, ähnlich dem Myrrhesaft, nur nicht rötlich, sondern gelblich. Weihrauch, der bei Opfer- und Tempelzeremonien auf Glut gesetzt wird und durch Verbrennen sein Bouquet verbreitet, wird auch Gottesduft genannt. Damit wird auf die Göttlichkeit des Neugeborenen hingewiesen. Doch Weihrauch war nicht nur Opfergabe, sondern wurde sowohl im antiken Judentum als auch im Christentum als ein Symbol für Gott gesehen. Ab dem 4. Jh. fand Weihrauch im christlichen Gottesdienst und bei Weihezeremonien Verwendung.

Cyrill von Alexandrien[7)] schreibt in seinen „de adoratione, Buch X", Christus selbst ist ein Weirauchgefäß, das die ganze Welt mit herrlichem Duft erfüllt.

Nun aber zurück zu den Namen Caspar, Melchior, Balthasar, den Namen der drei Könige; diese sind nur in den katholischen und evangelischen Westkirchen gebräuchlich. Bei den syrischen Christen etwa heißen die drei Könige Larvandad, Hormisdas und Gushnasaph. Andere syrische Quellen berichten sogar von 12 persischen Königen.

In den äthiopischen und den armenischen Kirchen (in jedem dieser Länder gibt es jeweils mehr als eine christliche Glaubensbewegung) haben die Könige wieder andere Namen.

Und Marco Polo berichtet von einer Reise durch Persien, während der er die Grabmäler der Heiligen Drei Könige in der Stadt Sava[8)] besichtigt habe.

Einer anderen Legende zufolge wurden die Heiligen Drei Könige in einem gemeinsamen Grab beigesetzt, das von der Heiligen Helena, der Mutter von Kaiser Konstantin dem Großen[9)], im Jahr 326 bei einer Pilgerreise nach Palästina gefunden worden sein soll. Zunächst schenkte Konstantin die Gebeine dem Mailänder Bischof, der sie im Mailänder Dom beisetzten ließ. Als aber Kaiser Friedrich Barbarossa 1162 die Stadt eroberte, schenkte er die Reliquien seinem Verbündeten, Rainald von Dassel, dem Erzbischof von Köln, der die Gebeine in einem Schrein im Kölner Dom aufbewahrte, wo sie bis heute sind.

Heute werden die Heiligen Drei Könige auch als Schutzpatrone für Reisende, Pilger, Kaufleute, Gastwirte und Kürschner verehrt.

Die Tradition des Sternsingens sollte auch erwähnt werden. Sie geht auf mittelalterliche Heischebräuche[10)], also das Bitten um Gaben, zurück. Diese Bräuche dienten dazu, sich in der kalten Jahreszeit ein kleines Zubrot zu verdienen. Damit dieser Brauch aber nicht nach Betteln aussah, wurden beim Bitten um Gaben Lieder gesungen.

Die Buchstaben C+M+B plus Jahreszahl, die jedes Jahr von den Sternsingern als Bestandteil eines Sternsinger-Besuches an Haustüren geschrieben werden, stehen übrigens nicht für die Initialen der heiligen drei Könige. Diese Abkürzung bedeutet „Christus manisonem benedicat"[11).

Begriffe, Literatur, Zitate

1) NT, Mat 2,1-2.

2) Herodes (73 v. Chr. – 4 n. Chr.) war ein von Rom eingesetzter jüdischer König. Er zeichnete sich durch viele Bauprojekte aus, war aber auch ein Tyrann und Verfolger des neugeborenen Jesus.

3) Origines (185–254 n. Chr.) stammte aus Alexandria und war ein christlicher Gelehrter, Theologe und Schriftsteller, der eine ganze Reihe von Werken und exegetischen Schriften hinterließ.

4) Tertullian (ca. 150–220 n. Chr.) war der 1. lateinische Kirchenschriftsteller und gilt als Vater des Kirchenlatein. Er prägte theologische Begriffe wie trinitas (für Dreifaltigkeit) und damnatio (für Kirchenbann).

5) Zitat aus dem Buch des Propheten Jesaja (Jes 60,3): „Völker wandern zu deinem Licht und Könige zu deinem strahlenden Glanz."

6) AT, Ex 30,22-33.

7) Cyrill von Alexandrien (ca. 375–444) war, obwohl als exzentrisch und umstritten beschrieben, Patriarch von Alexandrien, Kirchenvater, Kirchenlehrer und Heiliger, Letzteres besonders auf Grund seiner dogmatischen Auseinandersetzungen mit Juden und Heiden. „De adoratione et cultu in spiritu et veritate" („über Anbetung und Verehrung in Geist und Wahrheit") ist sein erstes Werk und gleichzeitig eines seiner Hauptwerke.

8) Sava (heute Saveh) ist eine Stadt im Nordwesten des Iran. Laut Marco Polo kamen die Heiligen Drei Könige aus dieser Stadt und liegen dort auch begraben.

9) Der römische Kaiser Konstantin der Große legalisierte 313 n. Chr. das Christentum im ganzen römischen Reich. 321 erklärte er den Sonntag zum Feiertag (vorher war dieser nur Ruhetag)

und 325 berief er das Konzil von Nicäa ein. Obwohl nun legal und offiziell anerkannt, wurde das Christentum aber erst im Jahre 380 von Kaiser Theodosius I. als alleingültige Staatsreligion ausgerufen.

10) Heischen: Mittelhochdeutsch für: sich etwas ausbitten.

11) Christus segne dieses Haus.

Jesus – sein Wirken, sein Erbe
Kapitel 8

TAUFE UND ÖFFENTLICHES WIRKEN

und was war daran revolutionär?

Die Erzählung des Evangelisten[1] Markus beginnt damit, dass sich Jesus von seinem Cousin Johannes taufen ließ[2]. Dieses Ereignis kann auf das Jahr 29 datiert werden, denn Lukas, Evangelist Nummer Drei, sagt, es war im 15. Jahr der Regierung des Kaisers Tiberius. Und beide berichten[3], bei dieser Taufe ertönte eine Stimme aus dem Himmel: „Du bist mein geliebter Sohn, an dir habe ich Wohlgefallen gefunden."

Diesen Spruch kennen wir als überlieferte Formel, die in Verbindung mit der Salbung seit Urzeiten das vollendende Ritual einer Krönungszeremonie war. Also weisen die Evangelisten schon sehr früh darauf hin: Dies ist ein König!

Eine Frage stellt sich hier jedoch, und wahrscheinlich ist die Kirche nicht ganz unglücklich darüber, dass sie bisher noch nicht, oder wenigstens nicht offiziell gestellt wurde: Warum hat sich Jesus überhaupt taufen lassen, er, der Beschnittene, der jüdische Galiläer? Die Antwort kann nur lauten: weil er mit dieser, seiner jüdischen Religion nicht ganz zufrieden war.

Nein, nicht mit der Religion an sich war er unzufrieden, doch Unzufriedenheit muss sich in Jesus geregt haben im Hinblick auf manche religiöse Gruppe und deren Vertreter, mit der Art, wie von jenen Gesetzte interpretiert, umgesetzt oder auch umgangen wurden. Man kann es auch so sehen: Jesus war mit der Auslegung dieser Religion unzufrieden, weil er in ihr zu wenig wahre Gottgefälligkeit spürte.

Die Bibel gibt darüber sehr genau Auskunft. Gläubige, denen nichts wichtiger war als die Einhaltung der Gesetze, die aber kalten Herzens waren, für die der Mitmensch wenig oder nichts zählte, die in sich selbst etwas Besseres sahen, weil sie meinten, alle religiösen Bestimmungen genau einzuhalten, die waren Jesus ein Gräuel.

Nichts zeigt dies deutlicher als die vielen Diskussionen, die Streitereien mit den heuchlerischen Pharisäern, die immer wieder mit hinterhältigen Fangfragen daherkamen.

Jesus muss, und zwar schon lange bevor er zu predigen und zu verkündigen begann, die Liebe, die Hingabe zum Mitmenschen, das Verstehen, das Verzeihen, das Für-den-anderen-da-Sein über die Gesetze der Tora gestellt haben. „Liebe deinen Nächsten wie dich selbst", so hat der Evangelist Markus Jesus zitiert[4)].

Das war es, was Jesus veranlasste, sich taufen zu lassen, sich einer Strömung anzuschließen, die ein anderes, neues Verständnis von Glauben hatte. Einer Strömung, von der er nicht ahnen konnte, dass er deren Anführer werden und dass diese eines Tages weltumspannend sein sollte.

Denn neben den Pharisäern[5)] gab es da noch andere fundamentale Gruppen, die nur ihre eigene Denkweise gelten ließen, und die gegen Andersdenkende unnachgiebig waren: die Sadduzäer[6)], die nur das Gesetz anerkannten, aber die Fortdauer der Seele leugneten; die asketisch-radikalen

Essener[7)], die sich Söhne des Lichtes nannten und für die alle anderen Söhne der Finsternis waren, die im Endkampf des jüngsten Tages bekriegt und mit der Hilfe Gottes vernichtet werden mussten.

Dann waren da die Zeloten[8)], diese militanten Eiferer, die gegen jeden, der nicht ihrer Meinung war, Dolch und Speer erhoben. Und es gab noch andere religiöse Gruppen, ganz abgesehen vom Polytheismus[9)] mit seinen archaischen Riten und Opfergesetzen, der im Rest der Welt vorherrschte und auch in Israel[10)] und Judäa[11)] immer wieder aufkeimte.

So wollte Jesus seinen Gottglauben nicht leben, und viele andere auch nicht, wie die stetig wachsende Zahl seiner Anhänger verdeutlicht. Jesus sagte aber nie, diese anderen gehören bekämpft, fortgejagt, unterdrückt, ausgerottet. Das sagte er nie, er wollte einfach nur anders sein. Der Wendepunkt ist die Begegnung mit Johannes. Jesus lässt sich taufen, ist von der Botschaft, die den Messias erwartet und zur Umkehr aufruft, so überzeugt, dass er Familie, Freunde und sein altes Leben hinter sich lässt, um sich nur noch der Religion zu widmen.

Machte diese seine Überzeugung Jesus zum Revolutionär? Ja, in gewisser Weise schon, denn durch seine Ausstrahlung und seine Ausdruckskraft wurde er sehr bald zu einer lokalen Berühmtheit und seine freiere Auslegung der jüdischen Schriften kam bei vielen Menschen, die ihm zuhörten, gut an. Doch nicht bei allen.

Sein erstes revolutionäres Zeichen setzte Jesus mit der eigenen Taufe. Doch bevor wir uns mit diesem Gedanken weiter beschäftigen, wollen wir uns kurz mit dem Ritual der Taufe auseinandersetzen.

Die Taufe ist dem uralten Zeremoniell der rituellen Waschung entlehnt, sie reinigt und erneuert. Der Unterschied ist, dass die Taufe nur einmal vollzogen wird. Sie wird nicht in bestimmten Abständen wiederholt wie etwa die muslimische Gebetswaschung, die christlich-österliche Fußwaschung oder die jüdische Händewaschung vor dem Brotbrechen.

Der Evangelist Markus sagt: „Sie zogen zu Johannes dem Täufer, bekannten ihre Sünden und ließen sich taufen."[12)] Hier wird also die Taufe mit der Beichte inklusive Vergebung der Sünden verschmolzen. Der jüdische Glaube kennt aber keine Taufe, auch keine Beichte, sondern nur allgemein vorgetragene Bitten um Vergebung, jedoch keinen detaillierten Bericht der eigenen Sünden, zu dem sich der Beichtende überwinden muss.

Auch das Wasser ist Symbol, die großen Flüsse sind Lebensspender, dies kennen wir besonders vom Nil, ohne den das Gebiet für die Ägypter gar nicht bewohnbar gewesen wäre. Und die Taufe mit dem Ritual des kurzen Untertauchens symbolisiert nicht nur Reinigung von Sünden, sondern auch Tod (Untertauchen) und Auferstehung (Wiederauftauchen).

Jesus empfängt also die Taufe als Sünder. Als er zur Taufe kommt, sagt Johannes zu ihm: „Ich müsste von dir getauft werden, und du kommst zu mir?" Jesus aber antwortet: „Nur so können wir die Gerechtigkeit ganz erfüllen."[13)] Dies legt die christliche Theologie so aus, dass Jesus schon hier alle Schuld und Sünden auf sich nimmt, um die Menschheit dann am Kreuz davon zu erlösen. Der zweite Teil der Taufe, das Auftauchen, ist dabei das Symbol der Auferstehung.

Und als der Täufer Jesus sieht, sagt er: „Seht das Lamm Gottes, das die Sünden der Welt hinwegnimmt."[14)] Der zweite Teil dieses Satzes ist nun verständlich, aber wieso

Lamm? Die Erklärung dazu: Das hebräische Wort talia bedeutet sowohl Lamm als auch Knecht. Hier hilft uns der Prophet Jesaja weiter, denn er vergleicht den Knecht mit einem Lamm, das misshandelt und geschlachtet wird[15)].

Doch zurück zu Jesus, dessen eigene Taufe seine erste revolutionäre Tat war. Und ebenso war Johannes der Täufer ein Revolutionär. Was aber führt uns zu dieser Konsequenz? Das ist die jüdische Religion selbst, die den Hebräern über 600 Gesetze[16)], Gebote und Verbote, vorschreibt. Nur, der Mensch, auch der gläubigste, weiß, dass er nie alle diese Gesetze vollkommen einhalten kann, dass es immer Verfehlungen geben wird. Deshalb ist der Tempel so wichtig. Denn einmal im Jahr betritt der Hohepriester das Allerheiligste, um für alle Gebotsübertretungen des gesamten Volkes Vergebung und Gnade zu erbitten und zu erlangen.

Zwar darf sonst niemand das Allerheiligste[17)] betreten, aber jeder kann durch Sühneopfer[18)] im Tempel seine Übertretungen wiedergutmachen. Deshalb ist jeder gläubige Jude auf den Tempel angewiesen, ohne den es keine Versöhnung mit Gott geben kann.

Doch nun kommt einer daher – Johannes heißt er –, der sagt: „Kehrt um und lasst euch taufen. Wer getauft ist, dessen Sünden sind ihm vergeben.“ Wozu aber ist der Tempel dann noch gut? Was ist das für ein Affront, was für eine Provokation, die Stellung des Tempels derart abzuwerten![19)]

Aber wenden wir uns wieder Jesus und seiner Auslegung der Schriften zu: Von anderen religiösen Gruppen, aber auch von den Tempelpriestern, also sozusagen von der Konkurrenz, werden diese freieren Auslegungen misstrauisch beäugt und als revolutionär diffamiert. Erst nur geringfügig und leise, aber mit der Zeit, je mehr Anhänger Jesus um sich schart, immer lauter, immer heftiger. Dies geschieht nicht nur, weil Jesus eben anders ist, anders denkt und spricht, sondern vor allem, weil man ihm den Zulauf von Anhängern nicht gönnt. Man neidet ihm den Erfolg, es gibt ja schließlich auch noch andere Prediger, die ebenfalls Gehör finden wollen, warum also gerade er?

Zu diesen Konkurrenten gehören auch die sogenannten Gesetzestreuen, die traditionell-konservativen Juden, die Jesus schon ob seiner angeblichen Sabbat-Verletzungen ein religiöses Beinchen stellen wollen, später auch noch durch Fangfragen und andere Bosheiten. Die stacheln sich gegenseitig an und andere auf. Denn mit dem Finger auf jemanden zu zeigen, tut nicht nur gut, es lenkt auch ab. Als Jesus schließlich bei der lokalen jüdischen Obrigkeit angeschwärzt wird, können auch die römischen Besatzer nicht mehr lange wegschauen.

Erst wird ja nur beobachtet, oder besser, argwöhnisch taxiert. Jeder Satz wird auf die Goldwaage gelegt, viele Worte werden verdreht, absichtlich missdeutet und falsch wiedergegeben. Denn der Mann wird langsam unbequem. Bequem aber wollte Jesus nie sein. Und was Jesus sagt, kommt gut an, wenn auch nicht bei jedem. Denn Jesus verkündet nicht nur, sondern er provoziert auch, und zwar willentlich und bewusst.

Er richtet sein Wort, seine Predigten ja nicht nur an die Armen, Kranken und Ausgestoßenen, wie es oft dargestellt wird, sondern an alle, an jede Bevölkerungsschicht. Nur gilt es zu bedenken: In jenen Zeiten gab es eben sehr viel mehr Arme, Sklaven und Knechte als Reiche und Privilegierte.

Und wenn Jesus coram publico sagt, alle Menschen sind Kinder Gottes und vor dem Vater im Himmel gleich, dann hören dies die Unterprivilegierten gerne, die Oberschicht aber nicht. Und die Reichen fragen sich: „Will der etwa unser Vermögen, unseren Besitz holen und umverteilen? Das werden wir nie zulassen, soweit darf es nicht kommen, den müssen wir in die Schranken weisen und wenn nötig mit Gewalt." Und schon ist Jesus in den Augen vieler ein Rebell und ein Revolutionär.

Doch Jesus scheut den Konflikt mit der herrschenden Schicht nicht, er sucht ihn. Paulus erklärt das so: Jesus arbeitet auf sein eigenes Menschenopfer hin, um durch seinen Tod die Menschheit zu erlösen.

Ergänzend zur Frage „Revolutionär" darf angemerkt werden, dass Jesus einiges dazu beigetragen hat, um einem solchen Image gerecht zu werden, obwohl er sich selbst nicht als solchen, sondern als Reformer gesehen hat. Er hat niemals den radikalen Umbruch gefordert, sondern zur Umkehr aufgerufen, das ist etwas ganz anderes. Sieht man aber, so wie es manche tun, einen Erneuerer als Revolutionär, so trifft dies auf Jesus zu, doch dann war er ein Revolutionär wider Willen. Aber was für einer: Er hat es schließlich von zwölf auf 2,3 Milliarden Anhänger gebracht.

Was tat nun Jesus selbst, um als Revolutionär dazustehen? Abgesehen von Taufe und Tempelaustreibung sind die Evangelien reich an Jesusworten, von denen hier einige angeführt werden sollen. Worte, die nicht immer und nicht bei allen gut ankamen, Worte, die sich herumsprachen und die ihm auch zum Vorwurf gemacht wurden.

Da finden wir z. B. eine Bibelstelle, in der die Synagogenbesucher Jesus, nachdem er einige Sätze aus dem Buch Jesaja ausgelegt hatte, vor Wut aus dem Tempel und aus der Stadt trieben[20)]. Oder: Als Jesus in der Synagoge[21)] von Kafarnaum[22)] predigte, waren die Leute sehr betroffen[23)].

Jesus stellte die jüdische Gerichtsbarkeit infrage, wenn er sagte: „Wenn man euch in die Synagoge schleppt und ihr euch verteidigen müsst, macht euch keine Sorgen, denn der Heilige Geist wird euch eingeben, was ihr zu sagen habt.“[24)] Befremdlich sind auch diese Jesusworte: „Ich bin gekommen, um Feuer auf die Erde zu werfen.“[25)]

Begüterte und Vermögende werden es zudem nicht gerne gehört haben, wenn Jesus sagte: „Ihr könnt nicht beiden dienen, Gott und dem Mammon.“[26)]

Jesus führte die mosaischen Reinheitsgesetze ad absurdum, wenn er sagte: „Nicht was in den Menschen hineinkommt, macht ihn unrein, sondern was aus ihm herauskommt.“[27)] Damit erklärte er alle Speisen für rein, böse Gedanken aber für unrein.

Was machte Jesus aber in den Augen der römischen Gerichtsbarkeit zum Revolutionär? Da wäre zunächst die schwerwiegende Aussage: „Ich bin der Sohn Gottes!“[28)] Auch hatten die römischen Spitzel natürlich schon längst erfahren, dass die Judäer von Jesus, der ja Wunder wirken konnte, erwarteten, dass er die Besatzer aus Judäa vertreibt. Damit wäre er für die Juden ein (irdischer) Erlöser gewesen, und deshalb sahen die Römer in ihm ein Sicherheitsrisiko.

Denn die Römer waren einzig am Machterhalt und an der Ausbeutung ihrer Provinzen interessiert und alles, was auch nur den Anschein von gegnerischem Machtanspruch erweckte, musste im Keim erstickt werden. Schon Menschenansammlungen und Zusammenkünfte konnten der Beginn von Protest und Aufruhr sein und Demonstrationen waren damals kein Recht, sondern ein strafbares Vergehen.

Für die Juden, deren politische Freiheit und Religion unterdrückt wurde, war dies ein Dilemma, das Widerstand geradezu herausforderte. Und Widerstand förderte Jesus mit vielen seiner Worte. Denn dieser politische wie religiöse Wirrwarr war ein fruchtbarer Nährboden für Wanderprediger, Propheten, Wahrsager, Wirrköpfe und Fantasten. Solche Leute aber galten als Bedrohung der inneren Sicherheit[29)].

Als Revolutionär wurde Jesus auch gesehen, weil er sich als exklusiver Repräsentant Gottes darstellte. Damit schuf er sich noch mehr Feinde, besonders unter den gottesfürchtigen Juden. Mit Zöllnern, Prostituierten und Heiden zu speisen, war außerdem für jene ein ebensolches Sakrileg, und für die Tempelherren war Jesus ein Störenfried. Zudem stellte er den Sabbat, eine der Säulen des Judentums infrage, wenn er sagte: „Nicht der Mensch ist für den Sabbat da, sondern der Sabbat ist für den Menschen da."

Den hohen Vertretern der römischen Besatzungsmacht, aber auch König Herodes, dessen Regierung und dem Hohen Rat musste zudem eine bestimmte und in deren Augen besonders herausfordernde Aussage von Jesus ein Stachel im Fleisch gewesen sein: Er sagte, man muss Gott mehr gehorchen als den Menschen! Damit wertete Jesus Gewicht und Geltung des Staates und dessen Führung in einer Weise ab, die nur mehr als Landesverrat interpretiert werden konnte, selbst wenn er damit ein Reich meinte, das nicht von dieser Welt war.

Die Evangelisten haben Jesus diesen Satz zwar nicht in den Mund gelegt; gesagt haben es Petrus und die Apostel[30)] nach seinem Tod vor dem jüdischen Hohen Rat. Doch wie sollen die Apostel denn zu einer derartigen Auffassung gekommen sein? Hier haben sie ihren Meister zitiert. Und was Jesus zu Lebzeiten gesagt hat, ist auch jenen zu Ohren gekommen, für die es nicht bestimmt war.

Und diese Betrachtungsweise von Jesus konnte auch mit der Aussage „Gebt Gott, was Gottes ist, und gebt dem Kaiser, was des Kaisers ist!“, nicht mehr abgefedert werden.

So musste der Tag kommen, an dem die Gesamtheit all dieser Funken dazu führte, eine Flamme auflodern zu lassen und diesem Unruhestifter mit der ganzen Härte der Gesetze zu begegnen.

Begriffe, Literatur, Zitate

1) Evangelium bedeutet gute Nachricht oder frohe Botschaft. Evangelisten sind die Verfasser der Evangelien.

2) Johannes der Täufer ist genau ein halbes Jahr älter als sein Vetter Jesus, und neben Maria der einzige Heilige, dessen Geburtstag die Kirche feiert.

3) NT, Mar 1,10; Luk 3,22.

4) NT, Mar 12,31.

5) Pharisäer: Anhänger einer theologisch-philosophischen Strömung der jüdischen Religion, von denen die Gesetze sehr streng ausgelegt wurden; deshalb im NT als Selbstgerechte und Heuchler kritisiert.

6) Sadduzäer: eine frühjüdische religiös-politische Bewegung, die vom priesterlichen Hochadel abstammt. Sie legen die Tora (die 5 Bücher Mose) wörtlich aus und glauben nicht an die Auferstehung.

7) Essener: eine radikal-asketische, mönchsähnliche Gemeinschaft, angesiedelt in der Nähe von Qumran am Toten Meer. Sie nannten sich Söhne des Lichtes und alle Außenseiter Söhne der Finsternis.

8) Zeloten: religiöse Fanatiker; sie wollten die Einhaltung der jüdischen Gesetze mit Waffengewalt durchsetzen.

9) Polytheismus = Vielgötterei, Mehrgottglaube.

10) Israel: das Land der 12 Volksstämme, die aus den 12 Söhnen des Jakob hervorgingen; später das Nordreich als lokales Königtum mit der Hauptstadt Samaria.

11) Judäa: eisenzeitliches Königtum und späteres Südreich, nach biblischer Darstellung von König David gegründet; die Hauptstadt ist Jerusalem.

12) NT, Mar 1,5.

13) NT, Mat 1,5.

14) NT, Joh 1,29.

15) AT, Jes 53,7.

16) Das 5. Buch Mose listet 613 Gesetze, 248 Gebote und 365 Verbote auf. Für die jüdische Religionswissenschaft ist dies kein Zufall, sondern ein Symbol, denn der Mensch besitzt 248 Knochen und das Jahr hat 365 Tage.

17) Das Allerheiligste war ein Raum in der Mitte des Tempels (ursprünglich 4 Säulen, die mit einem Baldachin und Vorhängen abgedeckt waren). Darin befand sich die Bundeslade mit den Gesetzestafeln. Dieser Raum war der Begegnungsort des Hohenpriesters mit Gott. Der Hohepriester durfte ihn einmal jährlich, am Jom Kippur, dem Versöhnungstag, betreten.

18) Ein Tieropfer zur Vergebung von unabsichtlich begangenen Sünden. Ein Priester übernahm das Tier vom Gläubigen und schlachtete es im Tempel.

19) Gerd Theißen, Der Schatten des Galiläers, S. 94.

20) NT, Luk 3,28-29.

21) Synagoge, oder auch Tempel: Gotteshaus der Juden, in dem sie ihren Gottesdienst feiern.

22) Kapharnaum: Grenz- und Zollstadt am See Genezareth in Obergaliläa, zwischen den Herrschaftsgebieten des Herodes Antipas und des Philippus. Obwohl Jesus in Kapharnaum predigte und Wunder vollbrachte, obwohl von dort die Apostel Petrus, Andreas, Jakobus, Johannes und auch der „Hauptmann“ kamen, ließ sich die Stadt nicht bekehren und wurde deshalb von Jesus verstoßen (Mat 11,23; Luk 10,15).

23) NT, Luk 3,32.

24) NT, Luk 12,11-12.

25) NT, Luk 12,49; Im Lukasevangelien-Kommentar von R. Pesch & T.P. Osborne ist hier sowohl läuterndes als auch strafendes Feuer gemeint; einerseits die herabkommenden Flammen des Geistes zu Pfingsten, andererseits die Zerstörung Jerusalems und des Tempels.

26) NT, Luk 16,13.

27) NT, Mar 7,19-20.

28) Siehe Kapitel: Das Ende naht.

29) Michael Zick – Jesus Revolutionär wider Willen. www.wissenschaft.de

30) NT, Apg 5,29.

Der heilige Petrus (dargestellt als Papst mit Pallium und Himmelsschlüsseln); Öl auf Holz 1610-1612; Peter Paul Rubens; Prado

Jesus – sein Wirken, sein Erbe

Kapitel 9

DER ZWÖLFERKREIS

Jesu loyalste Anhänger

Ohne den Zwölferkreis, die Apostel[1)], die Jünger, die vielen anderen bekannten und unbekannten Helfer und Begleiter, ohne all diese hätte das religiöse Wirken von Jesus, mag er zu Lebzeiten noch so viele Anhänger um sich geschart haben, nur kurz überlebt, wie so viele andere religiöse Strömungen auch, man darf sie ruhig Sekten nennen, die entstanden und wieder verschwanden.

Jesus hat die Apostel „gemacht", so steht es in der Bibel. Daran erinnert noch heute ein ganz bestimmter Terminus. Der Papst ernennt keine Kardinäle, sondern er kreiert sie.

Mit dreißig Jahren begann Jesus zu predigen[2)]. Doch warum nicht schon früher? Weil nach den damaligen Verordnungen öffentliche Ämter, aber auch öffentliches Auftreten an ein Mindestalter von dreißig Jahren gebunden waren. Der Prediger Jesus muss sich seiner Sache aber sehr sicher gewesen sein, denn er berief einen Teil seiner Apostel ja schon, bevor er begann, das Wort an das Volk zu richten.

Die Ersten, denen Jesus gebot, ihm zu folgen, als er am See Genezareth wandelte, waren Simon und dessen Bruder Andreas, und ein wenig später kamen die Söhne des

Zebedäus, Jakobus und Johannes dazu[3]. Diese vier, so das Evangelium, ließen alles sofort stehen und liegen und folgten Jesus. Im Evangelium ist zu lesen, dass Jesus zu Simon und Andreas gesagt hat, er wolle sie zu Menschenfischern machen. Wie er sie sonst noch überzeugt hat, mit ihm zu kommen, ist nicht überliefert.

Warum hat sich Jesus aber gerade Fischer ausgesucht, er, der bereits im zarten Alter von zwölf Jahren im Tempel mit Gelehrten disputiert hat? Fischer gehörten zur Unterschicht, zu den Ärmsten, in der damaligen Hierarchie kamen sie gleich nach den Bettlern. Wenn du nichts anderes kannst, geh fischen!

Viele Fischer hatten nicht einmal ein eigenes Boot, sie mussten eines mieten. Ein Teil des täglichen Fanges wurde dann als Miete abgeführt, ein Teil wurde behalten, um die Familie zu ernähren, und der spärliche Rest wurde verkauft.

Schwer vorzustellen, dass diese Leute auch nur einen Tag Unterricht erfahren hatten, lesen konnten oder ein wenig Bildung beigebracht bekommen hätten. Ja, ein wenig Griechisch könnte drin gewesen sein, wegen der Nähe zur syrischen Grenze, wo nicht mehr nur Aramäisch gesprochen wurde. Jesus holte sich also einfache, ungebildete Leute. Aber das störte ihn nicht, nein, er wollte das, denn ihre Ehrlichkeit und ihre Loyalität waren ihm wichtiger, er konnte sich ihrer gewiss sein, solange er ihnen ein besseres Leben als das bisherige bot, solange er ihnen Hoffnung gab. Und im Land umherzuziehen, Jesus zu folgen, von Menschenmassen bestaunt und auch versorgt zu werden, ist ein Abenteuer, das auch ohne Geld mehr Spaß und Freude macht als Netze einzuholen. Und dazu kam die fesselnde und beinahe unwiderstehliche Faszination der Worte von Jesus. Das machte es so leicht, dem Rabbi zu folgen.

Es waren nun also vier, die ihm folgten, aber wie ging es weiter? Wieder ging Jesus an den See. Diesmal war er schon von Scharen von Menschen umgeben[4)], als er aber Levi, den Sohn des Alphäus, da sitzen sah, sagte er, folge mir! Und Levi folgte ihm. Da waren es fünf.

Wieder später stieg Jesus auf einen Berg[5)]. Und er rief die zu sich, die er erwählt hatte, und er setzte zwölf ein. Dieser Markus-Satz verdient Betrachtung: denn erstens kann Jesus nur sieben ausgesucht haben, fünf waren ja schon da. Zweitens haben sich viele Leute um diese Jobs beworben[6)], denn er konnte ja wählen. Die Auserkorenen sollten alle erst einmal bei ihm bleiben, sozusagen zur Einschulung, damit er sie später aussenden konnte, um zu predigen und um mit seiner Vollmacht Dämonen auszutreiben. Um aber hier allen Missverständnissen vorzubeugen: Dämonen austreiben bedeutet Exorzismus.

Die Berufung der Zwölf kann demnach als Beginn seines öffentlichen Wirkens, sozusagen als dessen Ouvertüre gesehen werden. Und es kamen ja mit der Zeit noch viele Jünger[7)] dazu. Also Jesus, zwölf Apostel, siebzig plus Jünger und so weiter. Wen erinnert dies nicht an die Hierarchie der Kirche: der Papst, die Kurie, die übrigen Kardinäle, dann die Bischöfe, danach der restliche Klerus, und nach all den Hirten zum Schluss die Schäfchen.

Das war also Markus. Doch was die anderen Evangelisten über die Apostel berichten, da gibt es durchaus Unterschiedliches zu vernehmen.

Bei Matthäus[8)] ist die Rekrutierung der ersten fünf Apostel mit der Darstellung von Markus identisch. Aber Matthäus hat ja auch von Markus abgeschrieben. Markus verfasste in seinem Evangelium 661 Verse, und davon hat Matthäus dann etwa zehn Jahre später 600 Verse übernommen. Man kann also ruhig sagen, das Matthäusevangelium ist das Markusevangelium mit einer Reihe von Zusatzbemerkungen, die weniger ausmachen als das Kopierte.

Und auch die Matthäus-Erzählung der Wahl der anderen Apostel sowie all ihren Namen ist identisch mit der von Markus. So weit, so gut. Nachdenklich werden könnte man dann bei den Versen Mat 19,27-28. Da sagt Jesus: „Wenn der Menschensohn auf dem Thron der Herrlichkeit sitzt, werdet ihr, die ihr mir folgt, auf zwölf Thronen sitzen und die zwölf Stämme Israels richten!“ Diese Verse sind nicht ganz leicht verständlich, können aber nur so ausgelegt werden, dass Jesus bereits hier andeutet, die göttliche Richtergewalt nach seinem Tode den Aposteln zu vererben.

Die Namensbezeichnungen der zwölf Apostel während der Rekrutierung der letzten sieben gleichen sich also bei Markus und Matthäus. Ein Detail ist jedoch bemerkenswert: Simon wird bereits hier Simon Petrus genannt, der Fels, derjenige, auf den Jesus seine Kirche bauen will. Mit ein wenig Logik betrachtet bedeutet dies erstens, dass Jesus den Apostel Simon bereits ausgesucht und zu seinem Nachfolger bestimmt hat, noch bevor er die restlichen berufen hat. Zweitens muss demzufolge Jesus schon zu diesem Zeitpunkt, also zu Beginn seines Wirkens, mit seiner Bewegung Größeres im Sinn gehabt und Erweiterungspläne gehegt haben.

Klarstellung verlangt auch Mat 19,29, die Stelle, an der Jesus sagt: „Jeder, der um meines Namens willen Häuser oder Brüder, Schwestern, Vater, Mutter, Kinder oder Äcker verlassen hat, wird das ewige Leben gewinnen!“ Jesus zählt hier alles auf, was Männern lieb und teuer ist, außer deren

Frauen, die werden nicht erwähnt. Soll heißen: Die dürfen mitkommen, denn wenn die auch noch zurückbleiben sollen, läuft Jesus Gefahr, wenige oder keine Anhänger zu finden, die bereit sind, ihm zu folgen.

Im Lukasevangelium beginnt Jesus erst, Jünger zu berufen, als er schon eine Bekanntheit ist[9)], er, der bereits Wunder gewirkt, Kranke und Besessene geheilt hat. Jesus ist am See, steigt in das Boot des Simon und predigt dann von diesem Boot aus, ein paar Meter vom Ufer weg, zu einer Menschenmenge. Danach weist Jesus Simon und die Söhne des Zebedäus, Jakobus und Johannes, die mit einem zweiten Boot ebenfalls dabei sind, an, hinauszufahren und die Netze auszuwerfen, und die sind bald so voll mit Fischen, dass beide Boote bis zum Rand gefüllt sind.

„Und sie ließen alles zurück und folgten ihm nach.“[10)]

Im Gegensatz zu Markus und Matthäus erwähnt Lukas nicht vier, sondern drei Namen, nennt sie auch nicht Apostel, sondern Jünger, liefert aber eine Erklärung, warum diese drei Jesus folgten. Sie müssen nicht nur von der Predigt beeindruckt gewesen sein, sondern auch vom Wunder der vollen Netze. Das Wort „beeindruckt“ ist aber hier eine eklatante Untertreibung. Die drei, Simon, Jakobus und Johannes müssen fasziniert und bis zum Gehtnichtmehr euphorisch begeistert gewesen sein, denn sonst hätten sie niemals zwei volle Bootsladungen Fisch zurückgelassen, um jemandem zu folgen, den sie gerade erst kennengelernt hatten.

Die Berufung des Zöllners Levi, in diesem Fall ist es der vierte, wird fast wortgleich wie bei Markus und Matthäus geschildert. Dazu ist anzumerken, dass Lukas auch Teile des Markusevangeliums übernommen hat, zwar nicht so viel wie Matthäus, aber immerhin 350 Verse. Deshalb werden die Evangelisten Markus, Matthäus und Lukas auch Synoptiker[11] genannt.

Die Wahl der Zwölf beschreibt Lukas so: „Jesus ging auf einen Berg und betete die ganze Nacht. Am nächsten Tag rief er seine Jünger zu sich und wählte aus ihnen zwölf aus.“ Ganz richtig ist das zwar nicht, denn vier Apostel hatte er ja schon, doch solch kleine Ungereimtheiten dürfen nicht stören. Wichtiger ist hier das Beten am Berg. Auch die Kardinäle beten in der sixtinischen Kapelle vor einer Papstwahl, um mit Gottes Hilfe dem Richtigen ihre Stimme zu geben.

Die lukanischen Namen der Zwölf sind mit denen bei Markus/Matthäus identisch, bis auf Thaddäus, den Lukas Judas nennt, der aber nicht zu verwechseln ist mit Judas Iskariot.

Es kann nicht sehr lange nach der Wahl der Zwölf[12] gewesen sein, da rief Jesus sie zu sich und gab ihnen die Kraft und die Vollmacht, Dämonen auszutreiben und Kranke gesund zu machen. Und er sandte sie aus mit dem Auftrag, sein Wort zu verbreiten und zu heilen[13].

Danach suchte der Herr zweiundsiebzig andere aus, gab ihnen ebenfalls Vollmachten, zu heilen und Dämonen auszutreiben, und sandte sie zu zweit aus, um das Reich Gottes zu verkünden[14]. Wenn also von zweiundsiebzig Jüngern die Rede ist, die Jesus aussucht, dann sind das, wie hier erklärt wird, nur die, die Jesus zum Missionieren ausgesandt hat. Der eigentliche Jünger-Pool muss weitaus größer gewesen sein.

Oft werden ja Wunder und Heilungen nur Jesus und sonst niemandem zugeschrieben, ihm, der hier seine göttlichen Kräfte entfaltet. Bei Lukas aber lernen wir, dass Jesus seine übernatürlichen Energien auch gerne einmal weitergibt, sozusagen delegiert. Und warum auch nicht? Es gibt ja genug zu tun.

Im Johannesevangelium, das in vielem von den Synoptikern abweicht, wird die Berufung der Apostel wieder etwas anders dargestellt: Am Tag nach seiner Taufe stand Jesus erneut bei Johannes dem Täufer. Und nun wird es etwas kompliziert: Zwei Jünger sahen Jesus, einer der beiden war Andreas, der jüngere Bruder des Simon, und diese beiden folgten ihm. Der Name des zweiten Jüngers wird nicht genannt. Doch dann trifft Andreas seinen Bruder Simon und teilt ihm mit, sie (also Andreas und der namentlich nicht Genannte) hätten den Messias gefunden, und er führte seinen Bruder zu Jesus. Jesus sieht Simon und sagt zu ihm: „Du sollst Kephas[15)] heißen." Sollte dem wirklich so gewesen sein, dann erleben wir hier Rekrutierung mit gleichzeitiger Beförderung im ersten Moment des ersten Treffens – also doch etwas ungewöhnlich! Aber, so scheint es, das Wörtchen „überstürzt" kommt eben im Duden Gottes nicht vor.

Am nächsten Tag traf Jesus Philippus und sagte zu ihm: „Folge mir." Der nächste Rekrut war Natanaël[16)], und der nannte Jesus Rabbi[17)], Sohn Gottes und König von Israel. Also hatte Jesus laut diesem Evangelium seine ersten vier Apostel schon zwei Tage nach seiner Taufe zusammen.

Bereits am Tag darauf waren Jesus und seine Jünger zur Hochzeit von Kana geladen[18)], dort, wo er Wasser in Wein verwandelte und laut dem Evangelisten Johannes somit sein erstes Zeichen[19)] setzte. Danach, so Johannes, zog Jesus mit seiner Mutter, seinen Brüdern und seinen Jüngern[20)] nach Kafarnaum[21)]. Aber wir erfahren leider nicht, wie viele Jünger bereits im Gefolge von Jesus waren.

Weiters hören wir bei Johannes, und nur bei ihm, dass die Jünger auch tauften, dass Jesus also auch diese Schlüsseltätigkeit delegierte[22] – ein Zeichen sehr großen Vertrauens.

In Kapitel 6 dieses Evangeliums kommt es dann zu einer Spaltung zwischen Jesus und einem Teil seiner Jünger. Denn in Kapharnaum sagte Jesus während einer Rede: „Wer aber mein Fleisch isst und mein Blut trinkt, hat das ewige Leben und ich werde ihn auferwecken am Letzten Tag, dies ist das Brot des Himmels."[23] Viele seiner Jünger verstanden das nicht und fanden das Gesagte unerträglich. Daraufhin kommt es zu einer Diskussion zwischen Jesus und den Jüngern und: viele zogen sich zurück und wanderten nicht mehr mit Jesus umher. Doch die Zwölf blieben bei ihm[24]. Dies ist das erste Mal, dass Johannes den Leser wissen lässt: Das Dutzend ist voll!

Der Zwölferkreis, den wir hier näher betrachtet haben, waren also die Männer, die Jesus persönlich erwählt und berufen hat. Im Kapitel, das sich mit seiner Familie befasst, wurde auch detailliert darüber berichtet, dass sechs von dem Zwölferkreis Verwandte von Jesus waren, Söhne seiner beiden Tanten Maria Kleophas und Maria Salome. Zwei seiner Cousins, Matthäus und Johannes, waren zudem Evangelisten. Daher wird erst jetzt deutlich, wie eng Auftreten, Verkündigungsauftrag und Mission von Jesus mit seiner Familie verbunden waren. Wir zitieren noch einmal Joh 1,12: „Jesus zog mit seiner Mutter, seinen Brüdern und seinen Jüngern nach Kapharnaum." Da fällt es wie Schuppen von den Augen: Seine Brüder waren Teil der Jüngerschaft!

Neben diesen zwölf gibt es noch eine ganze Reihe von Personen, die als Apostel bezeichnet werden. Der erste war Matthias, der nach dem Tode von Judas Iskariot als Ersatz aufgenommen wurde, um den Zwölferkreis wieder zu vervollständigen.

Barnabas und Paulus werden in der Apostelgeschichte als Apostel bezeichnet. Maria Magdalena ist bekannt als Apostelin der Apostel, weil sie den Jüngern die Nachricht der Auferstehung überbrachte. Weitere Apostel werden von Paulus in dessen Briefen genannt: Andronikus und die Apostelin Junia[25)], Silvanus[26)] und Timotheus[27)].

Etwa um 130 nach Christus starben die letzten Apostelschüler (die Apostel selbst starben alle schon im 1. Jahrhundert), und damit endete ein wichtiger Zeitabschnitt der frühen Kirchengeschichte.

In der römisch-katholischen und in den orthodoxen Kirchen gelten Bischöfe seither als Nachfolger der Apostel. Dies wird Apostolische Sukzession genannt, also kontinuierliche Weitergabe des Sendeauftrages der Apostel und deren Nachfolger.

Was aber den Aposteln, dem Zwölferkreis, in den Tagen und Wochen nach dem Tode von Jesus widerfahren ist, dies gilt es ebenfalls zu untersuchen, und darüber werden wir in den Kapiteln „die letzten Tage auf Erden" und „Pentekoste" Näheres erfahren.

Kurzbeschreibungen der einzelnen Apostel finden sich im Personenregister.

Begriffe, Literatur, Zitate

1) Apostel kommt vom griechischen Wort apostolos – Gesandter. Ein Apostel ist im kirchlichen Verständnis jemand, der von Jesus Christus persönlich den Auftrag zur Verkündigung des Glaubens erhielt.

2) NT, Luk 3,23.

3) NT, Mar 1,16-20.

4) NT, Mar 2,13-14.

5) NT, Mar 3,13-19.

6) Da kamen wohl Begeisterung für Jesus und hohe Arbeitslosigkeit zusammen.

7) Als Jünger bezeichnet man jemanden, der sich einer religiös prägenden Persönlichkeit zur Zeit ihres Wirkens und Lehrens anschließt.

8) Nach kirchlicher Überlieferung sind die Evangelisten Matthäus und Johannes gleichzeitig auch Apostel.

9) „... und die Kunde von ihm verbreitete sich in der ganzen Gegend“ – Luk 4,14.

10) NT, Luk 5,11.

11) Synopsis bedeutet Zusammenschau.

12) Hier wird angemerkt, dass Lukas immer von den Zwölf spricht, sie aber nie Apostel nennt. Von Jüngern hingegen spricht Lukas sehr wohl.

13) NT, Luk 9,1-2.

14) NT, Luk 10,1-2.

15) Kephas ist die aramäische Bezeichnung für Petrus – Fels.

16) Der Name Natanaël wird nur im Johannesevangelium genannt. Dass Natanaël der in den synoptischen Evangelien genannte Bartholomäus ist, könnte zwar sein, ist aber nicht gesichert.

17) Die jüdisch-religiöse Funktion eines Rabbi (Lehrer) ist der eines christlichen Priesters sehr ähnlich.

18) NT, Joh 2,2.

19) Der Evangelist Johannes bezeichnet Wunder als Zeichen.

20) Hier ist noch nicht klar, wie viele Jünger (Apostel) Jesus bereits um sich geschart hatte.

21) NT, Joh 1,12.

22) NT, Joh 4,2.

23) NT, Joh 6,54-58.

24) NT, Joh 6,66-67.

25) Von Andronikus und Junia wissen wir nur, dass Paulus sie im Römerbrief grüßte.

26) Silvanus (aramäisch: Silas) war ein Mitarbeiter des Apostel Paulus, der ihn auch auf seiner zweiten Missionsreise begleitete.

27) Timotheus war ein enger Mitarbeiter des Apostel Paulus, von diesem mehrmals mit schwierigen Aufgaben betraut, wurde er nach dem Tod des Apostels Gemeindeleiter in Ephesus.

Jesus – sein Wirken, sein Erbe
Kapitel 10

PAULUS VON TARSUS

vom erbitterten Feind zum glühenden Verehrer

Den Winter 50/51 verbrachte der Apostel Paulus in Athen, einem Stützpunkt seiner zweiten Missionsreise[1)]. Im Winter reiste es sich schlecht, die Wege waren morastig, man kam nur langsam und mühsam vorwärts, Kälte und Nässe setzten einem zu, da war es besser, das Frühjahr abzuwarten.

Paulus war beunruhigt, denn ihm war zu Ohren gekommen, dass es in der christlichen Gemeinde von Tessalonich, der Provinzhauptstadt Mazedoniens, Probleme gab. Dort war seine Mission und sein Wort einige Monate zuvor angenommen worden, er hatte bekehrt, eine Glaubensgemeinschaft gegründet und viele hatten sich taufen lassen. Doch nun musste er seinen Mitarbeiter Timotheus[2)] hinschicken, um herauszufinden, ob seine Arbeit nicht doch vergeblich gewesen war.

Timotheus kehrt mit guter Nachricht zurück. Nein, die Gemeinde ist nicht vom Glauben abgefallen, doch gewisse Glaubensfragen machen ihr zu schaffen. Da erkennt Paulus, dass er seine Christen in Tessalonich aufrichten, ihnen Mut machen muss. Und er schreibt ihnen einen Brief. Er lässt sie wissen, dass er sich um sie und um ihre Seelen sorgt, er lehrt, gibt Hoffnung, muss aber auch mahnen.

Diesem Schreiben, dem 1. Tessalonicherbrief, kommt eine ungeheure Bedeutung zu. Es ist die älteste Schrift des Urchristentums, die uns bekannt ist. Der Brief ist authentisch, keine pseudepigraphe Schrift[3], Paulus hat ihn selbst verfasst. Ein zweiter Brief an diese Gemeinde und weitere Briefe an andere – ebenfalls von ihm gegründete – Glaubensgemeinschaften sollten in den nächsten Jahren folgen.

Die Bibel listet insgesamt dreizehn Paulusbriefe auf. Die moderne historische Exegese konnte jedoch klarstellen, dass nur sieben davon authentisch und dem Apostel zuzuschreiben sind. Deshalb werden die anderen Briefe nicht paulinisch, sondern deuteropaulinisch genannt.

Doch die Zahl sieben ist hier ebenfalls mit Vorsicht zu genießen, denn es könnten ja Briefe verloren gegangen sein. Mit Sicherheit wissen wir auch, dass einige Briefe redaktionell bearbeitet und zusammengefügt wurden, wahrscheinlich nach dem Motto: „Aus zwei (oder drei) mach eins."

Ein typisches Beispiel dafür ist der zweite Korintherbrief. Da wurden sogar drei Paulusbriefe zu einem zusammengesetzt[4], natürlich erst nach dessen Tod. Brief eins und zwei wurden im Jahre 54 in Ephesus verfasst, Brief drei ein Jahr später in Mazedonien. In ihrer Analyse nennt die Exegese verschiedene Teile dieses Briefes den Tränenbrief[5], den Versöhnungsbrief und die Narrenrede[6], ein Teil ist in schärferem Ton gehalten, ein anderer konzilianter und wieder ein anderer diplomatischer.

Briefe waren ein von Paulus gerne genutztes Kommunikationsmittel, um mit seinen Gemeinden Kontakt zu pflegen. In erster Linie ging es um Zusammenhalt, um eine

Gemeinde vor Zerfall zu bewahren. Denn ein Phänomen dieser Zeit waren selbsternannte Wanderprediger, von denen einige durchaus charismatisch auftraten. Die zogen umher und versuchten christlichen und auch anderen Gemeinden einzureden, dass nur sie den Schlüssel zur wahren Seligkeit in Händen hielten. Das sahen diese Wanderprediger als einträglichen und einfachen Broterwerb. Dem galt es, Einhalt zu gebieten, diese Scharlatane waren als solche zu enttarnen und aus dem Rennen zu nehmen.

Wenn Paulus in seinen Briefen tadeln muss, so tut er dies, ohne zu verletzen, wenn er Anweisungen gibt, dann vorsichtig. Viel lieber aber lobt er, versöhnt, tröstet, verbreitet Hoffnung und stärkt den Glauben. Dabei erweist sich Paulus als tiefgründiger theologischer Denker. Seit Paulus ist das Christentum ohne theologische Rechenschaftsablage nicht mehr möglich.

Diese theologische Tiefsinnigkeit des Paulus, die weder Logik noch Klarheit vermissen lässt, diese paulinische Evangeliumsverkündigung findet sich vor allem im Römerbrief, der als das eigentliche theologische Vermächtnis des Apostels gesehen wird.

Als neuen Leitbegriff führt Paulus in diesem Brief „die Gerechtigkeit Gottes" ein. Diese Gottesgerechtigkeit, die Heilung und Heilwerden bewirkt, ist ein endzeitliches Geschehen, das in der Erscheinung Jesu offenbar geworden ist. Der Begriff Gerechtigkeit Gottes kommt somit in unmittelbare sachliche Nähe zu Jesu Ankündigung der Gottesherrschaft. Jesu Sterben bewirkt Sühne, denn durch das Sterben Jesu wird die Unheilswirkung der Sünde aufgehoben. Deshalb bewirkt Gottes Sterben auch Versöhnung, denn das Gott-Mensch-Verhältnis war durch den Ungehorsam des Menschen einseitig gestört.

Der Römerbrief ist der einzige Paulusbrief, der nicht an eine von ihm gegründete Gemeinde gerichtet ist. Es gab bereits mehrere christliche Gemeinden in Rom und dort hoffte Paulus eine Ausgangsbasis für weitere Missionsreisen in den Westen, besonders nach Spanien, zu finden.

So viel zum Römerbrief. Zu den Paulusbriefen insgesamt ist hinzuzufügen, dass die meisten an die Vorsteher von Gemeinden gerichtet waren, es konnte ja nicht jeder lesen. Paulus setzte allerdings voraus, dass die Briefe während des Gottesdienstes der Gemeinde vorgelesen wurden. Außerdem sollten sie im Religionsunterricht und bei der Mission Verwendung finden.

Wir haben uns deshalb zu Beginn so ausführlich mit den Paulusbriefen auseinandergesetzt, weil dieser Apostel den meisten Gläubigen eben durch seine Briefe ein Begriff ist.

Doch wie ist Paulus, der Jesus nie persönlich getroffen hatte, also von ihm nicht berufen worden sein konnte, zum Apostel geworden? In ihren Kreis hatten ihn ja die anderen auch nicht erwählt. Darüber berichtet die Apostelgeschichte, der zweite Teil des lukanischen Doppelwerkes.

Paulus stammte aus Tarsus, einer Stadt nahe am Meer, gelegen in Kilikien, einer antiken Provinz im Südosten von Kleinasien. Durch gute Handelsbeziehungen mit Phönizien und Ägypten gelangte die Stadt zu wirtschaftlicher Blüte. Wahrscheinlich auf eine phönizische Gründung zurückgehend, wird die Stadt vom Geschichtsschreiber Josephus Flavius als die biblische Stadt Tarschisch gesehen, die in Gen 10,4 Erwähnung findet. Geschichtliche Berühmtheit erlangt die Stadt, als sich dort 41 v. Chr. Kleopatra und Marcus Antonius treffen.

In Tarsus lebte eine ansehnliche jüdische Gemeinde, die bevorzugte Stellung genoss und das römische Bürgerrecht besaß, so auch Paulus und dessen Familie. Er wurde vermutlich zwischen 5 und 10 n. Chr. geboren und seine Eltern gaben ihm den hebräischen Namen Saul. Er erfuhr griechische Bildung und wurde zu einem gesetzestreuen Pharisäer erzogen. Als solcher verfolgte er zunächst die Anhänger von Jesus. In der Apostelgeschichte 8,1a erfahren wir, dass Saulus bei der Steinigung des Stephanus anwesend war, und weiter heißt es: Saulus aber war mit dem Mord einverstanden.

Saulus wollte Anhänger dieser neuen Religion in Damaskus in Ketten legen und nach Jerusalem bringen. Auf dem Weg dorthin sah er auf einmal ein Licht und hörte eine Stimme von oben: „Saul, Saul, warum verfolgst du mich?" Und als Saul fragte, wer denn da spreche, antwortete die Stimme: „Ich bin Jesus, den du verfolgst!"

Wie es weitergeht, wissen wir. Saulus erblindete und wurde von seinen Begleitern nach Damaskus geführt, dort aber aß und trank er drei Tage lang nichts. Dann sandte Gott einen seiner Jünger zu Saul, der ihm die Hand auflegte, und sogleich konnte Saulus wieder sehen, war bekehrt und ließ sich taufen. Man sieht, so schnell kann's gehen, wenn sich Gottes Maschinerie erst einmal in Bewegung setzt.

Doch die Juden in Damaskus grollten dem Konvertiten und wollten ihn beseitigen, deshalb ließen ihn seine Anhänger in einem Korb die Stadtmauer hinab und verhalfen ihm so zur Flucht. Zurück in Jerusalem wollten die Jünger nichts mit Saulus zu tun haben, nur Barnabas nahm sich seiner an und brachte ihn zu den Aposteln. Die hatten ein Einsehen und nahmen ihn auf, mussten ihn aber zu seinem eigenen Schutz zurück nach Tarsus schicken. Und zum Schluss des Kapitels heißt es: „Die Kirche in ganz Judäa, Galiläa und Samarien wuchs durch die Hilfe des Heiligen Geistes."

Die Apostelgeschichte berichtet weiter über die erste Missionsreise des Paulus (hier wird er zum ersten Mal nicht mehr Saulus genannt) und seines Begleiters Barnabas. Als Paulus zurückkehrte, nahm er am Apostelkonzil in Jerusalem teil, bei dem es vor allem um die Frage ging, wie bekehrte Heiden zu behandeln seien und ob sie sich jüdischen Vorschriften unterwerfen müssten.

Danach folgten zwei weitere Missionsreisen des Paulus, doch die Lektüre der Paulusbriefe lässt vermuten, dass es auch noch andere gegeben habe, über die aber die Apostelgeschichte nicht berichtet. Und Paulus hatte bei jeder Reise Begleiter, jedoch nicht immer die gleichen. Erwähnt werden vor allem Barnabas, Timotheus, Titus, Erastus und Silas[7)].

Während seiner Missionstätigkeiten wurde Paulus von Religionsgegnern immer wieder angefeindet und angegriffen. Dies hätte er als römischer Bürger vermeiden können, die Exegese deutet dieses Verschweigen seines sozialen Status aber als den Wunsch des Paulus, für Jesus zu leiden. Es ist aber auch anzunehmen, dass man ihm seine Herkunft gar nicht geglaubt hätte, denn einen Reisepass trug man damals noch nicht mit sich herum.

Paulus wurde auch mehr als einmal ins Gefängnis gesteckt. In Philippi wurden der Apostel und sein Begleiter Silas wegen angeblicher Unruhestiftung geprügelt und eingesperrt. Als aber Paulus und Silas beteten, begann die Erde zu beben und die Gefängnistüre sprang auf. Dies sah der Gefängniswärter als Wunder, ließ sich bekehren, nahm die beiden sogar bei sich auf und geleitete sie am nächsten Tag in Frieden aus der Stadt. Historiker sehen in diesem Gefängnisaufenthalt aber nur eine Untersuchungshaft, da die Römer längere Gefängnisaufenthalte nicht kannten.

Warum jemanden über Wochen, Monate oder Jahre durchfüttern? Da waren Hinrichtungen einfacher, billiger und hatten außerdem die gewünschte abschreckende Wirkung. Deshalb sind weitere und vor allem längere Gefängnisaufenthalte des Paulus eher unwahrscheinlich.

Auf seiner dritten Missionsreise traf Paulus in Cäsarea einen Propheten namens Agabus, der Paulus dessen Festnahme und Gefangenschaft in Jerusalem prophezeite. Doch Paulus ließ sich nicht zur Flucht überreden, denn er war, wie er selbst sagte, bereit, für den Herrn zu leiden und zu sterben.

Als Paulus dann in Jerusalem ankam, wurde er, so die Apostelgeschichte, von den Brüdern freudig empfangen. Juden aber hetzten das Volk gegen ihn auf und warfen ihm vor, Nichtjuden mit in den Tempel genommen zu haben. Dies war nach der geltenden Tora-Deutung der Sadduzäer ein Verbrechen, auf das die Todesstrafe stand. Die römischen Besatzer aber mischten sich, um Unruhen zu vermeiden, bei religiös motivierten Urteilen und Strafen nicht ein.

Um Paulus vor drohender Lynchjustiz zu bewahren, wurde er in Schutzhaft genommen, doch das Volk eiferte, geiferte und verlangte seinen Tod[8)]. Nun folgen turbulente Zeiten: Paulus wird mehrmals verhört, in ein anderes Gefängnis gebracht und wieder beschuldigt, er aber, für den nur die römische Gerichtsbarkeit zuständig ist, appelliert an den Kaiser und beruft sich auf seine römischen Bürgerrechte. Doch dies dauerte beim damaligen Postweg.

Endlich wurde Paulus als Gefangener auf dem Seeweg nach Rom gebracht, sie waren jedoch Monate unterwegs, denn sie hatten in einem Sturm Schiffbruch erlitten und mussten in Malta überwintern. Nach seiner Ankunft durfte er, wie geschrieben steht, zusammen mit einem Soldaten für sich alleine wohnen. Damit ist wohl Hausarrest gemeint. Volle zwei Jahre blieb Paulus in dieser Wohnung, er empfing oft Besuch, viele ließen sich überzeugen und für Jesus gewinnen, aber nicht alle. Und hier endet in der Apostelgeschichte der Bericht über den Apostel Paulus.

Um Weiteres zu erfahren, müssen wir einige apokryphe Schriften bemühen. Im 1. Clemensbrief[9)] steht, dass Paulus ebenso wie Petrus den Märtyrertod erlitten haben soll. In den Paulusakten[10)] heißt es wieder, er sei in Rom während der Regentschaft des Kaiser Nero mit dem Schwert hingerichtet worden. Auf diese „noble" Art hingerichtet zu werden, war ein Vorrecht der römischen Bürger. Historiker schätzen, dass Paulus um das Jahr 64 den Tod gefunden hat.

Angeblich befindet sich das Grab des heiligen Paulus unter der Kirche „Sankt Paul vor den Mauern", das italienische Archäologen im Jahre 2005 entdeckt haben wollen. Aber wie sagen die Italiener so schön? Se non è vero è ben trovato – wenn es nicht wahr ist, ist es gut erfunden.

Begriffe, Literatur, Zitate

1) Die 2. Missionsreise dauerte 18 Monate und führte Paulus das erste Mal nach Europa.

2) Timotheus war ein enger Mitarbeiter des Apostel Paulus und von diesem mehrmals mit schwierigen Aufgaben betraut. Nach dem Tod des Apostels wurde Timotheus Gemeindeleiter in Ephesus.

3) Eine Pseudepigraphie ist eine Schrift, die unter einem falschen Verfassernamen herausgegeben wird.

4) In 2Kor 10,9 und 10,10 spricht Paulus nicht von seinem Brief, sondern von seinen Briefen.

5) 2Kor 1,15-24 ist bekannt als Tränenbrief. Diesen Teil des Briefes schreibt Paulus enttäuscht und in Sorge, also „unter Tränen".

6) Der Briefabschnitt 2Kor 11,16-12,13 wird die Narrenrede genannt. Paulus wollte der Gemeinde in Erinnerung rufen, was er alles für sie getan hatte. Da es sich aber für ihn als Apostel nicht ziemte, sich selbst zu loben, ließ er einen Narren sprechen, denn der darf sich auf das Niveau seiner Gegner begeben, sich brüsten und prahlen.

7) Siehe Personenregister.

8) Die Parallelen zu Jesus bei dessen Verurteilung sind nicht zu übersehen.

9) Ein Brief der römischen Gemeinde an die Gemeinde von Korinth, Papst Clemens I. zugeschrieben, und eine wichtige Quelle für die Geschichte des Urchristentums. Der Brief schaffte es sogar eine Zeit lang in den Kanon.

10) Die Paulusakten sind eine apokryphe Apostelgeschichte, datiert auf das 2. Jh.

Jesus – sein Wirken, sein Erbe

Kapitel 11

FRAUEN DES URCHRISTENTUM

von Jesus geliebt, von der Kirche vernachlässigt

Frauen haben im kurzen Leben des Jesus von Nazareth immer eine bedeutende Rolle gespielt, so berichten es die kanonischen und auch einige apokryphe Evangelien.

Die unumstritten Nummer eins war – keine Frage – seine Mutter Maria, die Heilige Gottesgebärerin, die nicht gestorben ist, sondern entrückt[1)] wurde, und die bis heute inbrünstig verehrt und angebetet wird.

Die erste Frau, die im Markusevangelium, dem ältesten der vier kanonischen Evangelien, erwähnt wird, ist die Schwiegermutter des Petrus, sie wird von Jesus geheilt[2)]; auch andere Evangelien berichten über diese Begebenheit[3)].

Hier wird uns aber noch etwas mitgeteilt, ganz nebenbei, fast unter der Hand, etwas, das noch interessanter ist als die Heilung. Petrus war verheiratet! Er, dem Jesus die Schlüssel anvertraut hat[4)], der erste Bischof von Rom, der erste Papst, dieser hatte eine Ehefrau. Die wird aber sonst nirgends erwähnt, von ihr wissen wir nichts. Wirklich schade.

Aber könnte sich da nicht, so fragen wir uns, der eine oder andere spätere Stellvertreter Christi, bibelfest sollen sie ja alle gewesen sein, gedacht haben: ‚Na, wenn der durfte, was spricht dann bei mir dagegen?' Dieser Gedanke ist provokant, zugegeben, aber ganz abwegig ist er nicht, besonders, wenn man weiß, wie es ein Teil der Päpste und Bischöfe mit dem Zölibat gehalten hat.

Markus – wie auch die anderen Evangelisten – berichtet noch über eine ganze Reihe von Heilungen an Frauen, die hier alle aufzuzählen aber vielleicht doch zu weit führen würde. Auch lesen wir, dass unter der Anhängerschaft des Jesus, die mit ihm mitzog, immer viele Frauen waren.

Die Frau aber, die Jesus am nächsten stand, war Maria von Magdala[5)], genannt Magdalena. Bei den Evangelisten ist sie Begleiterin Jesu, Zeugin der Kreuzigung, der Auferstehung und auch beim Begräbnis zugegen. Nach dem Johannesevangelium war Maria auch die erste Person, die Jesus als Auferstandenen sah. Ihr trug Jesus die Auferstehungsbotschaft an die Jünger auf. Aber von Anfang an:

Laut Markus und Lukas (der hier wieder einmal abgeschrieben hat) trieb Jesus der Maria von Magdala sieben Dämonen aus. Sieben kleine Teufelchen sollen in ihrem Bauch gesessen sein, die er verjagte. Also, wir nehmen ja vieles für bare Münze, aber hier scheint doch mit jemandem die Fantasie durchgegangen zu sein. Oder, und das ist wahrscheinlicher, Maria von Magdala wurde hier verleumdet. Sie war eben nicht so unterwürfig und fügsam, wie man es damals von einer Frau erwartete, vielleicht auch ein wenig exzentrisch, extrovertiert. Neid ob ihrer Nähe zu Jesus hat sicher auch eine Rolle gespielt.

Sie hatte das große Glück, Jesus zu begegnen, von dem wir wissen, dass ihm sozialer Stand und Geschlecht nicht wichtig waren, auch urteilte er über niemanden aufgrund von Gerüchten oder übler Nachrede. Sie folgte Jesus, der bemerkte, dass sie sich nach Spiritualität sehnte. Sie verehrte ihn und wurde zu einer Wegbegleiterin. Die beiden verstanden sich und kamen einander näher.

Das apokryphe Philippusevangelium sagt in Vers 32: „Drei Frauen hatten ständig Umgang mit dem Herrn: seine Mutter Maria, seine Schwester, die auch Maria hieß, und Maria Magdalena, die seine Gefährtin genannt wurde." Vers 55 sagt: „Die Gefährtin des Erlösers ist Maria Magdalena. Er liebte sie mehr als die anderen Jünger und küsste sie oft auf den Mund."

Im ebenfalls apokryphen Thomasevangelium heißt es: „Petrus wollte Maria aus der Mitte der Jünger fortschicken, da sie als Frau dazu nicht würdig war." Auch im gnostischen Evangelium der Maria (Muttergottes) wird Maria Magdalena als Gefährtin Jesu bezeichnet.

Im Manichäismus (einer von der Gnosis beeinflussten Offenbarungsreligion der Spätantike und des frühen Mittelalters) wird Maria Magdalena als Geist der Weisheit bezeichnet und auch als Netzwerferin, die andere, verirrte Jünger wieder einfing.

In der Legenda Aurea, einer mittelalterlichen Legendensammlung, wurde sie zusammen mit anderen auf einem segellosen Boot ausgesetzt und landete bei Marseille. Erst missionierte sie dort und lebte dann bis zu ihrem Tod als Einsiedlerin.

Weil Maria Magdalena im Johannesevangelium als Erste genannt wird, die Jesus nach der Auferstehung begegnet ist, wird sie schon im Frühchristentum als Apostelgleiche verehrt. Der frühchristliche Autor Hippolyt von Rom[6] bezeichnete Maria Magdalena als Apostelin der Apostel. Dies wurde im 13. Jh. von Thomas von Aquin[7] aufgegriffen.

Jahrhundertelang aber wurde ihre Bedeutung heruntergespielt. Doch 2016 wurde Maria Magdalena von Papst Franziskus liturgisch den Aposteln gleichgestellt und ihr Gedenktag, der 22. Juli, wurde zum Gedenkfest aufgewertet. So hat der Vatikan sie rehabilitiert, deren Bild bis zum 4. Jh. positiv, dann mit der Zeit aber in ein sehr negatives Licht gerückt worden war.

Im Jahre 591 wurde Maria Magdalena unter Papst Gregor I., dem Großen, zur Sünderin und Prostituierten degradiert. Für diese Verwandlung von einer Apostelin zur Sünderin macht die Kirche um 600 aus 3 biblischen Frauen eine. Papst Gregor erklärt in einer Predigt, dass Maria von Bethanien, die Jesus im Johannesevangelium die Füße gesalbt hat, gleichzusetzen ist mit der Person, die im Lukasevangelium als stadtbekannte Sünderin dargestellt wird. In diesen beiden Frauen sieht Papst Gregor schließlich Maria Magdalena. Sie wird zur reuigen Sünderin, die Jesus mit jenem Öl salbt, das sie einst zur Pflege ihres sündigen Körpers benützt hatte.

Es ist heute kaum mehr vorstellbar, doch das Thema „alle Frauen sind Sünderinnen" war damals so dominant, dass es nur ein kleiner Schritt war, Maria Magdalena von einer Begleiterin des Herrn zur Sünderin zu stilisieren.

Die Aussage der Evangelisten, Maria Magdalena habe als Erste den auferstandenen Jesus gesehen und von ihm den Verkündigungsauftrag erhalten, empfand die Kirche als störend. Frauen dürfen nun einmal nicht öffentlich verkündigen, gegen solches Ansinnen ist vorzugehen. Deshalb suchten die Kirchenväter nach einer Strategie, wie dieser

Verkündigungsauftrag zu kontrollieren sein könnte, der zum kirchlichen Lehrverbot für Frauen im Widerspruch steht. Die bösartige Strategie war, sie als Sünderin darzustellen.

Doch wir wollen noch einige Frauen anführen, die im Frühchristentum eine nicht geringe Rolle spielten, und denen deshalb ein Platz im Gedächtnis der Kirche gebührt.

Wer kennt schon Phöbe (oder auch Phoibe)? Sie war Theologin und Diakonin der Gemeinde Kenchreä. Und das kam so: Sie beherbergte den Apostel Paulus in ihrem Heimatort Kenchreä in der Nähe von Korinth, wurde von ihm bekehrt, getauft und zur Diakonin geweiht.

Phöbe überbrachte den Römerbrief im Auftrag von Paulus an die Gemeinde in Rom. Und damals war es üblich, dass der Überbringer den Brief auch interpretierte. Am Ende des Briefes wird sie von Paulus als Diakonin vorgestellt. Diakon, damals Diakonos, bedeutete, dass man im Dienste der Verkündigung des Evangeliums stand.

Diese Tätigkeit der Phöbe steht natürlich im Widerspruch zum katholischen Lehr- und Verkündigungsverbot für Frauen. Deshalb hat die Kirche ihr Bild verwässert und sie in der ökumenischen Bibel „Dienerin Gottes“ genannt. Doch wer versteht schon, was dies wirklich bedeutet? Obwohl Phöbe als Heilige im Heiligenlexikon gelistet ist, wird ihre öffentliche Wahrnehmung von der Kirche vernachlässigt.

Auch von der Purpurhändlerin Lydia aus Philippi (Griechenland) wird in der Apostelgeschichte berichtet. Als Paulus nach Philippi kam, hörte sie ihn predigen, wurde gläubig, ließ sich und alle in ihrem Hause taufen und beherbergte dann den Apostel und seinen Begleiter Silas.

Wahrscheinlich war sie auch Gemeindeleiterin, mit Sicherheit aber war sie die erste europäische Person, die christlich wurde. Heute leben in Europa etwa 540 Millionen Christen. Das Andenken an die erste Christin ist jedoch in Vergessenheit geraten.

Eine Frau namens Junia wird von Paulus im Römerbrief[8)] nicht nur erwähnt und gegrüßt, sondern auch als Apostelin bezeichnet. Sie war, sehr wahrscheinlich wegen ihres Glaubens, bereits im Gefängnis gewesen.

Johannes Chrystostomos von Antiochien war im 4. Jh. Erzbischof von Konstantinopel, einer der größten christlichen Prediger und einer der vier Kirchenlehrer der Ostkirche (neben Athanasius von Alexandria, Basilius dem Großen und Gregor von Nazianz). Dieser Johannes Chrystostomos bezeichnet Junia als „berühmt unter den Aposteln".

Aber im 14. Jh. machte der Bibelkommentator Ägidius von Rom aus der Apostelin Junia einen Apostel. Kurz vor der Reformation treibt der französische Theologe Faber Stapolensis die Geschlechtsumwandlung noch weiter. Aus Junia macht er Junias.

Daran hat sich die Kirche lange nicht gestoßen und konnte nun über Jahrhunderte behaupten, es hätte nur männliche Apostel gegeben. Im Zuge moderner Forschung war die Kirche jedoch gezwungen, das Bild der Apostelin zu revidieren. Exegeten konnten außerdem beweisen, dass der weibliche Name Junia gebräuchlich war, der männliche Name Junias jedoch gar nicht existierte.

Seit 2012 gibt es in Augsburg eine alt-katholische Kirche, die der Apostelin Junia geweiht ist. Von der römisch-katholischen Kirche wird Junia aber nur dort erwähnt, wo es unumgänglich ist.

Begriffe, Literatur, Zitate

1) Entrückung ist ein anderer Ausdruck für Himmelfahrt, einer sehr seltenen Belohnung dafür, dass man ein besonders frommes Leben geführt hat. Die Idee der Himmelfahrt (im Neuen Testament gibt es zwei: die von Jesus und von Maria) haben sich die Evangelisten aus dem Alten Testament geholt. Dort wird von zwei Entrückungen berichtet: Henoch, der Vater des Methusalem (nicht zu verwechseln mit Henoch, dem Sohn des Kain) wurde mit 365 Jahren entrückt; auch der Prophet Elias wurde entrückt: Er fuhr auf einem feurigen Wagen mit feurigen Pferden zum Himmel empor (AT, 2Kön 2,11).

2) NT, Mar 1,30-31.

3) Vergl. Mat 8,14; Luk 4,38.

4) Der Schlüssel ist das Symbol des Petrus, der als Stellvertreter Christi Zugang zum Himmel hat.

5) Magdala, heute Migdal, ist ein Ort am See Genezareth.

6) Hippolyt von Rom war Schüler des Irenäus von Lyon und ein bedeutender frühchristlicher Autor des 3. Jh.

7) Der Dominikaner Thomas von Aquin (13./14. Jh.) war ein bedeutender Theologe, Kirchenvater und Philosoph des Mittelalters.

8) NT, Röm 16,7.

Jesus – sein Wirken, sein Erbe
Kapitel 12

WANDERPREDIGER, PROPHET, PHILOSOPH

und leidenschaftlicher Verkündiger

Um es vorwegzunehmen – Jesus war von allem etwas, denn er ist durchaus zu vergleichen mit kynischen Wanderpredigern. Kynismus bezeichnet eine philosophische Strömung des antiken Griechenland. Die Grundidee dieser Lehre besteht darin, durch möglichst wenig Besitz und durch größtmögliche Bedürfnislosigkeit Zufriedenheit und Glückseligkeit zu erlangen.

Kyniker – einer der bekanntesten war Diogenes – suchten bewusst die Armut, sie lebten von Almosen, zogen als Wanderprediger umher und waren mit ihrer Lebensweise Vorbild für die Essener, aber auch für Mönche.

Diese Idee der Armut und der Askese[1)] wurde mit der Zeit von vielen Religionen, auch in Asien, übernommen und uminterpretiert in die Devise: je asketischer, je ärmer, je mehr freiwillig leidend und je weniger Wohlbehagen, desto gottgefälliger. Diese Auffassung wurde und wird in einigen Fällen schrecklich übertrieben (Stichwort Selbstgeißelung, Wangendurchbohrung). Eines der drastischsten

Beispiele solch unsinnigen Übertreibens war ein Inder, der dreißig Jahre auf einem Pfahl verbrachte, ohne jemals herabzusteigen, und meinte, sich so die Gunst seines Gottes ersitzen zu können[2)].

Der griechische Stoiker[3)] Epiktet[4)] nannte Kyniker Prediger Gottes. Aber Vertreter der kynischen Philosophie wurden von anderer Seite auch als provokante und ungepflegte Schmarotzer kritisiert.

Unschwer ist die Hinwendung des Jesus zu jener Lebenseinstellung zu erkennen. Schon sein Vorbild Johannes hatte ja in der Wüste gelebt, bekleidet nur mit einem Gewand aus Kamelhaaren und einem Gürtel. Ernährt hatte sich Johannes während seines Wüstendaseins, wie es die Evangelisten schildern, von Heuschrecken und wildem Honig, also asketischer – oder eben kynischer – geht es wohl kaum.

Diese Anschauung hat Jesus so sehr beeindruckt, dass er nicht nur begann, selbst so zu leben, sondern er empfahl, ja er verordnete dieses Verhalten auch seinen Aposteln. Darüber werden wir in den Evangelien zur Genüge unterrichtet.

Jesus war Wanderprediger, das hat er selbst gesagt: „Lasst uns anderswohin gehen, damit ich auch dort predige; denn dazu bin ich gekommen.“[5)] Er predigte, und während seiner Predigten weissagte er auch. Die erste Prophetie, die Markus aufzeichnet, findet sich bereits am Beginn seines Evangeliums: „Die Zeit ist erfüllt, das Reich Gottes ist nahe.“[6)]

Viele seiner Zuhörer wollten Jesus glauben, hatten jedoch trotzdem Zweifel und riefen deshalb nach Beweisen und Zeichen. So vollbrachte er Wunder, heilte Kranke und trieb böse Geister aus; dies, um mit göttlicher Gnade Gutes zu tun, aber auch um zu zeigen: Ja, ich bin es! Und wenn die Menschen Wunder sahen, waren sie außer sich, priesen Gott und nannten Jesus den Sohn Gottes.

Doch Markus berichtet auch über ein Wunder, das so unwahrscheinlich, so befremdlich und unverständlich klingt, dass es einer Erklärung bedarf. Dieses Wunder wird beschrieben im Markusevangelium, Kapitel 5, 6-17:

„Als der Besessene Jesus sah, warf er sich nieder und schrie laut: ‚Was habe ich mit dir zu tun, Jesus, Sohn Gottes? Ich beschwöre dich, quäle mich nicht.' Jesus hatte nämlich zu ihm gesagt: ‚Verlasse diesen Mann, du unreiner Geist.' Jesus fragte ihn: ‚Wie heißt du?' Er antwortete: ‚Mein Name ist Legion; denn wir sind viele.' Und er bat Jesus, sie nicht aus dieser Gegend zu verbannen.

Nun weidete dort an einem Berghang gerade eine große Schweineherde. Da baten ihn die Dämonen: ‚Lass uns doch in die Schweine hineinfahren!' Jesus erlaubte es ihnen. Daraufhin verließen die unreinen Geister den Menschen und fuhren in die Schweine, und die Herde stürzte sich den Abhang hinab in den See. Es waren etwa zweitausend Tiere und alle ertranken. Die Hirten flohen und erzählten alles in der Stadt Gerasa und in den Dörfern. Darauf eilten die Leute herbei, um zu sehen, was geschehen war. Sie kamen zu Jesus und sahen bei ihm den Mann, der von der Legion Dämonen besessen war. Er saß ordentlich gekleidet da und war wieder bei Verstand. Da fürchteten sie sich."

Es handelt sich hier um eine Dämonenaustreibung, die schon vor Markus um die Schweinegeschichte erweitert wurde. So bekommt sie eine anti-römische Note:

Die Dämonen, die darum bitten, in die Schweine fahren zu dürfen, wollen das Land nicht verlassen. Als Namen im Sinn einer Selbstidentifikation geben sie „Legion" an, eine Assoziation der römischen Militäreinheit, deren Größe sich in etwa 2000 Schweinen spiegelt, die sich ins Meer stürzen. Der Erzähler spielt hier auf die „Legio X Fretensis“ an, die im Jüdischen Krieg 66–70 n. Chr. unter Kaiser Vespasian das Land von Aufständischen gesäubert und schließlich unter seinem Sohn Titus Jerusalem zerstört hat. Diese Legion führte einen Eber im Feldzeichen. Die Unterdrückten im besetzten Palästina aber träumten davon, die römischen Schweine im Meer zu ersäufen.

Markus bearbeitet die Erzählung und lässt sie am jenseitigen Ufer, also im Heidenland, spielen. Der Besessene hält sich dort auf, wo Heiden ihre religiösen Riten vollziehen. Im Exorzismus wird er von heidnischen Göttern befreit, die im Judentum zu Dämonen degradiert werden. Die Heiden dieser Stadt sind aber die ersten, die Jesus ablehnen und ihn bitten, ihre Stadt zu verlassen.[7)]

Neben Bedürfnislosigkeit lehrt Jesus auch, dass die Liebe zu Gott und zu den Mitmenschen die beiden wichtigsten Gebote sind, in denen alle anderen Forderungen an die Menschen zusammengefasst sind – siehe Markus 12,28-34.

Diese Jesus-Lehre deckt sich nicht nur mit der Sichtweise jüdischer Schriftgelehrter, sondern auch mit griechisch-philosophischer Tradition, die Frömmigkeit und Gerechtigkeit als die wichtigsten Tugenden beschreibt. Nachgeschlagen werden kann dies bei den griechischen Philosophen Xenophon (Memorabilien IV,8,11[8)]) und bei Philo[9)] in seinen „spec. leg. II,63“. Ergänzt wird diese Lehre von der goldenen Regel: „Handle gegenüber anderen so, wie du von ihnen behandelt werden möchtest“ (nachzulesen im Alten Testament, Buch Tobit 4,15, aber auch im Aristeasbrief 207)[10)].

Doch Jesus geht in seiner Lehre noch weiter, er sagt: Man soll seine Feinde lieben, denn auch Gott lässt die Sonne über das Gute wie über das Böse scheinen. Sehr ähnlich drückt sich der griechische Philosoph Seneca[11)] aus, der schreibt: „Erweise den Undankbaren Wohltaten, denn auch für Verbrecher geht die Sonne auf." (beneficiis IV,26,1)

Dann wird Jesus in Bezug auf Feindesliebe noch drastischer: Wenn dich jemand auf die Backe schlägt, halte ihm die andere hin[12)]. Jesus teilt hier die Meinung des Sokrates, man solle lieber Unrecht erleiden als Unrecht tun. Auch die Philosophen Platon und Kriton sind dieser Ansicht, vor allem aber der Stoiker Epiktet, der fordert: „... ein kynischer Wanderphilosoph muss den, der ihn tritt, lieben wie einen Bruder (Gespräche III,22,54).

Über Besitz lehrt Jesus, es genüge nicht, sich von ihm zu trennen, wenn wir uns nicht auch innerlich von ihm befreien[13)]. Dies wäre wohl, hätte er noch gelebt, Musik in den Ohren eines Diogenes gewesen.

Von aggressivem Handeln sagt Jesus, Hass sei ein ebenso schwerwiegendes Verbrechen wie Mord. Desgleichen lehrt er, nicht der Akt, sondern bereits die Absicht zu Ehebruch ist ein solcher. Diese Gedanken sind der Philosophie des Kleantes sehr ähnlich, die besagt, dass die Absicht ebenso schwer wiegt wie die Tat, denn das Böse beginnt nicht mit der Tat, sondern mit der Absicht.[14)]

Bei Markus 7,15 sagt Jesus zur Reinheit, es gebe keine reinen oder unreinen Gegenstände, sondern die innere Haltung mache etwas rein oder unrein.[15)] Dazu passt ein Spruch des Dichters Phokylides[16)], der lautet: „Nicht Reinigung macht den Körper rein, sondern alleine die Seele."

An den hier angeführten Beispielen wird sehr deutlich, dass viele Jesus-Sprüche den Lehren bekannter Philosophen verwandt, ja manche fast deckungsgleich mit diesen sind. Wenn also die griechischen und römischen Philosophen für ihre Staaten keine Gefahr darstellten, wie sollte dann Jesus den römischen Besatzern gefährlich werden? Wenn er auch hier und da zu Provokationen neigte, so waren die doch harmlos, taten nicht weh. Aber Jesus hatte ja auch noch anderes verkündet.

So waren jene, die sich gegen Jesus gewandt hatten, nicht seiner Meinung, sahen in den Sprüchen, von denen mache provokativ waren, eben doch eine Gefahr und wollten diese gebannt sehen, nach dem Motto: „Wehret den Anfängen." Auch wenn all das, was Jesus getan und gesagt hatte, noch lange nicht ausreichte, ihn zu verhaften, so braute sich langsam etwas zusammen. Jesus war nun gefährdet.

Es darf also festgehalten werden, dass Jesus Gedanken formuliert und verbreitet hat, die durchaus philosophisch sind, aber keiner bestimmten philosophischen Richtung zugeordnet werden können, hier handelt es sich eher um ein Gemenge von philosophischen Orientierungen. Sehr beachtenswert sind die vielen Gemeinsamkeiten von jesuanischen und griechischen, auch römischen philosophischen Aussagen. Gegensätze finden sich, wenn überhaupt, nur in verschwindend geringem Ausmaß.

Der wesentliche Unterschied ist: Die Philosophie des Jesus ist geprägt vom Gedanken der Verkündigung und vom Eingehen des Menschen in das Reich Gottes, die Philosophie der Griechen und der Römer hingegen strebt hauptsächlich nach Erkenntnis über den Sinn des irdischen Lebens.

Und doch hat sich die Kirche mit der Philosophie immer schwergetan. Dies ist eine Folge des Widerstreits zwischen Vernunft und Offenbarung. Da die Kirche oft der Meinung war, ihre Lehre gegen die Philosophie verteidigen zu müssen, während die Philosophie auf alle Fragen eine logische

Antwort sucht, bleibt für die Kirche vieles ein Mysterium. Aber ebenso schwer tat sich die Kirche ja auch mit den Naturwissenschaften.

Es war Thomas von Aquin[17)], dem es um 1260 gelang, zwischen der Lehre des Aristoteles[18)] und der christlichen Überlieferung einen vernünftigen Zusammenhang herzustellen. Er definierte eine besonnene und für alle Seiten akzeptable Kausalität des Weltalls mit dem Dogma der Heilswirkung.

Neben Thomas brachte die Kirche noch andere große Philosophen hervor, denken wir nur an Anselm von Canterbury, Petrus Lombardus oder Albertus Magnus. Doch er, Thomas, bleibt der bedeutendste rechtgläubige Philosoph der Kirche. Darauf wiesen über Hunderte von Jahren eine ganze Reihe von Päpsten hin, von Clemens V. bis Pius IX.

Es ist beruhigend zu wissen, dass sich Kirche und Philosophie in gewisser Weise arrangiert haben, dass sie sich nicht mehr feindlich gegenüberstehen, obwohl natürlich noch immer ein gewisses Misstrauen vorhanden ist, das wohl auch nie ganz schwinden wird. Trotzdem darf eine schrittweise Annäherung zwischen Kirche und Philosophie beobachtet werden.

Und wieso auch nicht? Es gibt zwar verschiedene Ansichten darüber, wie Philosophie und Christentum in unserer Zeit zueinander stehen, doch im Großen und Ganzen akzeptieren diese beiden Denk- und Glaubensrichtungen heute die jeweils anderen Seite, wenn auch in eingeschränkter Form. Denn einerseits lehnt die Philosophie den nicht zu erklärenden Mythos ab, der integraler Teil des christlichen Glaubens ist. Andererseits erkennt die Kirche, dass Logik, auch wenn sie manchmal schmerzt, aus der christlichen Lehre nicht mehr wegzudenken ist in einer Welt, in der kritisches Bewusstsein mit jedem Jahrzehnt zunimmt. Gleichzeitig ist die Kirche aber bemüht, diese Logik nicht überhandnehmen zu lassen. Also Logik ja, aber nur, wenn sie mit der Offenbarung vereinbar ist.

Aber wie wird Religion an sich und das Christentum im Besonderen von der Philosophie der Neuzeit, also der letzten zweieinhalb Jahrhunderte, gesehen und bewertet? Was für eine Rolle spielt Jesus für die Philosophie von heute? Ist für die neuzeitliche Philosophie Religion Ergänzung oder Widerspruch? Einige der bedeutendsten Denker der Neuzeit geben uns in ihren Schriften Einblick darüber, wie sie zum Glauben stehen, ob und inwiefern für sie Religion mit Logik vereinbar ist und wie Gott und Philosophie zusammen passen.

Da wäre einmal Immanuel Kant (1724–1804) zu nennen, dieser Philosoph der Aufklärung und bedeutende Vertreter der abendländischen Philosophie. Im Gegensatz zu anderen Philosophen kritisierte er nicht die Religion, sondern die Vernunft. Dabei formulierte er das folgende Naturgesetz: „Handle so, dass die Maxime deines Willens jederzeit zugleich als Prinzip einer allgemeinen Gesetzgebung gelten könne." Diesen Gedanken hat Kant aber der Bibel entlehnt, denn er findet sich, etwas einfacher formuliert, sowohl im Alten Testament[19)] als auch im Neuen Testament[20)].

Kant stellte auch zum Thema Ethik und Menschenwürde fest, dass freier Wille nur innerhalb sittlicher Gesetze möglich ist. Pflicht, Ethik und Tugend sind Begriffe, die er immer wieder aufgreift.

In einer seiner Hauptschriften, „Die Religion innerhalb der Grenzen der bloßen Vernunft", entwickelte Kant eine philosophische Religionslehre, in der er die unsterbliche

Seele und Gott als zwar nicht beweisbar, so doch als vernünftig, bezeichnete. Und diese philosophisch-religiöse Definition begeisterte Papst Benedikt XVI., der mehr als einmal betonte, dass Glaube und Vernunft untrennbar miteinander verbunden sind.

Eines der Hauptthemen von Kant ist somit, dass der Mensch Würde besitzt, auf die er Anspruch hat durch seine Fähigkeit zur Bewertung moralischer Grundsätze. Dieser Schlussfolgerung schließt sich die Kirche an, auch wenn Gott, und im Besonderen Christus, um den es ja bei uns geht, nicht ausdrücklich, sondern nur indirekt in dieser moralischen Bewertung eine Rolle spielt.

Georg Wilhelm Friedrich Hegel (1770–1831), ehemals Schüler von Kant, beeinflusste neben anderen Fachbereichen im Besonderen die Soziologie und die Theologie. Ihm zufolge ist jeder Mensch, welcher nationalen, religiösen oder ethnischen Zugehörigkeit auch immer, in seinem unendlichen Wert und seiner unendlichen Berechtigung zu respektieren. Diese Definition von Toleranz, Hegel nennt sie Weltgeist, wird heute von demokratischen Staaten praktiziert. Somit hat Hegel als einer der Ersten verstanden, dass Ausgrenzung nicht mehr zulässig ist. Und wenn Religion bei Karl Marx „ein Seufzer der bedrängten Kreatur ist", so ist sie für Hegel einer der Gründe für Moralempfinden. Für ihn lassen sich Religion und Philosophie sehr wohl vereinen. Religion ist bei Hegel aber nicht etwas Natürliches, sondern eine Vorstellung, die eine Zwischenstellung zwischen Sinnlichkeit und Begriff einnimmt. In diesen Zwischenstellungen zeigt sich für ihn, dass für die Religion Geschichten, so zum Beispiel die Geschichte Jesu Christi, von großer Bedeutung sind.

Religion wird als Selbstbewusstsein des absoluten Geistes definiert, Gott wirkt im religiösen Glauben selbst, der Glaubende aber ist Gottes teilhaftig. Das Christentum ist für Hegel eine vollendete Religion und die Menschwerdung ist notwendigerweise Teil des Göttlichen, dabei ist der Tod Gottes der höchste Beweis seiner Menschlichkeit. Auch zeigt Christus durch seine Auferstehung, dass er den Tod getötet hat.

Bei Hegel wird hier schwere philosophische Kost gereicht. Die gute Nachricht dabei ist, dass für ihn Religion zur Philosophie dazugehört.

Arthur Schopenhauer (1788–1860) war ein vielseitiger Philosoph, der sich mit Spezialgebieten wie Metaphysik, Ästhetik, Erkenntnistheorie und Ethik beschäftigte. Er lehrt in seiner Erkenntnistheorie, dass der Wille alle Menschen verbindet. Auch argumentiert er gegen den Dogmatismus, also gegen die Lehraussagen der Kirche, was ihn für diese zum Häretiker macht. Und über den philosophischen Skeptizismus meinte er sarkastisch, dieser gehöre nicht diskutiert, sondern therapiert.

Über den Willen sagt Schopenhauer, dieser sei die Triebfeder allen Handelns. Doch die Welt erscheint nicht nur als Wille, sondern auch als Vorstellung, deshalb darf Willensfreiheit nur eingeschränkt anerkannt werden. Verstand und Vernunft interpretiert Schopenhauer als intellektuelle Vermögen. Der Verstand urteilt, die Vernunft erlaubt.

In seinem Hauptwerk „Die Welt als Wille und Vorstellung“ beschäftigt er sich intensiv mit Ethik und bezeichnet dabei das Mitleid als eines der ethischen Prinzipien. Außerdem schließt diese Ethik für ihn den Schutz der Tiere ein. Das Christentum spielt für Schopenhauer keine bedeutende Rolle, er bevorzugte und förderte den Buddhismus. Eine Reihe von großen Geistern nutzten die Lehre Schopenhauers. So knüpft die Psychoanalyse von Sigmund Freud direkt an Schopenhauers Lehre vom Willen an.

Leo Nikolajewitsch Tolstoi (1828–1910) – wer kennt nicht seine Romane „Anna Karenina" und „Krieg und Frieden"? Weniger bekannt ist aber, dass er auch Philosoph war und sich ab dem Alter von etwa 50 Jahren, also die letzten 30 Jahre seines Lebens, intensiv mit Glaube und Religion beschäftigte. Dabei empfand er eine wachsende Abneigung gegen rituelle Formen der Religion, die für ihn Zwang waren. Kirchenzwang engte ihn ein. Die schlichte Lehre von Jesus mit ihren Hauptanliegen Nächstenliebe und Gewaltlosigkeit hingegen befreite ihn. Jesus hätte also seine helle Freude mit Tolstoi gehabt.

Weniger Freude mit ihm hatten die russische Kirche und der Staat. Die Kirche exkommunizierte ihn, weil er angeblich eine Reihe von Glaubensgrundsätzen leugnete, so die Trinität, die Auferstehung, die Jungfräulichkeit der Gottesmutter und die Realpräsenz[21)]. Der Staat überwachte ihn und verbot die Veröffentlichung seiner Schriften.

Auf die Exkommunikation antwortete Tolstoi mit einem zweibändigen Werk, das er „Kritik der dogmatischen Theologie" nannte, und dies war seine eigentliche, große Abrechnung mit der Kirche und, wie er es nannte, mit der organisierten Religion. Diese „Kritik" ist sein zweites großes theologisches Werk nach seinen Übersetzungen der Evangelien ins Russische.

In der „Kritik der dogmatischen Theologie" bemängelt er das kritiklos gläubige Volk, dessen große Mehrheit wegen zu geringer Bildung oder aus Interesselosigkeit nichts hinterfragt und alles mit sich machen lässt, was die Kirche vorschreibt. Dazu hatte Tolstoi davor zwei Jahre lang im religiösen Selbstversuch gelebt, alle Vorschriften der Kirche erfüllt, regelmäßig Gotteshäuser besucht und sich ebenso regelmäßig auf Wallfahrten begeben. Sein Fazit war ein furchtbares. Er stellte fest: Diese ganze, kaum übersehbare Menge an Vorschriften und Zeremonien haben nichts mit dem Geist der Lehre von Jesus Christus zu tun. Die Kirche ist die Zerstörerin der erhabenen Ideen, welche die Kraft hätten, die Menschheit zu beglücken.

Um diese Erkenntnis zu beweisen, studierte Tolstoi das Alte und das Neue Testament, alte Urkunden des Christentums, die Schriften der Kirchenväter, Leben und Schriften der Heiligen und auch Bücher der damals gegenwärtigen Glaubenslehre. Dies war die Basis seiner Beweisführung in der „Kritik der dogmatischen Theologie", die in Russland verboten war und deshalb 1891 in Genf erschien. Gemünzt war die „Kritik" auf die russische Orthodoxie, doch natürlich erklärte der Vatikan Tolstoi ebenso zum Häretiker. Dies auch, weil Tolstoi forderte, die Religion solle sich im Lichte der Vernunft präsentieren und zum Problem der Christologie[22)] klare Stellung beziehen. Und dazu meinte er: Eine historische Erzählung darf nie den Wert einer absoluten Wahrheit gewinnen. Denn das unmittelbare Erlebnis einer Gottheit, auf das sich die Theologie beruft, ist nichts anderes als ein Mythos, dessen Gegner unsere Vernunft ist.

Der Philosoph Friedrich Nietzsche (1844–1900) war ein fanatischer Kritiker der Religion, der besonders die christliche Moral immer wieder attackierte. Das beste Beispiel dafür ist seine Schrift „Götzendämmerung". Laut ihm machten die Naturwissenschaften das Christentum nicht nur unglaubwürdig, sondern brachten es zu Fall. Religionen enthielten keine Wahrheit und seien nur aus Angst oder Unvernunft entstanden. Nietzsche fragt daher: „Wer beschwichtigt unsere Seele, wer stillt unsere Sehnsucht nach Ruhe? Ist das Gott, oder die Natur? Beschenkt uns die Natur mit Freiheit oder mit Willkür und danken wir solche Vorgänge der Natur und deren Gesetzen oder Gott?".

In seiner Autobiografie „Ecce homo" (Ich bin ein Mensch) lehnt Nietzsche Begriffe wie Gott, Unsterblichkeit der Seele, Erlösung und Jenseits ab. Dazu fügt er an, er kenne Atheismus weder als Ergebnis, noch als Ereignis, sondern aus Instinkt.

Es ist übrigens interessant, ja fast ein Widerspruch, dass Nietzsche von den Philosophen Hegel und Schopenhauer beeindruckt war, die ein so völlig anderes Bild von Religion hatten als er.

So darf nach kurzer Betrachtung einiger der großen Denker der Neuzeit festgestellt werden, dass eine Reihe von ihnen Philosophie und Religion nicht als konkurrierende, sondern als sich ergänzende Anschauungen sehen, die sich, vergleicht man heutige Ansichten mit früheren, immer näher kommen.

Begriffe, Literatur, Zitate

1) Askese: streng enthaltsame Lebensweise, meistens aus religiösen Gründen.

2) Abgeschaut haben sich Inder diese Praxis allerdings von radikalen syrischen Christen des 4. und 5. Jhs. Die sogenannten Säulenheiligen oder auch Styliten meinten durch die Erhöhung auf einer Säule Gott näher zu sein.

3) Stoiker: Anhänger der Philosophierichtung Stoa, die durch Gelassenheit und Seelenruhe nach Weisheit strebt.

4) Epiktet war einer der bekanntesten Vertreter der Stoa. Er hinterließ das „Handbüchlein der Moral".

5) NT, Mar 1,38.

6) NT, Mar 1,15.

7) Martin Ebner: Das Markusevangelium, Seiten 58–60.

8) Memorabilien: Erinnerungen des Philosophen Xenophon an seinen Lehrer Sokrates.

9) Philo Alexandrinus, auch Philo Iudaeus (15 v. Chr. – 40 n. Chr.) war Philosoph und Theologe. Sein Werk de specialibus legibus (spezielle Erläuterung des Gesetzes,) umfasst 4 Bände; Band 1: Beschneidung, Priester, Opfer; Band 2: Sabbat, Elterngebot; Band 3: Ehebruch, Mord; Band 4: Begehren (8.–10. Gebot).

10) Aristeas: Pseudonym eines unbekannten Verfassers, der sich im 3. Jh. v. Chr. als Hofbeamter von König Ptolemäus II. Philadelphos ausgibt. In seinem Brief berichtet Aristeas über die Entstehung der griechischen Septuaginta, der 5 Bücher Mose, die in Alexandria von 72 Gelehrten in 72 Tagen aus dem Hebräischen übersetzt wurden. Und, oh Wunder, am Ende stimmten alle 72

Übersetzungen wortwörtlich überein. Später wurde der Name Septuaginta auf die griechische Übersetzung des gesamten Alten Testamentes ausgedehnt.

11) Seneka, römischer Philosoph (Stoiker) des 1. Jh. n. Chr. De Beneficiis (über Wohltaten) ist eines seiner Werke.

12) NT, Mat 5,39.

13) NT, Mat 6,25–28.

14) Gerd Theißen, Der Schatten des Galiläers, S. 183–184

15) NT, Mar 7,15.

16) Phokylides war ein jüdischer Spruchdichter ca. 50 v. Chr. bis 50 n. Chr. Nicht zu verwechseln mit dem Philosophen Phokylides von Milet.

17) Der Dominikaner Thomas von Aquin (13./14. Jh.) war ein bedeutender Theologe, Kirchenvater und Philosoph des Mittelalters.

18) Aristoteles war ein griechischer Universalgelehrter des 4. Jh. v. Chr., aber auch einer der bedeutendsten altgriechischen Philosophen und Naturforscher.

19) AT, Tob 4,15.

20) NT, Mat 7,12; Luk 6,31.

21) Realpräsenz: die christliche Lehre, dass der Leib und das Blut Christi in der Eucharistie wahrhaftig zugegen sind.

22) Christologie: Lehre von Christus, also Lehre über Person und Bedeutung des Jesus von Nazareth.

Jesus – sein Wirken, sein Erbe
Kapitel 13

ERLÖSER UND GUTER HIRTE

„Ich kenne meine Schafe und sie kennen mich."

War Jesus ein Erlöser?

Hier dürfen wir eine kritische, von der Kirche mit Sicherheit ablehnend betrachtete Anmerkung ins Spiel bringen, indem wir feststellen: Wenn Jesus wirklich ein Erlöser ist, also ein Befreier, ein Erretter, dann ist er ein zukünftiger Erlöser. Bis jetzt wurde ja niemand erlöst, jedenfalls nicht auf göttlicher, auf himmlischer Ebene. Denn das Wort Erlösung bezieht sich zwar auf die Aufnahme der Menschheit in das Reich Gottes, das ist aber erst nach dem Ende dieser Welt zu erwarten. So wird es jedenfalls von der Kirche gelehrt und gepredigt.

Der Begriff Heiland ist im Christentum ein Ehrentitel für den Retter, also den Erlöser Jesus Christus, der uns – so die christliche Lehre – in der Endzeit, am jüngsten Tag, von allem Schlechten, Bösen und Unheil befreien und uns Zugang zum Paradies schaffen wird. Dort werden wir Gott schauen und dadurch immerwährende Glückseligkeit erfahren. Unsere Welt wird aber, so sie nicht schon vorher zerstört werden sollte, noch ungefähr vier Milliarden Jahre lang existieren. Für Menschen bewohnbar wird die Erde laut Vorhersagen von Wissenschaftlern nicht mehr ganz so lange sein, aber immerhin noch etwa eine Milliarde Jahre, vielleicht auch einiges länger. Auf das Himmelreich müssen wir also in jedem Fall noch etwas warten.

Jesus irrte übrigens, als er bei seinem ersten Auftritt in Galiläa verkündete: „Die Zeit ist erfüllt, das Reich Gottes ist nahe.“[1)] Seine Anhänger interpretierten dieses „Nahe“ als einen Zeitraum von Wochen, höchstens Monaten, doch dieses Ereignis traf, wie wir wissen, nicht ein.

Für das Volk Israel bedeutete Erlösung die Verheißung der Erzväter, aus der ägyptischen Knechtschaft befreit zu werden. Dies war allerdings eine sehr irdische und keine himmlische Erlösung. Als eine ebensolche Erlösung wurde von den Hebräern die Rückführung aus dem Exil gesehen. Aber damals galt das Augenmerk Jahwe und nicht Jesus.

Die Bibel widmet sich einer Menge weiterer Beispiele weltlicher Erlösung. Als, wie es des Öfteren der Fall war, Unglück, Krieg oder Gefangenschaft über die Hebräer hereinbrach, weil sie sich von Gott und seinen Gesetzen wieder einmal abgewandt hatten, da schrien die Hebräer zu Jahwe und bereuten. Der Herr aber zeigte Mitleid, verzieh und erlöste sein Volk aus dessen misslicher Lage. Die Exegese[2)] aber nennt eine derartige Situation einen Tun-Ergehen-Zusammenhang. Das bedeutet, solange sich das Volk Gottes an die Gesetze hält und vor allem keine anderen Götter verehrt, wird es den Hebräern gut gehen. Bei Ungehorsam lässt Gott jedoch zur Strafe Unglück und Krieg über die Menschen kommen.

Hier dürfen wir aber noch auf einen anderen Umstand hinweisen. Gott war im Alten Testament eben nicht nur ein zorniger und strafender Gott, so wie ihn Markion[3)], der Begründer des Markionismus, darstellte. Er war in vielen Fällen auch ein milder und ein vergebender Gott, ähnlich dem im Neuen Testament. Er ließ „seinen Kindern" zwar nicht alles durchgehen, liebte sie aber.

Jesus hat also Zukunftsereignisse prophezeit, die seinen Anhängern Mut gemacht haben. Er hat Hoffnung auf ein gutes Ende nach dem Tode geweckt und so das Zusammenleben seiner Anhänger gefördert. Mehr Menschen glaubten nun an Gott und seine Gebote, mehr Menschen sahen Gewalt und Unrecht gegenüber anderen als Sünde, und solch eine Einstellung stärkt die Sicherheit der Einzelnen im gemeinschaftlichen Zusammenleben. Deshalb war Jesus ein guter Hirte. Ein solcher hält seine Herde nicht nur zusammen, er beschützt sie auch. Und Jesus schaffte es, unter seinen Anhängern neben Glaube und Liebe auch Hoffnung zu nähren, eine der wichtigsten Zutaten, um die Zukunft zu meisten. Aus diesen Gründen sagen wir noch einmal: „Ja, Jesus war ein guter Hirte!"

Die Kirche bemüht sich heute wie früher, Gläubige durch Hoffnung, aber leider auch durch Verunsicherung, bei der Stange zu halten. Diese Hoffnung wird von der Kirche genährt mit dem Versprechen der Erlösung, dem Kommen des Reiches Gottes, ein Versprechen, das die Kirche guten Gewissens und im guten Glauben immer wieder gibt. Beweisen wird sie es jedoch niemals müssen.

Begriffe, Literatur, Zitate

1) Markus 1,15.

2) Exegese: wissenschaftliche Auslegung der Bibel.

3) Markion war der Gründer einer einflussreichen christlichen Bewegung des 2. Jhs., die sich etwa 200 Jahre lang hielt und von der Kirche als Irrglaube verdammt wurde.

Jesus – sein Wirken, sein Erbe

Kapitel 14

DER HISTORISCHE JESUS

römische Geschichtsschreiber bestätigen seine Existenz

Es gab den Menschen Jesus, Sohn des Joseph aus Nazareth. Er hat vor 2000 Jahren gelebt und ist erwiesenermaßen eine historische Figur, wenn auch eine umstrittene, um die sich viele Erzählungen, aber auch viele Legenden ranken.

Über seine Geburt und seine jungen Jahre haben wir bereits gesprochen. Jesus muss sich allerdings geweigert haben, einen dauerhaften Handwerksberuf auszuüben, als ältester Sohn für seine Geschwister da zu sein und eine eigene Familie zu gründen – die Evangelien berichten hier übereinstimmend über Familienkonflikte.

Sein älterer Vetter Johannes der Täufer war für Jesus Mentor und Leitfigur. Dieser Johannes, der sich, ähnlich den Essenern, eine Zeit lang in völliger Askese in die Wüste zurückzog, überzeugte Jesus, seine Familie zu verlassen und sein Leben ganz der Religion zu widmen. Johannes beeinflusste Jesus sogar so sehr, dass dieser seine eigene Familie verleugnete und seine Anhänger als Familie bezeichnete.

Allerdings ist es unrichtig zu behaupten, dass wir Jesus nur aus den vier Evangelien der Bibel kennen, obwohl die

Kirche andere Quellen gerne übergeht. Denn außer den kanonischen und über dreißig apokryphen Evangelien haben sich auch Geschichtsschreiber der damaligen Zeit mit Jesus beschäftigt oder haben ihn wenigstens erwähnt und somit seine Existenz bestätigt.

Flavius Josephus (*37 Jerusalem, †100 Rom), war ein jüdisch-hellenistischer Historiker, der uns umfangreiche und heute sehr wertvolle Werke hinterließ, die viel Licht auf die Geschichte seiner Zeit werfen. In einem seiner Hauptwerke, Antiquitates Judaicae[1)], findet sich ein großer Jesus-Abschnitt (ant 18,63f = XVIII,3,3).

Auch über die Hinrichtung des Apostels Jakobus im Jahre 62 berichtet Josephus (ant 20,197–203 = XX,9,1), und hier spricht er ebenfalls von Jesus, der Christus genannt wurde.

Publius Gaius Tacitus (*58, †120) war römischer Senator und Geschichtsschreiber. In seinem Werk Annales (Annalen) schreibt er über die „Chrestianer", die Nero im Jahre 64 für den Brand von Rom verantwortlich machte. Tacitus leitet ihren Namen von Christus ab und weiß zu berichten, dass dieser Christus unter der Herrschaft des Kaiser Tiberius und auf Veranlassung des Prokurators Pontius Pilatus hingerichtet worden ist (ann. XV,44,3). Diesen Notizen ist zu entnehmen, dass sich Jesus mit den herrschenden Schichten überworfen hatte. Deshalb verfolgte die jüdische Aristokratie später auch seine Anhänger.

Sueton, eigentlich Gaius Suetonius Tranquillus (*70, †122), war ein römischer Schriftsteller und Verwaltungsbeamter. In seinem Hauptwerk De vita Caesarum (über das Leben der Kaiser) beleuchtet Sueton zwölf römische Kaiser von Cäsar bis Domitian. Im Kapitel des Kaiser Claudius (41–54) erwähnt er Jesus und Probleme seiner Anhänger mit den Behörden, die auf ihn zurückgehen (Claudius 25).

Auch Plinius der Jüngere (*62, †115), römischer Anwalt, Senator und Schriftsteller, äußert sich in seinen Epistulae (Briefen) zu den Problemen von Jesus ganz ähnlich wie Sueton (ep X,96).

All die genannten Quellen sagen viel über Jesus aus. Die wichtigste Aussage ist wohl die amtliche Bestätigung, dass es Jesus wirklich gegeben hat. Auch attestieren uns hier profan-historische Berichte[2)], dass Jesus weder der Oberschicht angehörte, noch von den Juden hingerichtet wurde, sondern dass ein römischer Beamter für seinen Tod verantwortlich war.

Begriffe, Literatur, Zitate

1) Flavius Josephus, Antiquitates Judaicae, zu Deutsch „Jüdische Altertümer", ein 20-bändiges Werk, erschienen um 94 n. Chr. Josephus ist die wichtigste historische Quelle für die damalige Zeitgeschichte von Palästina.

2) Profan = weltlich, nicht einer Religion dienend.

Christus vor Kaiphas; Öl auf Leinwand, um 1630;
Matthias Stomer (NL oder FL); Milwaukee Art Museum, Wisconsin

Jesus – sein Wirken, sein Erbe
Kapitel 15

DAS ENDE NAHT

Anklage, Martyrium, Hinrichtung

Als Jesus gefangen genommen und dem Hohepriester Annas in dessen Palast vorgeführt wurde, bei dem sich auch der Hohe Rat, die Ältesten und die Schriftgelehrten eingefunden hatten, „gaben viele ein falsches Zeugnis gegen ihn" – so steht es bei Markus geschrieben.[1)]

Annas hatte, obwohl von Kaiser Tiberius als Hohepriester abgesetzt, in der jüdischen Gemeinde immer noch eine hohe klerikale Position, ähnlich einem Bischof. Er entstammte einer sehr einflussreichen Familie und war wichtigster Berater seines Schwiegersohnes Kaiphas. Fünf Söhne dieses Annas werden in den nachfolgenden Jahren Hohepriester wie ihr Vater, und einer von ihnen, auch Annas genannt, wird den Apostel und Verwandten von Jesus, Jakobus den Jüngeren, steinigen lassen. Dies jedoch ist das erste Verhör des Tages, drei weitere Verhöre stehen noch aus, die des Kaiphas, des Herodes Antipas und des Pilatus.[2)]

Viele dieser Zeugenaussagen widersprachen sich, trotzdem aber fragte der Hohepriester Jesus, was er zu den Anschuldigungen zu sagen hätte. Und Jesus sagt nichts. Erstens, weil er auf die Frage, wer seine Gefolgschaft sei, seine Jünger nicht verraten wollte, zweitens aber – und ebenso wichtig – drückte er mit seinem Schweigen sein Missfallen gegenüber Annas aus, ganz ohne etwas zu sagen.

Denn der Hohepriester wusste natürlich, dass nach dem damaligen jüdischen Prozessrecht Zeugenaussagen übereinstimmen mussten. Dazu war es wieder nötig, Zeugen getrennt zu vernehmen. Dies ist sehr schön im Daniel-Buch, Kapitel 13, veranschaulicht, in dem es um die falschen Zeugenaussagen gegen Susanna geht. Mit dem Prozessrecht scheint es der Hohepriester aber nicht so genau genommen zu haben, wohl auch, um die ganze Angelegenheit noch vor den Feiertagen schnell hinter sich zu bringen.

Weil Annas aber nichts aus Jesus herausbringt, lässt er ihn gefesselt zu Kaiphas überstellen. Dieser Kaiphas heißt eigentlich Joseph, Sohn des Kephas (wie der Apostel Simon Petrus), und wurde vom römischen Präfekten Valerius Gratus zum Hohepriester berufen (Ant XVIII,95)[3]. Kaiphas ist neben Annas der zweite Vorsitzende des Sanhedrin, des Hohen Rates, dem insgesamt 71 Personen angehören, nämlich je 23 Älteste, Schriftgelehrte und Priester plus die beiden Vorsitzenden. Außerdem ist Kaiphas diensthabender Hohepriester und nicht ehemaliger wie Annas.[4]

Wirklich problematisch wird es in diesem zweiten Verhör für Jesus erst, als Kaiphas ihn fragt: „Bist du der Messias, der Sohn des Hochgelobten?“ Und Jesus antwortet: „Ich bin es, und ihr werdet den Menschensohn zur Rechten der Macht sitzen und mit den Wolken des Himmels kommen sehen.“[5] Problematisch ist diese Aussage nicht nur deswegen, weil sie als Gotteslästerung gesehen wird, da die Ausdrücke Hochgelobter und Macht eine Umschreibung für Gott sind.

Was für eine Provokation war es, zu bestätigen, dass man Gottes Sohn ist! Die meisten Kaiser wurden im alten Rom nach ihrem Tode zur Gottheit erhoben. Damit trug deren Erstgeborener und Nachfolger den Titel „Sohn Gottes", der für die Berechtigung zur Thronbesteigung stand. Diese Aussage von Jesus, die demnach als Anspruch auf die römische Herrschaft ausgelegt werden kann, ist also Grund genug für eine Verurteilung zum Tode am Kreuz. Denn Hochverrat wie auch Entehrung des Kaisers waren todeswürdige Verbrechen.

Der Hohe Rat braucht nicht lange, um Jesus einstimmig zum Tode zu verurteilen. Aber solch ein Urteil muss vom judäischen Statthalter, dem Präfekten und Stellvertreter des Kaisers, bestätigt werden, und deshalb lässt Kaiphas den Verurteilten an diesem Freitagmorgen zu Pontius Pilatus bringen.

Pilatus hatte sich schon früh den Hass der Juden zugezogen, wozu allerdings zu bemerken ist, das derartige Berichte von Juden und Christen, also von Feinden der Römer, stammen. Doch schien sich Pilatus, dem schon als Befehlshaber der Besatzungsmacht keine Sympathien entgegenschlugen, nicht zu scheuen, römische Götter öffentlich zu verehren und deren Bilder in seinem Palast zur Schau zu stellen.

Auch ließ Pilatus auf den Schildern seiner Soldaten die Inschrift „IMPTI" (Imperatori Tiberio) anbringen, für die Judäer eine Provokation, die einen Konflikt unausweichlich machte. Es gab Proteste, da angeblich der jüdische Glauben verletzt worden war, und Herodes Antipas beschwerte sich beim Kaiser in Rom. Pilatus erhielt den Befehl, die Inschriften von den Schildern zu löschen, was das Verhältnis zwischen Pilatus und Antipas, wie man sich denken kann, nicht verbesserte.[6)]

Noch schwerwiegender aber wog der Entschluss des Pilatus, zur Wasserversorgung einer römischen Badeanstalt, also zu seinem und der Besatzer Badevergnügen, in Jerusalem zusätzliche Zisternen inklusive kilometerlanger Wasserzuleitungen zu errichten und die Baukosten aus der Kassa des jerusalemer Tempels zu decken.

Im babylonischen Talmud, Traktat Schekalim IV,2 (von der Tempelsteuer), wird zwar bestätigt, dass Bauten zur Wasserversorgung vom Tempelschatz zu bestreiten sind, doch der Bau einer Badeanstalt pervertiert natürlich Sinn und Zweck dieser Verordnung.

Eine Schar der Ankläger ist Jesus gefolgt und versammelt sich nun auf dem Platz vor dem Prätorium[7)]. Hinein gehen sie aber nicht, denn dort bei dem Römer gibt es womöglich Sauerteig, dann wären sie den ganzen Tag unrein und könnten nicht am Osteressen teilnehmen. Also eine Verurteilung fordern – ja, aber unreines Brot – nein.

Der Statthalter tritt heraus und fragt, was man Jesus vorwirft. Kaiphas antwortet, er sei ein Übeltäter, sonst hätte man ihn nicht hergebracht. Darauf sagt Pilatus: „So nehmt ihn und richtet ihn nach eurem Gesetz."

Doch der jüdische Hohe Rat ist nur berechtigt, Urteile mit geringfügigen Strafen zu vollstrecken. Und dieser Hohe Rat weiß auch ganz genau, dass ein rein religiöses Vergehen Pilatus nicht überzeugen wird, deshalb muss der Anklage ein gegen Rom gerichteter politischer Aspekt beigemengt werden. Und sie berichten Pilatus, Jesus habe versucht, das Volk davon abzuhalten, römische Steuern zu bezahlen. Dreister kann man wohl kaum lügen, denn Jesus hat gesagt: „Gebt dem Kaiser, was des Kaisers ist, und gebt Gott, was Gottes ist."

Pilatus kommen Bedenken und er fragt Jesus, ob er ein König ist. Jesus antwortet: „Mein Reich ist nicht von dieser Welt. Ich bin geboren, um der Wahrheit Zeugnis zu geben.“ Doch eine solch philosophische Antwort irritiert Pilatus eher. Und eben will er wieder aus dem Haus vor das Volk treten, als ein Diener mit einer Nachricht seiner Frau kommt. Diese Nachricht lautet: „Habe nichts zu schaffen mit diesem Gerechten, denn ich habe heute im Traum seinetwegen viel gelitten.“

Was bedeutet das nun wieder? Diese Nachricht ist in Mat 27,19 nachzulesen, viel genauer aber im apokryphen Nikodemusevangelium. Die Frau des Pilatus heißt Claudia Procula, entstammt einer vornehmen römischen Familie und ist offenbar von den Worten und Taten dieses galiläischen Propheten beeindruckt, denn sonst hätte sie ihn nicht als Gerechten bezeichnet. Das Wort Gerechter wird hier im Sinne von Unschuldiger gebraucht. Und der nächtliche Traum scheint sie in ihrem Glauben noch bestärkt zu haben.

Diese Claudia Procula, wie auch der Hauptmann von Kapharnaum und die kanaanäische Frau, die Jesus bat, ihre Tochter zu heilen,[8)] waren die erste kleine Gruppe von Heiden, die an Jesus geglaubt haben. Deshalb wird Claudia Procula auch in der griechisch-orthodoxen Kirche als Heilige verehrt.[9)]

Jetzt glaubt Pilatus zu erkennen, dass Jesus gar nicht seiner Gerichtbarkeit unterliegt, sondern der des Herodes Antipas, der, welch glückliche Fügung, gerade in Jerusalem weilt.

Herodes Antipas ist einer der Söhne des grausamen Herodes des Großen und ebenso blutrünstig wie sein Vater. Dieser Herodes Antipas wurde nach dem Tod seines Vaters Herrscher der Provinzen Galiläa und Peräa. Deshalb machte er Sepphoris in Galiläa zu seiner Hauptstadt.

Er verliebte sich in Herodias, seine Nichte und Schwägerin, nämlich die Frau seines Halbbruders. Deshalb verstieß Herodes Antipas seine erste Ehefrau, um für Herodias Platz zu machen, also doppelter Ehebruch, der bei den Juden gar nicht gut ankam. Diese Geschichte endet, wie wir wissen, mit der Enthauptung von Johannes dem Täufer, nachzulesen bei dem Historiker Flavius Josephus (Ant. 18, 116-119)[10)], aber auch bei den Evangelisten. Salome, die Tochter der Herodias, erregt Herodes Antipas mit einem aufreizenden Tanz und der verspricht ihr, wahrscheinlich schon die nächste Blutschande vor Augen, was sie will. Die Geschichte endet grausam, denn Salome will auf Drängen ihrer Mutter den Kopf des Johannes, und sie bekommt ihn.

Herodes Antipas tritt Jesus nur widerwillig, mit einem Gemisch aus Angst und Abneigung, entgegen. Erst will er ein paar Wunder sehen, aber Jesus zaubert für ihn nicht. Dann beginnt er seine Befragung, doch Jesus schweigt wieder. Da lässt Herodes Antipas zum Hohn einen weißen Mantel um die Schultern von Jesus legen und schickt ihn zurück zu Pilatus. Flavius erklärt, dass ein solcher Mantel ein Kleidungsstück der jüdischen Könige ist, hier aber nicht nur Hülle von Königen, sondern auch Zeichen der Unschuld, und als solches wird es von Pilatus wahrgenommen, eine stumme Botschaft, welche die Nachricht seiner Frau bestätigt.

Pilatus will Jesus nicht verurteilen, diesen merkwürdigen Zeitgenossen, dessen Reich nicht von dieser Welt sein soll, also keine Gefahr für Rom darstellt und dessen Anhängerschaft aus ein paar Fischern und Frauen besteht. Als Pilatus aber vor das Volk tritt, schlägt ihm und Jesus blanker Hass, gepaart mit der Forderung „tötet ihn“, entgegen.

Denn in der Menge befinden sich auch viele Männer, die Jesus sehr negativ gegenüberstehen, es sind die Opfertierhändler und die Geldwechsler, die Jesus mit der Peitsche aus dem Tempel vertrieben hatte. Dabei hatten diese Menschen nichts Falsches getan, die Tempelregularien wurden nun einmal von der Priesterkaste, den Leviten, festgelegt, aber die Evangelien berichten hier wider besseres Wissen leider recht einseitig.

Religiöse Regeln und Tempelstatuten besagten, dass jeder gläubige Hebräer mindestens einmal in seinem Leben den Tempel in Jerusalem zu besuchen und dort ein Tieropfer zu bringen hatte. Dies konnte, je nach den jeweiligen finanziellen Verhältnissen, eine Taube, eine Ziege, ein Schaf oder auch ein Rind sein. Da aber viele Gläubige wochenlang unterwegs waren – und zwar zu Fuß – konnten sie auf ihrer Reise keine Tiere mitnehmen, sondern mussten diese vor Ort erstehen.

Das war aber noch nicht alles. Eine Devisenverordnung der römischen Verwaltung schrieb vor, dass römische Dinare das einzige legale Zahlungsmittel waren. Daher mussten Fremdwährungen, die von weither mitgebracht wurden, vor dem Kauf von Opfertieren umgetauscht werden, und zwar zu einem Wechselkurs, der den Geldwechslern Gewinn einbrachte, denn schließlich lebten sie davon. Wer also könnte, bei genauerer Betrachtung dieser Sachlage, den Zorn und die Wut der aus dem Tempel Vertriebenen nicht verstehen?

Hinzu kam, dass viele Judäer von Jesus enttäuscht waren, da er ihre Hoffnung, sie von den Römern zu befreien, nicht erfüllt hatte.

Also forderte die Menge den Tod des Messias, rief lieber nach der Freilassung des Barabbas und schrie immer lauter nach dem Kreuz. Da fürchtete Pilatus so kurz vor dem Fest einen Aufstand, wusch seine Hände in Unschuld und übergab Jesus den Soldaten zur Geißelung.

Die Soldaten erteilen Jesus die vorschriftsmäßige Anzahl von Hieben und beginnen danach mit ihm ihre Spottspielchen zu treiben. Sie legen ihm einen roten Legionärsmantel um, der mit coccus gefärbt war, einer roten Farbe, die aus der getrockneten und zerriebenen Schildlaus gewonnen wurde, denn Purpur wäre für einfache Legionäre viel zu teuer gewesen. Dann setzen sie ihm eine Dornenkrone auf, drücken ihm ein Schilfrohr als Zepter in die Hand und verhöhnen ihn als König.

Danach trat Jesus, geführt von Soldaten, seinen letzten Gang an, den wir Kreuzweg nennen. Das Ziel war die Richtstätte Golgota – zu Deutsch: Schädelhöhe[11)] – außerhalb der Stadtmauern.

Im Evangelium des Markus, Kapitel 15, 16-20a, klingt das so:

„Die Soldaten führten ihn weg in den Hof hinein, d. h. ins Prätorium[12)], und sie rufen die ganze Kohorte zusammen. Und sie ziehen ihm Purpur an und setzen ihm auf, nachdem sie ihn geflochten hatten, einen Dornenkranz und sie begannen, ihn zu grüßen: Sei gegrüßt, König der Juden! Und sie schlugen mit einem Rohr seinen Kopf und spuckten ihn an und huldigten ihm, indem sie die Knie beugten. Und als sie ihn verspottet hatten, zogen sie ihm den Purpur wieder aus und zogen ihm seine Kleider an."

Und weiter geht es im selben Kapitel, Vers 20b-27:

„Und sie führen ihn hinaus, damit sie ihn kreuzigten. Und sie zwingen den Nächstbesten, Simon von Kyrene, der von seinem Acker kommt, den Vater von Alexander und Rufus, damit er sein Kreuz trage. Und sie bringen ihn an den Ort Golgata, das heißt übersetzt Schädelhöhe[13)]. Und sie gaben ihm mit Myrrhe[14)] gewürzten Wein.

Er aber nahm ihn nicht. Und sie kreuzigen ihn und teilen seine Kleider auf, indem sie das Los über sie warfen, wer was nehmen soll. Es war aber die dritte Stunde[15] und sie kreuzigten ihn. Und es war die Aufschrift seiner Schuld[16] aufgeschrieben: Der König der Juden. Und zusammen mit ihm kreuzigen sie zwei Räuber, einen zu seiner Rechten und einen zu seiner Linken."

Grausame Einzelheiten dieser Hinrichtung werden von Markus, ebenso wie von den anderen Evangelisten, nur wenige geschildert. Aber es wird festgehalten, dass Jesus am Nachmittag um die neunte Stunde gestorben war. Das Problem war nun, dass die beiden Schächer noch lebten. Denn wenn nicht alle drei bis Sonnenuntergang, der den Beginn des Sabbat markiert, begraben waren, so gefährdete dies die Teilnahme der Soldaten an den Pessach-Feierlichkeiten. Daher beschloss die kleine Truppe, ein wenig nachzuhelfen.

Das Markusevangelium berichtet über die Bedeutung der Kreuzigung auf mehreren Ebenen. Wir wollen hier zwei davon hinterfragen, erstens die des Kreuzweges als Triumphzug, und wir wollen zweitens auch die letzten Worte von Jesus, von denen es laut Kirche ja sieben geben soll, etwas genauer analysieren.

Die Erzählung des Martyriums und der Kreuzigung ist hier sonderbarerweise als Triumphzug eines römischen Kaisers geschildert, und dabei handelt es sich genau um jene Punkte, die sowohl historisch als auch sozialgeschichtlich gesehen unwahrscheinlich klingen:

- Im Hof des Pilatus hätte sicher keine ganze Kohorte Platz gehabt, denn das sind 600–1000 Soldaten. Aber genau so beginnt der Triumphzug auf dem Marsfeld in Rom, wenn der Triumphator aus seinem Feldherrnzelt, dem Prätorium, in dem er die Nacht verbracht hat, heraustritt.

- Ihm werden sodann die Insignien des Triumphators angelegt: das Purpurgewand und der Lorbeerkranz.
- Am Höhepunkt des Triumphzuges, der in feierlicher Prozession durch die Straßen von Rom führt, wird dem Triumphator Wein angeboten, den dieser aber ablehnt.
- Ziel des Zuges ist das Kapitol (von lateinisch caput = Schädel).
- Dort angekommen, wird der besiegte König, der als Gefangener im Triumphzug mitgeführt wurde, umgebracht. In der Markuspassion findet hier ein befremdlich anmutendes wie auch unverständliches Rollenspiel statt: Der „Triumphator“, Jesus selbst, wird als „König“ am Kreuz hingerichtet.[17)]

Von den letzten Worten, die Jesus am Kreuz gesprochen hat, sagt die Kirche, es waren sieben. Doch was Jesus in den sechs Stunden am Kreuz vor seinem Tod gesagt hat, z. B. „Vater, vergib ihnen, denn sie wissen nicht, was sie tun“ oder „Mich dürstet“ oder zu Dysmos, dem Schächer[18)], „Noch heute wirst du mit mir im Paradies sein“, das ist alles für letzte Worte einfach zu weit weg vom eigentlichen Todesmoment. Wird hier vielleicht die heilige Zahl Sieben benutzt, um eine Erzählung auszuschmücken?

Markus, der das erste Evangelium um das Jahr 70 aufzeichnete, schreibt, Jesus habe, bevor er starb, gesagt: „Mein Gott, mein Gott, warum hast du mich verlassen?“ Dieser Satz ist aber der Beginn von Psalm 22, einem Klagepsalm, in dem die Zerstörung des Tempels und Jerusalems beweint wird. Ob nun Jesus diesen Psalm im Angesicht des Todes rezitiert hat oder ob dies ein redaktioneller Einfall des Evangelisten war, werden wir wohl nie erfahren.

Das zweite Evangelium verfasste Matthäus um das Jahr 80, also etwa zehn Jahre nach Markus. Auch er erwähnt als die letzten Worte von Jesus den Satz „Mein Gott, mein Gott, warum hast du mich verlassen?“. Nun, dann muss ja etwas dran sein, wird der geneigte Leser denken, doch die Erklärung ist simpel: Matthäus hat von Markus abgeschrieben. Das Markusevangelium umfasst, wie bereits weiter vorne dargelegt, 661 Verse, von denen Matthäus 600 Verse kopiert hat.

Das lukanische Evangelium entstand noch später, um das Jahr 90. Die letzten Jesusworte laut Markus und Matthäus dürften Lukas aber nicht positiv genug gewesen sein, denn er schreibt, die letzten Worte lauteten „Herr, in deine Hände lege ich meinen Geist“. Doch, was für ein Zufall, auch dieser Satz ist einem Psalm entnommen, und zwar Psalm 31, Vers 6, einem Lobpreisungs- oder Hymnenpsalm. Psalm 31 ist übrigens von der Exodus-Theologie bestimmt; Jahwe wird für die Rettung seines Volkes aus ägyptischer Hand gedankt. Und auch hier ist nicht mehr festzustellen, hat Jesus das wirklich gesagt, oder wurde es ihm, was ungleich wahrscheinlicher ist, von Lukas in den Mund gelegt?

Das letzte kanonische Evangelium des Johannes wurde um das Jahr 100 fertig gestellt. Und er hat die einfachsten und am glaubwürdigsten klingenden letzten Worte von Jesus überliefert, nämlich: „Es ist vollbracht!“ Doch auch dieser Spruch stammt vom oben genannten Psalm 22, allerdings ist dies nicht der Beginn, sondern der Schluss. Denn den letzten Satz dieses Gebets – „Er hat das Werk getan“ – hat Johannes umformuliert in „Es ist vollbracht“.

Woher aber hatten die Evangelisten diese letzten Worte von Jesus? Er war ja, als das Markusevangelium verfasst wurde, immerhin schon 40 lange Jahre tot, beim Entstehen des zeitlich letzten Evangeliums des Johannes schon etwa 70 Jahre lang. Mündliche Überlieferungen wären eine Möglichkeit, aber nach so langer Zeit doch recht unwahrscheinlich.

Die historische Exegese weiß heute, dass schon relativ bald nach der Kreuzigung begonnen wurde, schriftliche Aufzeichnungen über Jesus zu erstellen und zu sammeln, Aufzeichnungen, die heute im Original nicht mehr existieren, die aber durch Analyse und Vergleiche der Evangelien unschwer nachgewiesen und zusammengestellt werden können. Die zwei wichtigsten Dokumentensammlungen waren erstens jene – leider nicht mehr erhaltenen – Schriften, nach denen Markus sein Evangelium verfasste, und zweitens eine im Original ebenfalls unbekannte Sammlung von Jesus-Sprüchen, die sogenannte Logien-Quelle, oder abgekürzt einfach „Q". Diese Jesus-Sprüche konnten durch Vergleich der synoptischen Evangelien lückenlos rekonstruiert werden und sind von Kirchenhistorikern heute in sieben große Redeblöcke eingeteilt.

In der Logien-Quelle sind die letzten Jesus-Worte am ehesten zu vermuten. Wer aber hat Jesus am Kreuz sprechen gehört, wer könnte diese Botschaft an die Apostel und damit an die Nachwelt weitergegeben haben? Auch darüber können nur Vermutungen angestellt werden. Daher stellt sich zunächst die Frage: Wer war bei der Kreuzigung dabei?

Markus und Matthäus sprechen fast gleichlautend von Leuten, die vorbeikamen, aber auch von den Hohepriestern, den Schriftgelehrten und den Ältesten, die Jesus verhöhnten. Aus diesen drei Gruppen setzte sich, wie wir wissen, der Hohe Rat zusammen, und da Jesus von dieser Institution angeklagt worden war, ist anzunehmen, dass diese bei der Urteilsvollstreckung zugegen sein wollten, und wenn wahrscheinlich auch nicht alle, so doch ein Teil von ihnen. Dass aber jene Zuschauer letzte Worte von Jesus gehört haben, ist äußerst unwahrscheinlich, denn schließlich hatte ja in der sechsten Stunde (12 Uhr mittags), eine Finsternis eingesetzt, die drei Stunden lang, also bis zum Tod von Jesus andauerte; ein ungewöhnliches, angsteinflößendes Ereignis, ein böses Omen, das wohl die meisten bewog, die Schädelstätte zu verlassen.

Außerdem befand sich diese Zuschauergruppe nicht in unmittelbarer Nähe des Kreuzes. Sie wären wohl auch kaum daran interessiert gewesen, Worte, die vielleicht vom Kreuz zu hören waren, als Information an die ihnen verhassten Christen weiterzugeben.

Wahrscheinlich ist auch, dass Jesus, geschwächt nach über 30 Stunden Schlafentzug, Folter und sechs Stunden am Kreuz kaum mehr in der Lage war, noch laut zu sprechen.

In der Nähe des Kreuzes waren auch die Frauen nicht. Von denen, die dabei waren, heißt es, sie sahen von Weitem zu. Markus und Matthäus sprechen von vielen Frauen, nennen aber namentlich nur drei: Maria Magdalena und die beiden Tanten von Jesus, Maria Cleophas, die Frau des Alphäus, sowie Maria Salome, die Frau des Zebedäus.

Lukas spricht allgemein von den Frauen, die Jesus seit der Zeit in Galiläa nachgefolgt waren, nennt aber keine Namen und berichtet, dass sie in einiger Entfernung vom Kreuz waren.

Etwas anderes lesen wir bei dem Evangelisten Johannes. Bei ihm ist außer Maria Magdalena und Maria Cleophas auch die Mutter Gottes dabei. Maria Salome nicht, dafür aber deren Sohn Johannes, der Jünger, den Jesus liebte.

Auch stand laut dem Johannesevangelium diese Gruppe von Verwandten nahe am Kreuz und Jesus sprach erst zu seiner Mutter – „Siehe, dein Sohn!“ (er meinte den Apostel Johannes) –, dann sagte er zu Johannes: „Siehe, deine Mutter!“ (Jesus meinte seine eigene Mutter.) Und laut Evangelium nahm der Jünger von jener Stunde an Maria zu sich. Dieses Zu-sich-Nehmen kann nur so interpretiert werden, dass die Mutter Gottes zu diesem Zeitpunkt bereits Witwe war, ihr Mann Josef nicht mehr lebte und Jesus Johannes auftrug, sich um seine Mutter zu kümmern. Dies sagte Jesus aber, als es noch hell war, also Stunden vor seinem Tod.

Da aber laut kirchlicher Überlieferung Johannes, der Sohn der Maria Salome und einer der beiden Donnerbrüder, Apostel und zugleich Verfasser dieses Evangeliums war, hat Johannes hier wohl über sich selbst geschrieben, wenn er denn der Verfasser war.

Die historisch-kritische Exegese kommt aber zu dem Schluss, dass dieser Johannes, obwohl er erst in hohem Alter und als einziger Nicht-Märtyrer-Apostel gestorben ist, nicht der Autor ist und nichts Schriftliches hinterlassen hat, weder das Evangelium, noch die Briefe, noch die Offenbarung.

So ist nach Durchsicht und Vergleich der Passionen die Wahrscheinlichkeit, dass ein Familienmitglied die letzten Worte von Jesus an die Apostel und Jünger weitergab, nicht unmöglich, jedoch gering.

Als aber Jesus seine letzten Worte – „Mein Gott, mein Gott, warum hast du mich verlassen?“ – von sich gab, hörten dies „einige, die dabeistanden“ und einer von ihnen reichte Jesus einen Schwamm mit Essig. Diese „einigen“

müssen also römische Soldaten und in unmittelbarer Nähe des Kreuzes gewesen sein. Einer dieser Soldaten hieß Petronius[19)], er war der Hauptmann von Kapharnaum, der Jesus als Gottes Sohn erkannte und nach dessen Tod erschüttert die Worte sagte: „Gewiss ist dieser Mensch ein Gerechter gewesen." So sieht also die historische Exegese hier die plausibelste Erklärung: Hauptmann Petronius, der sich taufen ließ und an Jesus, den Messias, glaubte, hat Leute in der urchristlichen Gemeinde, wahrscheinlich Apostel, über das informiert, was er vom Sohn Gottes am Kreuz gehört hatte.

Was aber blieb der christlichen Nachwelt von den Passionsgeschichten der Evangelien? Natürlich der Glaube an Jesus Christus als Gott der Christen, die Umstände seines Lebens und seines Todes, aber auch das Kreuz. Diese hölzerne Konstruktion, konzipiert als Tötungswerkzeug und Folterinstrument, mit dem einzigen Zweck, Verurteilten vor deren Tod größtmögliche Qualen so lange wie möglich zu bereiten, dieses Kreuz wurde zum Symbol der Christenheit schlechthin.

Das Kreuz wird auch Kruzifix genannt. Doch was bedeutet dieses Wort und woher kommt es? Dazu finden sich in den Schriften der Kirchenforscher verschiedene Erklärungen: Zum einen bedeuten die lateinischen Worte cruci fixus zu Deutsch „an das Kreuz geheftet". Hier wird das ganze Kreuz als Crucis bezeichnet und gemeint ist der Todeskandidat, der daran gebunden oder, wie im Falle von Jesus, mit Nägeln daran befestigt wird.

Es gibt aber auch noch eine andere Wortbeschreibung, die besagt, dass Delinquenten den Querbalken des Kreuzes, der an ihre Schultern und Arme gebunden war, selbst zum Richtplatz tragen mussten. Dieser Querbalken wurde manchmal ebenfalls Crucis genannt. Und bei der Hinrichtung wurde der Delinquent mit dem Querbalken auf den Hauptpfahl gehoben. Sobald aber der Querbalken eingerastet oder angebracht war, rief einer der Henker „crucis fixus!“, „der Querbalken ist befestigt“.

Begriffe, Literatur, Zitate

1) Markusevangelium 14,56-59.

2) Papini, Lebensgeschichte Christi, Seite 380.

3) Flavius Josephus, Antiquitates Iudaicae, ein aus 20 Bänden bestehendes Geschichtswerk, 93–94 n. Chr.

4) Papini, Lebensgeschichte Christi, Seite 386.

5) NT, Mar 14,61-62

6) Philon von Alexandria, Philosoph und Theologe 1. Jh.: Legatio ad Gaium (Gesandtschaft an Gajus), § 299–305.

7) Prätorium: ursprünglich Feldherrenzelt; später Sitz des Statthalters einer Provinz.

8) NT, Mat 15,21-28.

9) Papini, Lebensgeschichte Christi, Seiten 404–405.

10) Flavius Josephus, Antiquitates Iudaicae.

11) Davon leitet sich auch der Kalvarienberg ab, denn calvaria bedeutet Schädeldecke. Die Kalvarienbergkirche liegt immer auf einer Anhöhe.

12) In einigen Übersetzungen wird Golgata auch Schädelort genannt.

13) Myrrhe als Medikament wirkt betäubend und schmerzlindernd.

14) Die dritte Stunde ist neun Uhr am Morgen.

15) Eine Schuld-Tafel wurde Verurteilten am Weg zur Hinrichtung umgehängt und später am Kreuz befestigt.

16) Martin Ebner, das Markusevangelium, Seiten 159–162.

17) Schächer ist ein mittelhochdeutsches Wort für Räuber, Verbre-

cher. Der zweite, uneinsichtige Schächer wird im apokryphen Nikodemusevangelium Gestas genannt.

18) Der Hauptmann Petronius war eigentlich Centurio. Dieser römisch-militärische Dienstgrad wird am besten mit Hundertschaftführer übersetzt, obwohl ein Centurio meistens 80 Legionäre befehligte. Petronius wird in kirchlichen Kreisen auch Kornelius genannt.

Jesus – sein Wirken, sein Erbe
Kapitel 16

ES IST VOLLBRACHT

Tod und Auferstehung

Es war gegen drei Uhr Nachmittag, an diesem Freitag im April, als Jesus starb, und der Erste, der seinen Tod bemerkte, war der Hauptmann von Kapharnaum, dessen Ausspruch, tiefem Glauben entsprungen, wir bereits kennen[1)]. Die Stimme des Gekreuzigten war verstummt, sein Haupt geneigt, der Blick leblos, alle Farbe war aus dem Körper gewichen.

Für die Juden war jedoch nur wichtig, dass ihr Pessach-Fest nicht gestört werde, denn in ein paar Stunden, bei Sonnenuntergang, begann der Sabbat und da mussten die Hingerichteten begraben sein. Aber die beiden Schächer lebten noch. Also holten sich die Soldaten von Pilatus die Erlaubnis, ihnen die Knochen zu brechen, denn wenn der Leib am Kreuz keinen Halt mehr hat, dann kollabiert die Lunge in kürzester Zeit durch das Körpergewicht, die Schwerkraft lässt kein Atmen mehr zu. Und der Befehl von Pilatus, das Leiden der Schächer zu beenden, um sie noch vor Beginn des Sabbat begraben zu können, der kam rechtzeitig.

Jesus hingegen war schon gestorben, und doch wollte man sicher sein, jedes Bedenken ausschließen können. Das

Johannesevangelium erzählt, dass einer der Soldaten deshalb mit einer Lanze kräftig in die Seite von Jesus stieß. Sofort sah man Blut und Wasser aus der Wunde rinnen, ein sicheres Zeichen, dass der Tod bereits eingetreten war.

Von jenem Longinus, so hieß dieser Soldat, der die Lanze führte, gibt es eine alte Legende. Im apokryphen Nikodemusevangelium wird berichtet, er habe ein Augenleiden gehabt, von dem er aber plötzlich geheilt worden sei, nachdem ihm ein paar Tropfen von Jesu Blut auf seine Augen gefallen waren.

Jesus vollbrachte also, sieht man in dieser Erzählung einen Wahrheitsgehalt, sogar noch nach seinem Tode ein Wunder. Im offiziellen Märtyrerverzeichnis des Vatikan, dem Martyrologium Romanum wird festgehalten, Longinus sei von jenem Tage an gläubiger Christ gewesen, habe fast dreißig Jahre lang in Cäsarea als Mönch gelebt und wurde schließlich um seines Glaubens willen enthauptet. Und auch die Legenda Aurea erzählt von Longinus. Diese im 13. Jh. von einem Dominikaner verfasste Sammlung von Heiligenlegenden war im Mittelalter eines der populärsten religiösen Werke.

Jetzt, am späten Nachmittag, tauchen zwei Herren auf, zwei Ratsherren, die der Sitzung am Morgen ferngeblieben waren, Joseph von Arimathäa und Nikodemus. Durch ihre morgendliche Abwesenheit zeigten sie demonstrativ, dass sie mit dem Tod Jesu, wenn sie ihn schon nicht verhindern konnten, nichts zu tun haben wollten. Doch diese Abwesenheit wurde vom Rest des Hohen Rates, entgegen der Absicht der zwei, anders gedeutet.

Die Konsequenz dieses Fehlens war Schweigen, und Schweigen wurde von den anderen als Zustimmung ausgelegt. Joseph und Nikodemus fühlten, dass da unbeabsichtigt etwas schiefgelaufen war, dass ihre Ablehnung der Anklage viel deutlicher hätte ausfallen müssen. Denn Josef von Arimathäa war ein Jünger des Jesus, wenn auch als jüdischer Ratsherr ein heimlicher (die Kirche nennt das heute: in pectore). Und Nikodemus hatte Jesus ebenfalls schon getroffen. So sannen sie auf moralische Schadensbegrenzung, auf Minderung eines etwaigen Fehlverhaltens, auf Wiedergutmachung, auch wenn teils ihrer Verantwortlichkeit wegen ein Schaden entstanden war, der nicht mehr gutzumachen war.

Das Markusevangelium sagt, Josef von Arimathäa wagte es, Pilatus um den Leichnam von Jesus zu bitten. Pilatus ließ sich vom Hauptmann von Kapharnaum bestätigen, dass Jesus tot war, und übergab danach Josef die Leiche zur Bestattung. Markus sagt weiter, Maria Magdalena und Maria Kleophas waren dabei. Andere Evangelisten berichten, dass auch die Mutter Gottes anwesend war.

Wir lesen weiter, dass Josef – er hatte zwei Leichenträger mitgebracht – den Leichnam des Jesus nach der Kreuzabnahme Maria auf den Schoß legen ließ und wir können uns die Pieta vorstellen, das Bild der Schmerzensmutter, das seither viele Tausend Mal für Künstler als Motiv herhalten musste.

Josef stellte sein in Felsen gehauenes, bisher unbenutztes Familiengrab zur Verfügung und außerdem ein weißes Leinentuch. Nikodemus brachte 100 Pfund, also etwa 32 Kilo einer wohlriechenden Salbe, eine Mischung aus Myrrhe und Aloe, um den Körper einzubalsamieren. Natürlich trug nicht er diese Last, sondern ein Sklave.

Im Garten vor dem Grabe angekommen, ließen die Leichenträger aus dem Brunnen Wasser schöpfen und die drei Frauen machten sich ans Werk, Jesus zu waschen, ihn mit der duftenden Salbe einzubalsamieren, erst die Wunden, dann den Rest des Körpers. Der Kopf wurde mit einem Schweißtuch bedeckt und Jesus dann in das weiße Leinen eingeschlagen, das mit Stoffstreifen festgebunden wurde.

Als dies geschehen war, trugen die beiden Ratsherren Christus in das Grab und legten ihn, laut den Totenpsalm[2)] betend, behutsam hin. Der schwere Stein wurde vor die Öffnung geschoben und die beiden gingen schweigsam weg. Doch die Frauen blieben, beteten, weinten und trösteten sich gegenseitig. Endlich, es war bereits tiefe Nacht, gingen auch sie nach Hause.

Nun ruhte der Leib Christi, aber ruhte auch sein Geist? Hatte er nicht den Lebenden die frohe Botschaft überbracht, die er dann mit dem Leben bezahlen musste? War jetzt nicht die Zeit gekommen, hinab in den Hades zu steigen, um dieselbe Botschaft auch den Toten zu verkünden?

Im Petrusevangelium, einer der ältesten apokryphen Passionen, werden wir fündig, dort steht: „Die Zeugen der Auferstehung hören eine Stimme aus den Himmeln, die sagte: hast du jenen, die schliefen, den Gehorsam verkündet? Und vom Kreuze her hört man antworten: ja!"

Der erste Petrusbrief bestätigt diese Verkündigung an die Toten: Er ward getötet dem Fleische nach, aber lebendig gemacht dem Geiste nach. Im Geiste predigte er auch den Toten das Evangelium, damit sie, obwohl sie vor den Menschen dem Fleische nach gerichtet waren, doch vor Gott im Geiste leben.

Paulus, von dem wir annehmen dürfen, dass er mehr wusste, als er uns hinterließ, erklärte ebenfalls, dass Christus auch hinabgestiegen ist in die unteren Orte der Erde.

Schließlich hat das beim Konzil von Nicäa zum Dogma erhobene Glaubensbekenntnis diese christliche Überzeugung über jeden Zweifel erhoben, denn dort steht: „… gekreuzigt, gestorben und begraben / hinabgestiegen in das Reich des Todes …“ Doch der zweite Teil dieser Aussage, die einiges an Interpretationen zulässt, wurde von der Bibelkommission ersatzlos gestrichen, denn warum, so fragte man sich, sollte der Hirte seine Schäfchen unnötig verunsichern?

Vier Frauen machten sich am Tag nach dem Sabbat schon vor Sonnenaufgang auf den Weg zum Grab. Es waren Maria Magdalena, Maria Salome, Maria von Bethanien, die Schwester der Martha und des Lazarus, sowie Johanna, die Frau des Herodesbeamten Chuza.[3)] Laut Martyrologium Romanum war es ebendiese Johanna, die den Jüngern von der Auferstehung berichtete. Doch die Evangelien sagen anderes.

Sie alle hatten noch weitere wohlriechende Salben und Kräuter bei sich, die sie im Grab ablegen wollten, und fragten sich, wer ihnen wohl das Grab öffnen, wer den Stein wegwälzen könnte. Doch bei ihrer Ankunft sahen sie, stumm vor Schreck, dass das Grab offen und leer war.

Maria Magdalena verdächtigte sofort die Juden, den Leichnam weggeschafft zu haben, ihm eine ehrenhafte Bestattung nicht zu gönnen, aus Unzufriedenheit, ihm im Leben noch nicht genug angetan zu haben.

Als aber die Sonne aufgegangen und etwas Licht in das Grab gefallen war, trauten sie sich, einzutreten. Und ein zweites Mal erschraken sie über die Maßen, denn ein junger Mann, weiß gekleidet, saß im Grab. Er sprach die Frauen an, bat sie nicht zu erschrecken und erklärte ihnen, dass Jesus nicht hier, sondern auferstanden war. Und er belehrte sie: „Denkt an das, was Jesus in Galiläa gesagt hat: ich werde in die Hände von Sündern fallen und am dritten Tage wieder auferstehen." Und weiters sagte er: „Geht hin, und sagt seinen Jüngern, dass Jesus auferstanden ist, und dass sie ihn bald sehen werden."

Da machten sich die Frauen auf den Weg nach Hause. Doch kaum war sie aus dem Garten gegangen, kehrte Maria Magdalena wieder um, vielleicht nicht genügend überzeugt, vielleicht auch noch nicht genügend vergewissert. Und sie sah in der Nähe des Grabes einen Mann stehen, der sie ansprach: „Weib, warum weinst du? Wen suchst du?"

Maria aber dachte, dieser Mann sei der Gärtner des Joseph von Arimathäa und sie antwortete ihm: „Mein Herr ist nicht mehr da, er wurde fortgenommen, darum weine ich. Wenn du ihn fortgetragen hast, sage mir, wo er liegt."

Der Unbekannte war von ihrer Offenheit berührt und sprach sie mit ihrem Namen an. Er sagte nur: „Maria!" Jetzt blickte sie hoch, es fiel ihr wie Schuppen von den Augen und sie rief: „Rabboni, Meister!" Maria, halb benommen vor Freude, sank zu Boden, umfasste seine Füße, auf denen die Wunden von den Nägeln zu sehen waren. Doch Jesus sagte zu ihr: „Rühr mich nicht an, denn ich bin noch nicht zu meinem Vater aufgestiegen. Doch gehe zu meinen Brüdern und sag ihnen, ich fahre auf zu meinem Vater und zu eurem Vater. Und sage ihnen, dass ich ihnen nach Galiläa vorangehe." Dann entfernte sich Jesus und verschwand.

Maria Magdalena lief so schnell sie konnte nach Hause. Die anderen Frauen waren bereits da und hatten den Jüngern das Unglaubliche erzählt. Die Jünger aber hatten Zweifel an dem, was sie hörten, ja, er wollte zurückkommen, doch nicht so schnell. Was hatten die Frauen am Grab wirklich gesehen? Da kam Maria Magdalena dazu. Sie bestätigte alles, was die anderen gesagt hatten, und sie berichtete, dass sie Jesus selbst gesehen und gesprochen hatte. Sie hatte ihn nicht gleich erkannt, aber als er sie bei ihrem Namen rief, schon. Und er hatte sie, wie der Unbekannte vor ihm, angewiesen, den Brüdern zu erzählen, was sie gehört und gesehen hatte.[4)]

Da liefen Simon Petrus und Johannes zum Grab, so schnell sie konnten. Sie schauten hinein und sahen die Leinentücher am Boden verstreut liegen. Sie sahen und glaubten. Dann liefen sie wieder so schnell es ging nach Hause, weil sie hofften, Jesus dort in der Mitte der Brüder wiederzusehen, doch der Herr hatte sich von Jerusalem wegbegeben.

Begriffe, Literatur, Zitate

1) Der Hauptmann sagte nach Matthäus: „Wahrhaftig, das war Gottes Sohn"; nach Markus: „Wahrhaftig, dieser Mensch war Gottes Sohn!"; nach Lukas: „Das war wirklich ein gerechter (= unschuldiger) Mensch".

2) Psalm 88 ist ein Klagepsalm, der auch als Totenpsalm bezeichnet wird. In Vers 6 heißt es: „Ich bin zu den Toten hinweggerafft wie Erschlagene, die im Grabe ruhen."

3) Johanna wird im Martyrologium Romanum als Märtyrerin und daher als Heilige verehrt.

4) Papini, Lebensgeschichte Christi, Seiten 472–476.

Jesus – sein Wirken, sein Erbe
Kapitel 17

PONTIUS PILATUS

Präfekt des Protektorates Judäa

Pontius Pilatus war adelig, er entstammte dem römischen Ritterstand (ordo equester) und war von 26 bis 36 n. Chr. Präfekt von Judäa. Das Amt eines Präfekten wurde damals nur an Angehörige des Ritterstandes vergeben, doch diese mussten zusätzlich auch die höhere Militärlaufbahn eingeschlagen haben.

Den Vornamen (praenomen) des Pontius Pilatus kennen wir nicht. Sein Familienname (nomen gentile) Pontius weist darauf hin, dass er aus der Familie der Pontier stammt. Diese Familie kommt ursprünglich aus einer Gegend nördlich von Neapel, denn dort, und nur dort, kommt der Name Pontius vor. Der dritte Namensteil (cognomen) leitet sich entweder von pilum (Speer), oder von pila (Pfeiler) ab.

Judäa war keine eigene römische Provinz, sondern als Teil der Provinz Syrien ein römisches Protektorat[1)]. Daher war Pilatus kein Statthalter (griechisch: hegemon), als der er des Öfteren bezeichnet wird, wie auch bei Matthäus 27,2, sondern sein Titel war Präfekt (Praefectus civitatis). Als Präfekt von Judäa eingesetzt wurde er vom Kommandeur der Prätorianergarde[2)], dem Prätorianerpräfekt Lucius Aelius Seianus[3)], einem Vertrauten des Kaisers Tiberius, der auch Vorgesetzter des Pontius Pilatus war. Doch dieser Seianus war ein ausgewiesener Judenfeind, und das musste auf seine Untergebenen abfärben.

Der Amtssitz des Pontius Pilatus war Cäsarea und in das 90 Kilometer entfernte Jerusalem kam er nur an hohen Feiertagen, dies aber aus einem einzigen Grund: um der dort an Festtagen um den Tempel versammelten Menschenmenge Präsenz zu zeigen und sie auf diese Weise zu erinnern: Hier herrschen wir, die Römer!

Beliebt war Pilatus bei den Judäern nicht. So hatte er unter anderem heidnische Statuen in seinem Palast aufstellen lassen, Tempelgelder veruntreut, und, wie seine Amtsvorgänger auch, eigene Münzen mit heidnischen Symbolen prägen lassen. All dies wurde von den Judäern als bewusster Affront gegen sie wahrgenommen.

Auch lesen wir bei Lukas[4)]: „Zu dieser Zeit kamen einige Leute zu Jesus und berichteten ihm von den Galiläern, die Pilatus beim Opfern umbringen ließ, so dass sich ihr Blut mit dem ihrer Opfertiere vermischte.“ Dieser Mord während des Paschafestes an galiläischen Festpilgern scheint, wenn dem so war, politische Ursachen gehabt zu haben, er wird aber nur an dieser einen Stelle erwähnt.

Im Sommer des Jahres 36 ging Pilatus mit großer Brutalität gegen die Einwohner von Samaria vor, mit roher Gewalt ließ er einen Zug von Samaritanern auf deren heiligem Berg Garizim stoppen und die an der Prozession beteiligten Menschen niedermetzeln.

Sein Vorgesetzter, der Legat und Statthalter der Provinz Syria, war damals Lucius Vitellius, der Vater des späteren Kaisers Aulus Vitellius. Dieser Vitellius war einer der einflussreichsten Senatoren unter Kaiser Caligula[5] und wird von den damaligen Historikern als tüchtig und gerecht beschrieben.

Aufgrund dieser völlig unnötigen und ungerechtfertigten Brutalität gegen die Samaritaner wurde Pontius Pilatus von Vitellius im Jahre 36 von seinem Amt als Judäischer Präfekt abberufen und nach Rom beordert. Dort wurde ihm auch noch vorgeworfen, sich am judäischen Tempelschatz bereichert und eine private Wasserleitung auf Staatskosten gebaut zu haben.

In diesem Zusammenhang spricht der jüdische Philosoph und Historiker Philo von Alexandria[6] in seiner Schrift Legatio ad Gaium (Botschaft an Gaius[7]) über Pilatus und bezichtigt ihn unter anderem der Bestechung, Zügellosigkeit, des Raubes, der Gewalttätigkeit, extremer Grausamkeit und der Vollstreckung von Hinrichtungen ohne Gerichtsverfahren.

Es ist jedoch nicht richtig, dass sich Pilatus vor dem Kaiser Tiberius verantworten musste, denn als es zur Aufarbeitung der Vorwürfe gegen ihn kam, lebte Tiberius († März 37) nicht mehr.

Eusebius von Cäsarea, palästinensischer Theologe und Kirchenvater, berichtet, dass Pilatus im Jahr 39 von Kaiser Caligula zum Selbstmord gezwungen wurde, doch diese Version scheint vielen Historikern zweifelhaft, schon deshalb, weil Eusebius erst um 330 n. Chr., also knapp 300 Jahre nach dem eigentlichen Geschehen, von diesen berichtet.

Andere Quellen schildern, wie Pilatus nach Vienna (Gallien, heute Frankreich) verbannt wurde und dort einige Jahre später starb. Allem Anschein nach erging es Pilatus aber nach seiner Abberufung aus dem Nahen Osten nicht besonders gut, ob es nun Degradierung, Verbannung oder erzwungener Selbstmord war.

Über die Zeit des Pilatus in Judäa ist uns nur sehr wenig bekannt. Dies ist eine Indikation dafür, dass er damaligen Historikern ganz einfach nicht besonders wichtig war. Und hätte Pilatus Jesus nicht kreuzigen lassen, wäre er heute höchstwahrscheinlich nicht mehr als eine Fußnote der Geschichte der römischen Provinz Syrien und des damaligen Judäa.

Die Römer, vertreten durch Pontius Pilatus als deren erster Beamter in Judäa, sahen in Jesus einen Unruhestifter. Damit waren sie einer Meinung mit dem Sanhedrin, dem Hohen Rat der Judäer. Dieser Rat war die höchste religiöse Instanz des Landes und deshalb hatten seine Standpunkte durchaus Gewicht. Und den Zorn ebendieses Hohen Rates hatte Jesus entfacht. Er hatte nicht nur im Tempel gewütet – die Umstände sind im Kapitel „das Ende naht“ zwar näher beschrieben, aber nicht geklärt – denn die Geldwechsler und Tierhändler gingen ihrem Beruf sehr wohl legal und auf Verlangen der Tempeloberen nach. Historiker nehmen jedoch an – dies ist aber reine Spekulation –, dass unehrliche Geschäftspraktiken wie schlechte Wechselkurse oder der Verkauf von kranken Tieren von Jesus beobachtet und ihn wütend gemacht haben könnten.

Noch fataler aber war Jesu Ankündigung der Zerstörung des Tempels[8)]. Wer voraussagt, das größte aller Heiligtümer werde in Trümmer zerfallen, der musste etwas damit zu tun haben; so eine Aussage ist Frevel, sie hat gesühnt zu werden, und zwar mit der höchstmöglichen Strafe.

Um eine solche Bestrafung zu ermöglichen, ja zu erzwingen, machten Mitglieder des Hohen Rates während des Verhörs von Jesus falsche Aussagen und bauschten seine Worte auf. Sie behaupteten, gehört zu haben, dass Jesus sagte, er werde diesen von Menschen gemachten Tempel niederreißen und in drei Tagen einen anderen Tempel erbauen, der nicht von Menschenhand gemacht ist[9)].

Nun ging es Pontius Pilatus aber im Grunde gar nicht um diese Anschuldigungen des Hohen Rates, in denen er keinen strafenswerten Rechtsbruch und schon gar keinen Grund für ein Todesurteil sah. Doch das Amt eines Präfekten ist nur dann gesichert, wenn er in der Lage ist, Ruhe unter der unterdrückten lokalen Bevölkerung dauerhaft sicherzustellen. Massenproteste des Volkes, die sehr leicht zu einer Revolution, zu einem Aufstand führen konnten, waren tunlichst durch Diplomatie und kluge Amtsführung zu unterbinden, mit Gewalt aber nur als letztem Mittel, wenn es gar nicht mehr anders ging. Eine wirksame Strategie war es, in solchen Fällen die Unruhestifter und die Rädelsführer aus dem Verkehr zu ziehen.

Unruhen aber wollte Pilatus so kurz vor dem Fest keinesfalls riskieren, und so gab er der Wut des Volkes, das zusätzlich durch Mitglieder des Hohen Rates angestachelt wurde, nach. Er fällte ein Gefälligkeitsurteil und lieferte Jesus aus, um die Ruhe wiederherzustellen.

Von Pilatus geblieben ist seither das geflügelte Wort „ich wasche meine Hände in Unschuld!“, das bis heute in vielen Sprachen als Redewendung gebräuchlich ist und bedeutet, dass man Verantwortung für das eigene Tun ablehnt. Erfunden hat Pilatus diesen Spruch aber nicht, denn solch eine Händewaschung als Reinigungsritual der damaligen Gerichtsbarkeit und Rechtsprechung ist dokumentiert.

Neben Philo von Alexandria berichten auch die damaligen Geschichtsschreiber Flavius Josephus und Tacitus als außerbiblische Quellen über Auseinandersetzungen zwischen Pilatus und den Juden.

Die Darstellung des Pilatus in den Evangelien verfolgt jedoch hauptsächlich religiöse Interessen und ist daher historisch nicht zuverlässig. Bei genauem Lesen ist zu erkennen, dass die Evangelisten – und zwar alle – versuchen, Pilatus zu entlasten und die Juden als Hauptverantwortliche am Kreuzestod von Jesus auszumachen. Dies deshalb, weil zur Zeit, als die Evangelien verfasst wurden, das Christentum bereits im römischen Reich verkündet wurde und sich dort immer weiter ausbreitete. Dem aber wollten die Evangelisten keinesfalls entgegenwirken.

Denn hätten die Evangelisten die Schuld an Verurteilung und Tod von Jesus nur bei den Römern gesucht, so hätte die römische Obrigkeit eine derartige Interpretation der Ereignisse als inakzeptable und illoyale Meinung, ja sogar als feindseligen Akt gesehen, der Rom sicherlich nicht dazu ermuntert hätte, das Christentum zu tolerieren oder sogar zu fördern, ganz im Gegenteil. Jeder Bericht, der Handlungen römischer Regierungsvertreter in ungünstigem Licht hätte erscheinen lassen, wäre als unfreundliche Handlung von Christen gesehen worden und hätte dadurch Akzeptanz und Ausbreitung des Christentums erschwert, wenn nicht gar verhindert.

Doch zu berücksichtigen ist ferner – darauf darf hingewiesen werden –, dass zehn lange Jahre Amtszeit des Pontius Pilatus in Judäa, einem der unruhigsten Teile des römischen Reiches, sowohl für Standhaftigkeit als auch für Durchsetzungsvermögen des Präfekten sprechen.

Begriffe, Literatur, Zitate

1) Ein Protektorat war im römischen Reich der Teil einer römischen Provinz und dieser untergeordnet.

2) Die Prätorianergarde war eine Gardetruppe der römischen Kaiser. Diese Truppe, geschaffen um 138 v. Chr., war ursprünglich die Leibwache des jeweiligen Kommandeurs, dessen Feldherrenzelt, das Prätorium, es zu schützen galt. Sie zählte mehrere Tausend Mitglieder und wurde erst 312 n. Chr. von Kaiser Konstantin I. abgeschafft.

3) Seianus war einer der mächtigsten Männer im Reich und ließ sogar seinen eigenen Geburtstag zum Feiertag erklären. Als er aber nach der Kaiserkrone griff, ließ ihn Kaiser Tiberius verhaften und hinrichten.

4) NT, Luk 13,1.

5) Der römische Kaiser Gaius Caesar Augustus Germanicus, posthum bekannt als Caligula, regierte von 37 bis 41, die antiken Quellen beschreiben ihn als wahnsinnigen Gewaltherrscher. Nach nur 4 Jahren Herrschaft wurde er von seiner eigenen Leibwache, der Prätorianergarde, ermordet, um der ausufernden Gewalt ein Ende zu bereiten.

6) Philo von Alexandria (15 v.–51 n. Chr.) war ein jüdischer Historiker und Philosoph der alexandrinischen Diaspora.

7) Mit Gaius ist hier Kaiser Caligula gemeint.

8) NT, Mt 24,1-2; Mk 13,1-2; Lk 21,5-6.

9) NT, Mk 14,58.

Die Ungläubigkeit des hl. Thomas; Öl auf Leinwand, 1640er Jahre; Matthias Stomer (NL); Prado, Madrid

Jesus – sein Wirken, sein Erbe
Kapitel 18

DIE LETZTEN TAGE AUF ERDEN

der irdische Abschied

Das sechzehnte Kapitel des Evangelisten Markus – es ist auch das letzte – berichtet über die Auferstehung des Herrn. Dort lesen wir im zweiten Teil: Jesus, der Auferstandene, erschien zwei seiner Apostel, die gerade unterwegs waren (wohin wird hier nicht erwähnt), aber sie konnten ihn nicht gleich erkennen, denn er zeigte sich in anderer Gestalt, wie sich Markus ausdrückt.

Später, so heißt es, erschien er den Elf, die gerade bei Tisch waren. Sie waren nämlich dabei, das Abendessen einzunehmen, und elf waren sie deshalb, weil Judas bereits tot, Matthias, sein Ersatz, aber noch nicht gewählt war. Und wie behandelte Jesus seine Apostel, die gerade noch um ihn geweint hatten? Er tadelte sie, und zwar wegen Unglaubens und Verstocktheit[1)]. Das ist hart, Jesus musste doch gesehen haben, wie sehr sie um seinetwillen litten.

Doch dann, es ist kaum zu glauben von einem, der die Parole „Liebe deinen Nächsten!" ausgegeben hatte, wies er seine Apostel an, der ganzen Welt zu drohen und die ganzen Welt zu ängstigen. Wir zitieren Markus, 16,15-16: Laut diesen Versen sagte Jesus zu den Jüngern: „Geht hinaus in die ganze Welt, und verkündet das Evangelium allen Geschöpfen! Wer glaubt und sich taufen lässt, wird gerettet; wer aber nicht glaubt, wird verdammt werden."

Sich mit so einem Satz auseinandersetzen zu müssen, bedeutet, sich die Last zu vergegenwärtigen, die eine derartige Aussage vielen Menschen aufbürdet. Denn es wird mit einem Mal klar, dass hier eine ganze Reihe von Freiheiten geknebelt und unterdrückt werden soll; Meinungsfreiheit, Redefreiheit, Gewissensfreiheit, Glaubensfreiheit, ja sogar Freiheit des Denkens, und vor allem: die Freiheit, nach eigenen Vorstellungen leben zu können. Denn Aussagen wie der eben zitierte Vers 16,15-16 von Markus sind prädestiniert, um von religiösen Fanatikern missbraucht zu werden.

Matthäus berichtet in milderen Tönen, bei ihm begegnete Jesus den Frauen (wir nehmen an, jenen, die das leere Grab gefunden hatten) und wies sie an, die Brüder nach Galiläa zu schicken, dort gebe es ein Wiedersehen. In Galiläa traf Jesus die elf Jünger und verlangte von ihnen, in alle Welt zu gehen und zu taufen. Doch gedroht wurde hier nicht.

Lukas berichtet ausführlicher: Zwei der Apostel – welche wird nicht erklärt – sind unterwegs nach Emmaus, einer Stadt, 60 Stadien (das sind ungefähr 12 Kilometer) von Jerusalem entfernt. Auf dem Weg dorthin begegnen sie Jesus, erkennen ihn aber nicht. Weil sie aber freundlich sind und in diesem Begleiter einen angenehmen Weggefährten sehen, laden sie ihn zum Abendessen ein. Als sie dann bei Tisch sitzen und Jesus zu Beginn des Mahles das Brot bricht und jedem seiner Gastgeber ein Stück reicht, da gehen ihnen die Augen auf. Das ist er!

Diese Erkenntnis haute die beiden dermaßen um, dass sie, hungrig und müde, wie sie waren, sofort umkehrten, um den anderen in Jerusalem zu berichten. Nun gab es keinen Zweifel mehr, dass Maria Magdalena die Wahrheit gesagt hatte, nun wussten alle: Der Leib des Herrn wurde nicht fortgetragen, um an einem anderen Ort begraben zu werden, nein, der Herr ist auferstanden. Die Erleichterung war ebenso groß wie die Last, die in diesen Momenten von ihnen abfiel. Und während sie dasaßen und sich freuten, wurde es mit einem Mal hell im Raum, denn er, Jesus, stand vor ihnen.

Und obwohl die Apostel wussten, wer vor ihnen stand, fragten sie: „Bist du es wirklich?“ Und Jesus antwortete: „Schaut doch auf meine Hände und Füße.“ Und als sie auch noch die Narbe der Lanze sahen, fielen sie auf die Knie. Es war Jesus nicht entgangen, dass seine Jünger erst jetzt restlos überzeugt waren, deshalb setzte er zu mildem Tadel an und sagte: „Oh, ihr Kleingläubigen[2)]! Ich habe euch doch kundgetan, dass in Erfüllung gehen muss, was bei Mose und den Propheten über mich gesagt wurde.“

Dann öffnete er ihnen die Augen für das Verständnis der Schrift[3)] und er sprach weiter: „Ich werde die Gabe, die mein Vater verheißen hat, zu euch herabsenden. Bleibt in der Stadt, bis ihr mit der Kraft aus der Höhe erfüllt werdet. Danach ging er mit ihnen hinaus und segnete sie.“ Und während er sie segnete, wurde er in den Himmel gehoben.

Johannes zeichnet diesen letzten Abschnitt etwas anders. Der auferstandene Jesus tritt unter die Jünger, doch Thomas glaubt nicht, dass der Herr vor ihm steht. Deshalb darf er seine Finger an die Wunde legen. Jesus aber weist Thomas dezent auf seinen Zweifel hin, wenn er zu ihm sagt: „Selig, die nicht sehen und doch glauben!“

Später – wie viel später ist nicht ersichtlich – trifft Jesus die Jünger noch einmal am See Genezareth. Sie haben nichts zu essen, Jesus aber füllt den Jüngern die Fischernetze auf wundersame Weise[4] und erst da wird er von seinem Lieblingsjünger Johannes erkannt. Der macht natürlich gleich die anderen Apostel darauf aufmerksam, wer hier vor ihnen steht.

„Da sagte Jesus zu Simon Petrus: ‚Hole dein Netz ein.' Petrus zog das Netz an Land und darin waren einhundertdreiundfünfzig[5] große Fische."

Als sie gegessen hatten, sagte Jesus zu Petrus: ‚Weide meine Schafe!'[6] Damit endet die Jesusgeschichte nach Johannes, denn von der Auffahrt in den Himmel berichtet er nicht.

Begriffe, Literatur, Zitate

1) Jesus warf den Aposteln Unglauben und Verstocktheit vor, weil sie denen nicht glaubten, die ihn nach seiner Auferstehung gesehen hatten.

2) Kleingläubig bedeutet hier zweifelnd. Der Begriff ist dennoch merkwürdig, denn das Neue Testament kennt nur den Gegensatz von Glauben und Unglauben.

3) Hier wird von Lukas ein Teil der Pfingsterleuchtung vorweggenommen. Mit der „Schrift" ist der Tanach gemeint, die hebräische Bibel, die fast identisch ist mit dem Alten Testament. Jesus gab den Aposteln nicht nur die Kenntnis um die Schrift, sondern auch die Gabe, diese zu verstehen, zu interpretieren und zu lehren.

4) Hier schließt sich der Kreis. Auch bei der Rekrutierung der ersten Jünger am See Genezareth füllte Jesus ihnen die Netze.

5) Wie der Evangelist Johannes auf die Zahl 153 kam, ist den Historikern bis heute ein Rätsel.

6) NT, Joh 21,18.

Die Dreifaltigkeit mit der Weltkugel; Gott Vater rechts, Christus links; Ikone von Elias Moskos oder Michael Damaskinos, Ikonenmaler, Kreta (da beide identische Kopien schufen); entstanden im 16.Jh., zwischen 1550 und 1593; Benaki Museum, Athen

Jesus – sein Wirken, sein Erbe
Kapitel 19

PENTEKOSTE

Geburtsstunde der Kirche

Am fünfzigsten Tag nach Ostern feiert die Kirche das Pfingstfest. Das altgriechische Wort pentekoste bedeutet auf Deutsch: der fünfzigste, gemeint ist damit der fünfzigste Tag nach Ostern.

Zehn Tage davor war Jesus in den Himmel aufgefahren, seine Himmelfahrt wird auf den vierzigsten Tag nach Ostern datiert. Leider sind die Informationen über diesen letzten irdischen Aufenthalt des Herrn etwas dünn; wir wissen zwar, was er direkt nach seiner Auferstehung gemacht hat, wir haben auch über die Umstände direkt vor seiner Entrückung gehört, was aber dazwischen geschah, das bleibt ein Geheimnis, darüber berichten die Evangelisten nicht.

Doch wir wissen, was die Apostel in diesen neun Tagen gemacht haben, denn das dokumentiert die Apostelgeschichte[1)]. Dort heißt es: „Die Apostel gingen in das Obergemach. Dort verharrten sie im Gebet, Petrus und die Apostel, mit den Frauen, der Mutter des Herrn und mit seinen Brüdern.“[2)]

Das Pfingstfest gab es ja schon früher, nur war es vor der Erscheinung des Herrn ein Erntedankfest, das zweite des

Jahres und ein sehr wichtiges, denn von dieser Ernte hing die Brotversorgung der Bevölkerung ab. Gefeiert wurde das Ende der Weizenernte, die fünfzig Tage vorher, direkt nach dem Paschafest begonnen hatte. Nun könnte man fragen: Fünfzig Tage wurden damals für die Ernte benötigt, ist das nicht ein bisschen lang? Ja, ist es, aber die Ernte dauerte nicht so lange, weil es vielleicht an Erntehelfern mangelte oder weil womöglich die Sicheln so klein waren, sondern weil in weiten Teilen Palästinas unter den dortigen Witterungsbedingungen und Höhenunterschieden Getreide nicht gleichzeitig reift. Also sind mehrere Erntegänge nötig.

Das erste Erntedankfest des Jahres war das seit Urzeiten gefeierte Fest der Erstlingsfrüchte. Vor etwa 3000 Jahren, um die Zeit von David und Salomo, wurde dieses Fest mit fortschreitender Etablierung des rabbinischen Judentums zu Pessach umgedeutet, der Erinnerung an das Joch unter dem Pharao und den Auszug aus Ägypten. Dies ist auch die Jahreszeit, in der Lämmer geboren werden, so war es naheliegend, zu diesem Anlass ein männliches Lamm zu schlachten.

Erntefrüchte und Lamm wuchsen mit der Zeit zu einem Symbol zusammen. Dem Pessach- oder auch Paschafest wurde aber, wieder 1000 Jahre später, von der Urkirche, die ja bemüht war, sich von der jüdischen Religion gesondert zu präsentieren, abermals eine andere Bedeutung zugeordnet. Der Tod und die Auferstehung von Jesus waren nun Anlass. Das Osterfest war geboren (die Italiener nennen es heute noch Pasqua), obwohl sich der Name Ostern[3)] erst viel später, um das 7. Jahrhundert einbürgerte.

Hier, beim Pfingstfest, wird von Vertretern einer neuen Religion also wieder einmal ein Fest, das schon immer gefeiert wurde, auf eine neue religiöse Ebene gehoben. Umdeutungen dieser Art wurden und werden akzeptiert[4], einer Verlegung oder gar Abschaffung eines Festtages wäre man mit Ablehnung begegnet.

Von den Ereignissen rund um das Pfingstfest wird in der Apostelgeschichte berichtet, denn die Evangelien enden ja mit Tod und Auferstehung von Jesus. Dem Evangelisten Lukas aber verdanken wir mit seiner Apostelgeschichte eine Fortsetzung, sozusagen Teil zwei seines Evangeliums.

Hier wird das eigentliche Pfingstereignis geschildert: „Vom Himmel erhob sich ein Brausen wie ein Sturm und erfüllte das Haus. Und es erschienen Zungen wie Feuer, die sich verteilten und auf jedem Apostel niederließen. Alle wurden vom Heiligen Geist[5] erfüllt und begannen in fremden Sprachen zu reden."

Es waren übrigens wieder zwölf, denn Matthias war in der Zwischenzeit als Ersatz für Judas in den Zwölferkreis gewählt worden. Und nun werden in der Apostelgeschichte sechzehn verschiedene Nationen oder Volksstämme genannt, jedes Land mit einer eigenen Nationalsprache, die jetzt von den Aposteln verstanden und gesprochen wurden. Sechzehn zu zwölf muss aber heißen, dass nicht auf jeden Apostel die gleiche Sprache herabgekommen ist, und dass außerdem einigen der Apostel mehr als nur eine Fremdsprache gegeben wurde. Das wäre plausibel, denn wir wissen ja, dass einige der Apostel später in mehreren Ländern mit jeweils eigenen Sprachen missioniert haben.

Bereits vom Evangelisten Lukas erfahren wir (wir haben darüber berichtet), dass Jesus nach der Auferstehung bei seinem Erscheinen vor den Aposteln, diesen „die Augen für das Verständnis der Schrift öffnet"[6]. Somit kannten sie Inhalt und Sinn des Tanach, des Alten Testaments, waren nicht nur in der Lage, von dieser Schrift zu berichten, sondern auch, diese auszulegen. Beim Predigen, Lehren und Verkündigen hatten sie ihren Meister lange genug vernommen und waren von ihm auch schon früher zum Missionieren ausgesandt worden, da wussten sie also ebenfalls Bescheid. Jetzt kam dazu, dass sie sich auch noch mit fremden Völkern in deren Sprache verständigen konnten. Die Apostel waren nun also, salopp ausgedrückt, sattelfest, die Lehre von Jesus Christus in die ganze Welt hinauszutragen und dort zu verbreiten.

Die katholische Kirche und die orthodoxen[7)] Ostkirchen streiten bis heute um das Ausgießen des Heiligen Geistes. Die orthodoxe Interpretation besagt, alleine Gottvater habe den Heiligen Geist auf die Jünger herabkommen lassen, doch die Katholiken sagen, nein, da haben Vater und Sohn gemeinsame Sache gemacht, und dabei berufen sie sich auf die Apostelgeschichte 2,33.

Nun gilt es aber auch, als Analyse des Pfingstwunders hier eine Brücke in die Vergangenheit zu schlagen, zum Turmbau zu Babel[8)], Gen 11,1-9, zu welcher Gelegenheit Gott sah, dass dort ein Volk, das eine Sprache sprach, den Turm baute. Es gefiel ihm aber, das Volk zu verwirren, sodass keiner mehr die Sprache des anderen verstand, um es dann in alle Welt zu verstreuen. So steht es dort geschrieben.

Die Bibelkommission erklärt dazu in einer Fußnote dieses Bibelabschnittes, dass Gott eine Zivilisation ohne Bindung an ihn nicht gefiel. Wie die Kommission zu dieser Annahme kommt, ist leider nicht ersichtlich, denn die Bibel selbst nennt keinen Grund für diese Sprachverwirrung. Historisch-kritische Exegeten aber meinen, hier suchte die Kirche einen Grund, um eine Handlung Gottes, die rational nicht begründet werden kann, nicht als Ungerechtigkeit erscheinen zu lassen.

Wie dem auch sei: Ab Pfingsten des Jahres, in dem Jesus gekreuzigt wurde – so sieht es die Kirche –, war der Sprachverwirrung durch das Herabkommen des Heiligen Geistes ein Ende gesetzt, und auch das sei als Pfingstwunder zu betrachten. Oder hatte Gott hier vielleicht etwas gutzumachen?

Was ist aber unter dem Heiligen Geist zu verstehen, wie hat man ihn sich vorzustellen? Die Bibel sieht den Heiligen Geist als ein Angebot von Gott an die Menschen, sich von ihm die Kraft zum Glauben geben zu lassen. Dies ist für jeden Gläubigen ein schöner, tröstlicher Gedanke, wenngleich ein wenig romantisch.

Auch in den Briefen von Apostel Paulus ist der Heilige Geist häufig Thema. Seine theologische Argumentation besagt, dass der Heilige Geist Leben ist, der Geist, der uns frei macht von Sünde und Tod. Der Heilige Geist tötet nicht den Menschen, sondern das Böse in ihm, und macht dadurch jeden gläubigen Menschen, in dem er wohnt, lebendig. Hier geht es also ans theologisch Eingemachte, hier wird schwere theologische Kost aufgetragen.

Gläubige müssen aber auch visuell bedient werden, früher noch mehr als heute, denn es birgt immer eine gewisse Gefahr, wenn die Fantasie zu galoppieren beginnt, solchem ist vorzubeugen. Deshalb war es wichtig, den Heiligen Geist als Ausdruck des Wirkens Gottes sichtbar dazustellen.

Die Evangelisten und auch die Kirche konnten ja auf eine Reihe von Symbolen zurückgreifen, sie konnten wählen. Da standen erst einmal die vier uralten Elemente Feuer, Wasser, Luft und Erde zur Auswahl. Und die Evangelisten griffen auf das Feuer, das als heilsbringende Flamme herabkam, und auf die Luft in Form von Wind, der damals als Atem Gottes[9] begriffen wurde, zurück.

Ein weiteres Symbol war die Taube, der bereits in der Geschichte der Sintflut die Bedeutung eines Boten Gottes zukommt. Als Tier natürlich kein Apostel, ist sie dennoch Überbringer einer guten Nachricht. Von Noah ausgesandt, kehrt sie mit einem Olivenzweig im Schnabel zur Arche zurück und bringt so die Gewissheit: Das Wasser geht zurück, Gott hat uns gerettet. Diesen Gedanken greift der Evangelist Markus auf[10] und lässt während der Taufe von Jesus den Heiligen Geist in Gestalt einer Taube die Worte der alten Krönungsformel sprechen: „Du bist mein geliebter Sohn, an dem ich mein Wohlgefallen habe."

Die Taube bei Noah, die Taube bei der Taufe; dies veranlasst die Bischöfe während des Konzils von Nicäa, 325 n. Chr., die Taube offiziell zum Symbol des Heiligen Geistes zu erklären. Eingebürgert als Heiliger Geist hat sich die Taube aber erst vierhundert Jahre später. Auch darf hier Erwähnung finden, dass der Heilige Geist gerne als menschliche Gestalt dargestellt wurde, eine Praxis, die erst Papst Urban VIII. um 1640 für unzulässig erklärte.

Zu ihrem Ruf als Friedensvogel kommt die Taube allerdings nicht durch Friedfertigkeit und Sanftmut, denn diese Eigenschaften werden ad absurdum geführt, wenn man schon einmal den Streit zweier Tauben um ein Stück Futter beobachten konnte. Der Grund war ein anderer: Im Mittelalter herrschte der Aberglaube, dass Tauben keine Galle besitzen, die bittere Gallenflüssigkeit aber war ein Symbol des Bösen.

Bis in das Mittelalter war es auch Brauch, zu Pfingsten während des Gottesdienstes von der Kanzel ein Taube freizulassen, die über den Gläubigen kreiste, bevor sie den

Weg ins Freie fand. Bei solchen Gottesdiensten waren die Frauen wohl im Vorteil, denn ihnen war eine Kopfbedeckung nicht verwehrt.

Ebenso ist es eine Tatsache, dass eine Taube immer und unter allen Umständen den Weg nach Hause, in den heimischen Schlag, findet. Das tiefere Symbol der Taube ist daher auch die Hinwendung, beziehungsweise die Rückkehr zum einzig wahren Glauben, der uns durch Jesus aufgezeigt wurde.

Dies ist der Bericht über Pfingsten, über jenen Tag, der in der Apostelgeschichte als der Tag bezeichnet wird, an dem die Jünger erhellt[11)] wurden. Für gläubige Christen aber ist Pfingsten der eigentliche Gründungstag, die Geburtsstunde der christlichen Kirche.

Auch soll hier daran erinnert werden, das das Christentum, die Religion, die heute den gesamten Erdball umspannt, in Jerusalem aus der Taufe gehoben wurde, in der Stadt, in der Jesus sein Leben hingab.

Begriffe, Literatur, Zitate

1) NT, Apg 1,13-14.

2) Wo in Jerusalem sich dieses Obergemach befand und zu welchem Haus es gehörte, erfahren wir nicht. Es muss sich aber nicht um eines, sondern um mehrere Obergemächer gehandelt haben, denn all diese Männer und Frauen für neun Tage in einem Raum, das wäre dort, damals wie heute, ein Ding der Unmöglichkeit (gewesen).

3) Ostera war der Name der altgermanischen Frühlings- und Fruchtbarkeitsgöttin, deren Fest auf den Tag der Frühjahrs-Tagundnachtgleiche fiel. Ihre Symbole waren Ei und Hase für Entstehung und Vermehrung des Lebens.

4) Eine derartige Akzeptanz ergibt sich auch aus einem gewissen allgemeinen Desinteresse an Bedeutung und Ursprung von Festen (Weihnachten darf hier ausgeklammert werden). Dies gilt übrigens ebenso für profane Feste und Feiertage wie für kirchliche.

5) Der Heilige Geist ist hier die Kraft des Glaubens, eine Kraft, ohne die Missionieren unmöglich ist.

6) NT, Luk 24,45.

7) Orthodox bedeutet rechtgläubig oder auch strenggläubig. Die orthodoxen Kirchen betrachten sich als die rechtgläubigen Kirchen. Ein orthodoxer Rabbi aber ist ein Strenggläubiger.

8) Da der Beginn der Patriarchenerzählung auf 2000 v. Chr. angesetzt wird, schätzt die Geschichtsforschung, dass der Turmbau zu Babel in der Zeit von 2500 bis 2000 v. Chr. anzusiedeln ist.

9) Laut Genesis 2,7 hat Gott dem Menschen das Leben eingehaucht, ihn also mit seinem Atem erschaffen.

10) Dieser Gedanke gefiel auch den anderen drei Evangelisten so gut, dass sie ihn auf eben diese Weise in ihren eigenen Evangelien verarbeiteten. Dass die Taube aber weiß war, das schreibt keiner der vier.

11) Der populäre Spruch „für etwas Feuer und Flamme sein“ geht angeblich auf das Pfingstereignis zurück.

Jesus – sein Wirken, sein Erbe

Kapitel 20

DAS VERMÄCHTNIS DES HERRN

dank den Evangelisten der Nachwelt erhalten

Jesus hat viel gesagt, doch er hat uns nichts Schriftliches hinterlassen, nicht ein einziges Wort. Keiner der Evangelisten hat ihn persönlich gekannt, auch Paulus nicht. Die ältesten uns erhaltenen Texte über Jesus können auf zwanzig bis dreißig Jahre nach dessen Tod datiert werden. Warum aber wissen wir dennoch so viel über ihn?

Um all die überlieferten Reden, Predigten und Sprüche Jesus auch zuschreiben zu können, muss seine historische Existenz belegt sein, und derartige Belege liegen zur Genüge vor, nicht nur von religiösen, sondern auch von beglaubigten und unabhängigen Quellen.

Was Jesus in seiner kurzen Zeit als Wanderprediger artikuliert hat, das begriffen seine Zuhörer als frohe Botschaft, die es galt sich zu merken, weiterzugeben und schließlich auch aufzuschreiben. Diese Notizen sind uns heute nicht mehr bekannt. Sie wurden mutmaßlich von den Aposteln, den Jüngern und anderen Anhängern Jesu zusammengestellt und gesammelt. Es wird aber aus guten Gründen vermutet, dass das Material solcher früher Überlieferungen Markus, Matthäus und Lukas zur Verfügung stand, die es dann für ihre Evangelien genutzt haben.

Dabei darf nicht übersehen werden, dass erste Texte über Jesus auf Aramäisch verfasst wurden, die späteren Evangelien aber auf Griechisch[1)]. Die Muttersprache von Jesus war nämlich aramäisch, daher musste es zwangsläufig zu Übersetzungsfehlern und Missverständnissen kommen. Doch darüber wird noch ausführlicher zu sprechen sein.

Historiker haben zwei große Dokumentensammlungen über Jesus ausgemacht, von denen aber beide nicht mehr im Original existieren.

Die erste dieser Schriftensammlungen war im Besitz des Verfassers des Markusevangeliums, der aus diesen Aufzeichnungen seine frohe Botschaft formulierte. Daher ist die Sammlung dieser Schriften, wenn sie uns nun auch in veränderter Form vorliegt, nämlich als das Evangelium des Markus, ein wesentlicher Teil der – wenn man so will – Jesus-Akten.

Das Evangelium stammt übrigens von keinem Markus, der uns bekannt ist, auch wenn Kirchengeschichtler des 2. Jh.[2)] meinten, in ihm einen Begleiter des Paulus und Schüler des Petrus zu erkennen. Dieses Evangelium wurde um das Jahr 70 verfasst, einem Markus aber erst 60 Jahre später, um 130 n. Chr. zugeschrieben. Dies geschah, wie damals üblich, um dem Werk mehr Gewicht zu verleihen[3)]. Markus muss also, obwohl wir ihn nicht kennen, eine Persönlichkeit gewesen sein.

Das Markusevangelium ist das älteste und mit 661 Versen das kürzeste der vier kanonischen Evangelien. Von all diesen Markusversen hat Matthäus 600 Verse und Lukas 350 Verse abgeschrieben und beide haben sie in ihre eigenen Evangelien eingebaut. Denn so etwas wie geistiges Eigentum gab es ja noch nicht.

Die zweite große schriftliche Sammlung von Jesusworten ist die sogenannte Logienquelle[4)], auch Rede- oder Spruchquelle genannt, die auch manchmal mit dem Buchstaben Q für Quelle abgekürzt wird.

Auch diese Spruchsammlung ist nicht mehr erhalten. Sie muss aber über einen Zeitraum von zwei bis drei Jahrzehnten entstanden sein, zwischen 40 und 60/70 n. Chr., genauere Daten lassen sich nicht feststellen. Der Ort der Entstehung lag wahrscheinlich in Galiläa, darauf deuten geografische Angaben hin.

Die Logienquelle stand Matthäus und Lukas zweifelsfrei zur Verfügung, und sie wurde von beiden für deren Evangelien benutzt.

Durch Vergleich der Evangelien ließ sich die Logienquelle recht genau rekonstruieren, es handelt sich um etwa 265 Logien, Aussagen von Jesus, die von Religionshistorikern in sieben großen Redeblöcken zusammengefasst sind. „Etwa", weil einige Dubletten, auch Doppelüberlieferungen oder Parallelen genannt, eingebaut sind, aber auch bei einigen dieser Logien die Grenzen zu anderem Jesusmaterial verschwimmen.

Das Matthäusevangelium stammt ebenfalls von einem unbekannten Verfasser und wurde erst lange nach seinem Entstehen Matthäus zugeordnet. Er beschreibt die Machtübergabe als Einziger[5)], wenn er berichtet, wie Jesus zu Petrus sagt: „Du bist Petrus und auf diesem Felsen will ich meine Kirche bauen. Ich werde dir die Schlüssel des Himmelreichs geben; was du auf Erden bindest, soll auch im Himmel gebunden sein und was du auf Erden lösen wirst, soll auch im Himmel gelöst sein!"

Das Recht zu binden und zu lösen deuten Historiker heute als eine abgewandelte exorzistische Vollmacht. Der Papst jedoch begründet seine – die päpstliche – Macht mit diesem Satz.

Der Evangelist Lukas ist tatsächlich auch der Verfasser seiner Schrift. Der Canon Muratori, ein gegen Ende des 2. Jhs. entstandenes Verzeichnis der neutestamentlichen Schriften beschreibt Lukas glaubhaft als Arzt und Begleiter des Apostel Paulus.

Die drei Evangelien des Markus, Matthäus und Lukas sind einander so ähnlich, dass die Exegese von den drei Synoptikern spricht. Synopsis bedeutet Zusammenschau und soll die Verwandtschaft der drei Schriften verdeutlichen.

Die beiden Hauptquellen der synoptischen Evangelien sind also die unbekannte Schriftensammlung des Markus und die Logienquelle Q, und deshalb spricht man von der sogenannten Zwei-Quellen-Theorie, in der diese beiden Bezugsquellen den Großteil der Evangelien ausmachen. Doch neben diesen beiden größten Quellschriften haben die Verfasser auch auf eigene, den anderen nicht bekannte Schriften und Überlieferungen zurückgegriffen und diese verarbeitet. Diese Texte, die jeweils nur im eigenen, aber in keinem anderen der synoptischen Evangelien vorkommen, werden als Sondergut bezeichnet.

Die Zusammenstellung der drei synoptischen Evangelien wird demnach rechnerisch so ausgedrückt: Das Matthäusevangelium besteht in etwa zur Hälfte aus den Schriften des Markus. Ein Viertel entstammt der Logienquelle und ein weiteres Viertel ist Sondergut, das aus anderen, unbekannten Quellen stammt.

Das Lukasevangelium besteht zu 40 % aus Schriften von

Markus und zu nicht ganz 25 % aus der Logienquelle. Der Rest ist Sondergut.

Der Verfasser des Johannesevangeliums, der nicht zu den Synoptikern zählt, hat die anderen Evangelien sehr wohl gekannt, doch er hat sie nicht benutzt. In seiner Schrift wirkt eine eigene Darstellung und Ideologie, die ihm augenscheinlich wichtiger war. Dieses Evangelium sagt über seinen Erzähler aus, dass er sich topografisch sehr gut in Jerusalem und in Palästina auskennt, dass er jüdische Feste und Gebräuche zutreffend und detailliert beschreibt und dass er ein stark hebräisch geprägtes Griechisch benutzt.

Das Johannesevangelium beruht also auf drei eigenen Quellschriften: Die erste ist die sogenannte Semeia Quelle, eine alte Sammlung von Wundergeschichten.[6)] Die zweite Quelle ist ein vorjohanneischer Passionsbericht, der aus dem Evangelium rekonstruiert werden kann und der überraschende Übereinstimmungen mit den Synoptikern aufweist. Die dritte Quellschrift besteht aus einer Reihe von Schriften und Überlieferungen, die Traditionseinheiten genannt werden. Und hier ist vor allem das sogenannte Logoslied zu nennen, das zum Prolog erweitert wurde.

Es gibt aber auch noch eine weitere herausragende Quelle für die Evangelien, die drittwichtigste, die ebenfalls gebührende Beachtung finden sollte, doch meistens ein wenig in den Hintergrund gerückt wird. Das ist das Alte Testament. Und deshalb eines vorweg: Ohne das Alte Testament würde uns das Neue Testament in seiner jetzigen Form nicht vorliegen.

Bibelforscher haben gezählt, addiert, gerechnet und sind zu dem Ergebnis gekommen, dass das Neue Testament zu ungefähr neun Prozent aus Zitaten und Anspielungen aus dem Alten Testament besteht.

Über 220-mal haben die Evangelisten aus dem Alten Testament wörtlich zitiert, über 70-mal wurden Zitate ein wenig verändert. Deutliche Anspielungen auf das Alte Testament gibt es in ungefähr 1600 Fällen und – ganz wichtig!: Fast zehn Prozent der Jesusworte finden sich bereits im Alten Testament.[7)]

Die präsentierten Zahlen sind keine Schätzungen und sehr leicht zu überprüfen. Das Einzige, was für eine derartige Prüfung nötig ist, sind Griechisch Kenntnisse. Denn in der Nestle-Aland-Ausgabe[8)] des griechischen Neuen Testaments ist jegliches alttestamentliche Material fettgedruckt. Easy!

Diese Tatsachen beeindrucken. Denn wir lernen hier, dass die Evangelisten gebildet, belesen und schriftgelehrt waren. Hut ab! Wenn man außerdem bedenkt, dass Bibeln damals nicht gedruckt wurden, sondern nur als teure Handschriften zu haben waren, dann werden die Hürden der Evangelisten noch deutlicher.

Aber, und auch darüber muss gesprochen werden, das Alte Testament war für die Evangelisten längst nicht nur Sprüche-Lexikon und Zitatenatlas, es war vor allem auch Ideengeber. Viele Ereignisse würden im Neuen Testament ohne die jeweiligen Entsprechungen im Alten Testament nicht zu finden sein.

Nehmen wir zum Beispiel die Himmelfahrt von Jesus und Maria: Die Idee zu den Erzählungen – das Wort Erfindung wäre hier vielleicht zu überzogen – dieser Ereignisse hatten die Evangelisten durch die Entrückungen des Propheten Elija und des Henoch, Vater von Methusalem. Entrückung muss damals eine sehr seltene Gunst Gottes für Menschen gewesen sein, die ganz besonders gläubig, gesetzestreu und fromm waren, denn ihnen blieb ja der Tod erspart, der normalerweise für alle auf dem Programm steht, wenn er auch von den wenigsten herbeigesehnt wird.

Auch der Prophet Elija tut einige Wunder, die sehr an ähnliche Zeichen des Neuen Testamentes erinnern: In 1Kön 17,17-22[9] erweckt er einen toten Knaben zum Leben. In 2Kön 4[10] wird von einer Brotvermehrung durch Elija berichtet, 20 Brote für 100 Männer, und es bleibt sogar noch etwas übrig.

Nicht unerwähnt bleiben dürfen die Empfängnis- und Geburts-Ankündigungen des Engels Gabriel an Maria und Elisabeth, die spätere Mutter von Johannes dem Täufer. Dieses Szenario kennen wir nicht nur von Abraham und Sara, denen ebenfalls ein Engel erschien, sondern auch vom Propheten Elija, der einer älteren und somit eigentlich nicht mehr gebärfähigen Frau die Geburt eines Sohnes ankündigt. Der Sohn kommt zur Welt, wächst heran, erkrankt aber im Knabenalter und stirbt. Und ebendiesen Knaben erweckt Elija vom Tode.

So geht das Vermächtnis von Jesus vor allem auf die drei großen Quellen Markusdokumente, Logienquelle und Altes Testament zurück, und, ebenso wichtig, auf die christlich-religiöse Konstruktionsachse Adam/Paradies – Jesus/Kreuzigung. Doch dieses Vermächtnis wäre uns nie erhalten geblieben, hätten nicht einige glückliche Umstände zusammengespielt, von denen die Verbreitung der Lehre Christi durch seine Apostel der wichtigste ist. Danach kam die Hege und Pflege dieses Vermächtnisses durch die Apostolischen Väter, Kirchenväter und die Bischöfe. Dazu kommt die Legalisierung des Christentums im Jahre 313 durch den römischen Kaiser Konstantin den Großen.

Zu diesen Umständen zählt aber auch – und dies nicht zuletzt – der bis heute unermüdliche Einsatz von Missionaren, Klerikern und Laien, die um das Christentum und dessen Erhalt bemüht sind.

Doch wer an Jesus glaubt, wer dem Jesus-Vermächtnis wirklich etwas abgewinnen will, der sollte es ernst nehmen. Dann genügt nicht, wie es der Prediger Abraham a Santa Clara[11)] ausgedrückt hat: Wer eine Stunde gestanden, gesessen oder gekniet ist, mitgesungen, mitgebetet, zugehört und womöglich auch noch gespendet hat, der ist mit sich im Reinen und sagt – „bis nächsten Sonntag!".

Begriffe, Literatur, Zitate

1) Gemeint ist hier Koine-Griechisch, die damalige umgangssprachliche und etwas vereinfachte Form des Griechischen.

2) Mit Kirchenhistorikern des 2. Jhs. sind hier die Bischöfe Papias von Hierapolis und Ignatius von Antiochien gemeint.

3) Ein Schriftstück einer bedeutenden Persönlichkeit zuzuschreiben war kein Betrug, sondern gängige Praxis, die dazu diente, einem Werk mehr Bedeutung zu verleihen. Solches war akzeptabel und wurde auch bei profanen Schriften angewandt, solange der Verfasser die Lehrmeinung der zugeordneten Persönlichkeit vertrat. Heute werden Bücher durch positives Medienecho aufgewertet, aber auch durch Vorworte von möglichst prominenten Persönlichkeiten.

4) Das griechische Wort Logion bedeutet Spruch oder auch Äußerung.

5) NT, Mat 16,19.

6) Das Wort Semeia stammt aus dem Griechischen und bedeutet zu Deutsch „Zeichen".

7) Ein Spezialist auf diesem Gebiet, dessen Berechnungen hier mit einfließen, war der Schweizer Theologe Prof. Roger Nicole (1915–2010).

8) Die deutschen Bibelforscher Eberhard Nestle und Kurt Aland schufen mit dem Novum Testamentum Graece einen Arbeitstext für Lehre und Forschung, der 1898 erstmals aufgelegt wurde und seitdem bis heute immer wieder erneuert und ergänzt wird.

9) AT, 1Kön 17,17-22.

10) AT, 2Kön 4.

11) Der schwäbische Augustiner Abraham a Santa Clara (1644–1709) schrieb, lehrte und predigte erst in Graz und später in Wien. Er war einer der bedeutendsten Prediger und Kirchen-Schriftsteller des Barock.

Jesus – sein Wirken, sein Erbe
Kapitel 21

DIE OFFIZIERE GOTTES

Mitstreiter Christi und apostolische Sukzession

Der innerste Zirkel um Jesus waren zu dessen Lebzeiten die Apostel und Jünger, die ihm halfen, seine Lehre zu verbreiten. In der Zeit nach seinem Tod aber – und auch in den folgenden Jahrhunderten – wurde das Christentum, neben Päpsten, Bischöfen und deren Vertretern, erst von den Aposteln, dann von den Apostolischen Vätern und nach diesen von den Kirchenvätern und Kirchenlehrern bewahrt, erhalten und verbreitet.

Die Apostolischen Väter, auch Kirchenväter des 2. Jh. genannt, waren alle Heilige und Bischöfe. Einer von ihnen, Clemens I., war sogar Papst. Und viele der Kirchenväter, Apologeten und Kirchenlehrer fielen gleichzeitig in mehrere oder manchmal auch in alle dieser drei Kategorien. Einige von ihnen waren Päpste, mehrere bekleideten ein Bischofsamt, und von all diesen wurden wieder viele heiliggesprochen.

Wie unterscheiden sich nun all diese Streiter Gottes voneinander? Die Apostel[1)] waren, wie wir wissen, die engsten Vertrauten von Jesus, von ihm selbst berufen, mit der Verkündigung seiner Glaubenslehre beauftragt und mit diversen Vollmachten ausgestattet. Die Jünger waren ein nicht näher definierter Kreis seiner Anhänger, die sich Jesus anschlossen, angezogen von seiner Lehre und seinem Wirken. Und vom Evangelisten Lukas wissen wir, dass Jesus auch Jünger aussandte, um sein Wort zu verkünden[2)].

Die Apostolischen Väter waren die direkten Nachfolger der Apostel, die auch als zweite Generation der Kirche bezeichnet werden. Bei ihnen handelte es sich um bedeutende christliche Autoren des späten 1. Jhs. und des frühen 2. Jhs., die noch von Aposteln selbst oder von einem ihrer Schüler direkt beeinflusst waren. Nachfolger der Apostolischen Väter aber, die von diesen das Erbe Christi übernehmen, verbreiten und weitergeben, sind die Kirchenväter.

Die Kirche unterscheidet zwischen bekannten und unbekannten Apostolischen Vätern. Die sogenannten unbekannten Apostolischen Väter sind nicht identifizierte Verfasser von apokryphen Schriften, die zwar nicht in den Kanon aufgenommen wurden, aber zu den „bibelnahen" Schriften zählen und von der Kirche eine so hohe Wertschätzung erfahren, dass deren Verfasser, obwohl unbekannt, ebenfalls als Apostolische Väter bezeichnet werden.

Hierbei handelt es sich um die Autoren der apokalyptischen Schrift „der Hirte des Hermas"; der „Didache", auch Zwölfapostellehre genannt, die als erste christliche Kirchenordnung in Schriftform gesehen wird; des „Barnabas-Briefes", einer theologischen Abhandlung, die sich mit dem Konflikt Judentum-Christentum auseinandersetzt; des „Briefes des Mathetes an Diognetus", eine frühchristliche Verteidigungsschrift des christlichen Glaubens.

Die fünf bekannten Apostolischen Väter waren Bischöfe, bedeutsame christliche Autoren, direkte Nachfolger der Apostel und sie werden alle als Heilige verehrt. Sie kündeten von Jesus als dem Messias und dem Begründer des wahren Glaubens und setzten sich so für die Verbreitung des Christentums ein. Auch bekämpften sie Häresie, wirkten an der sich ständig erweiternden Organisation der Kirche mit und gaben, als größtes aller Opfer, ihr Leben für ihre Überzeugung. Ihre Schriften sind neben christlichen auch historische Quellen, die uns Einblick in die Entwicklung der Kirche in den ersten 130 Jahren nach dem Tode von Jesus geben, obwohl diese Quellenlage dünner ist als alle anderen späteren Epochen der Kirche.

Die fünf Apostolischen Väter, die auch im Personenregister beschrieben werden, verdienen es, einzeln genannt zu werden. Es handelt sich um Papst Clemens I. (ca. 50–97), um Ignatius von Antiochien (2. Jh.), der noch von Petrus zum Bischof geweiht wurde und den Ausdruck „katholisch“[3)] geprägt hat, um Polykarp von Smyrna (ca. 69–155), der vom Apostel Johannes als Bischof eingesetzt wurde, um Papias von Hierapolis (ca. 60–163), der ebenfalls ein Schüler des Apostel Johannes war, und um Quadratus von Athen († um 130), Bischof ebendort und erster christlicher Apologet[4)].

Um 163 n. Chr. starb also mit Papias von Hierapolis der letzte Apostelschüler und mit ihm der letzte der fünf uns bekannten Apostolischen Väter, die alle ein Bischofsamt bekleidet hatten. Damit endete ein wichtiger Zeitabschnitt der frühen Kirchengeschichte, die sogenannte zweite Generation des Christentums.

In der römisch-katholischen und in den orthodoxen Kirchen sind Bischöfe Nachfolger der Apostel. Dies wird Apostolische Sukzession genannt und ist die kontinuierliche Weitergabe des Sendeauftrages der Apostel und deren Nachfolger. So wird sichergestellt, dass die Flamme des christlichen Glaubens nicht erlischt.

Begriffe, Literatur, Zitate

1) Apostel: griechisch für Gesandter, Bote.

2) NT, Luk 10,1; Luk 10,16.

3) Ignatius von Antiochien: „Wo Christus ist, dort ist die katholische Kirche.“ (Brief an die Smyrnäer 8,2).

4) Apologet: Verteidiger des christlichen Glaubens gegenüber anderen Religionen.

hl. Ambrosius und Kaiser Theodosius; Anthonis van Dyck;
Öl auf Leinwand, um 1619; National Gallery, London

Jesus – sein Wirken, sein Erbe
Kapitel 22

KIRCHENVÄTER

Nachfolger der Apostolischen Väter

Kirchenväter sind christliche Autoren der ersten 8 Jahrhunderte, die entscheidend zu Lehre und Selbstverständnis des Christentums beigetragen haben. Sie sind Zeugen der Einheit des Glaubens, Bewahrer der Offenbarung und werden von der Kirche offiziell zitiert oder öffentlich gelesen. Außerdem muss deren Leben als heiligmäßig gelten.

Im Okzident, dem Abendland, heute auch Westen genannt, werden Ambrosius, Augustinus, Hieronymus und Gregor der Große die vier großen oder auch die lateinischen Kirchenväter genannt. Für die orientalisch-orthodoxen Kirchen sind die vier großen Kirchenväter Athanasius, Basilius, Gregor von Nazianz und Johannes Chrystostomos.

In der lateinischen Kirche waren ursprünglich nur diese vier Personen, die heute die großen genannt werden, Kirchenlehrer und als solche wurden sie 1295 von Papst Bonifatius VIII. bestätigt. Seither wurde und wird dieser Kreis bis heute kontinuierlich erweitert.

Von den fast vierzig Kirchenvätern, denen dieser Ehrentitel vom Vatikan zuerkannt wurde, wollen wir uns mit einem näher beschäftigen, und zwar mit dem heiligen Ambrosius von Mailand. Er war zu der Zeit Bischof von Mailand, als das bereits legalisierte Christentum von Kaiser Theodosius I. zur alleinigen Staatsreligion erhoben wurde. Und Ambrosius scheute sich nicht, nur etwa zehn Jahre, nachdem der christliche Glaube für das gesamte römische Reich zur einzigen und verpflichtenden Religion wurde, nach Macht zu greifen, dem Kaiser die Stirn zu bieten und die Kirche über den Staat zu stellen. Dieses Ziel verfolgte Ambrosius öffentlich, wohlgemerkt: er, der Bischof von Mailand und nicht der Bischof von Rom. Und er kam durch damit.

Ambrosius wurde 339 in Trier geboren, das im 4. Jh. zum heutigen Belgien, zur damaligen römischen Provinz Gallia Belgica gehörte, und er starb 397 in Mailand. Er entstammte einer sehr gläubigen Familie, seine beiden Geschwister wurden auch heiliggesprochen. Seine ältere Schwester entschied sich für ein Leben als Nachfolgerin Christi, gelobte ewige Jungfräulichkeit und empfing den Schleier der geweihten Jungfrau. Danach lebte sie in Gebet, Askese und Abgeschiedenheit.

Sein älterer Bruder Satyrus, der die Ausbildung eines höheren Beamten erfahren hatte, verwaltete den Bischofsitz seines Bruders und lebte dabei ein vorbildlich frommes Leben.

Ambrosius selbst war Kirchenvater, Kirchenlehrer und Bischof. Er wurde, wie die anderen lateinischen Kirchenväter auch, einem Temperament zugeordnet und wird zu den Sanguinikern[1)] gerechnet. Er studierte Jus, wurde als Anwalt bei Gericht zugelassen, was damals ein sehr begehrter Posten war, und erregte bald Aufmerksamkeit durch brillantes juridisches Fachwissen.

Während er also im Staatsdienst unter Kaiser Valentinian I. war, wurde er 374 bei einer Bischofsneuwahl in Mailand einstimmig gewählt, weil man ihm als Einzigem zutraute, Meinungsverschiedenheiten zwischen Trinitariern[2] und Arianern[3] beizulegen, wegen derer unterschiedlicher Ansichten das Bistum tief zerstritten war.

Als Staatsbeamter hatte Ambrosius vor seiner Bischofswahl keinerlei Weihen erhalten und empfing deshalb innerhalb einer Woche die Taufe, die Diakon-Weihe und die Priesterweihe, sodass er danach die Bischofsweihe empfangen konnte. Durch intensives Studium der Bibel und griechisch-christlicher Autoren erwarb er sich rasch theologisches Wissen und entpuppte sich bald als begabter Prediger. Seine Theologie beeindruckte den späteren Kirchenvater Augustinus von Hippo so sehr, dass sich dieser von Ambrosius taufen ließ.

Ambrosius bekämpfte nicht nur die Arianer, sondern begann auch bald Druck auf den Kaiser selbst auszuüben. So bewegte er Kaiser Gratian, Bruder und Mitregenten des Kaiser Valentinian II. – die beiden regierten den Westen des römischen Reiches – dazu, den Titel Pontifex Maximus, eine ehemals heidnische Bezeichnung der höchsten Tempelpriester, abzulegen und Staatszuwendungen an heidnische Tempel einzustellen.

Kaiser Theodosius I. beherrschte den Osten des römischen Reiches von Konstantinopel aus. Und auch ihn beeinflusste Ambrosius. Theodosius I., der ebenso wie Valentinian II., Herrscher des mittleren Teils des römischen Reiches, und Gratian, Herrscher von Westrom, gläubiger Christ war, erließ, auch unter dem Einfluss des Ambrosius, mit den beiden andern Kaisern am 27.2.380 in Thessaloniki ein folgenreiches Dekret. Es handelte sich um das berühmte Dreikaiseredikt „Cunctos populos" (zu Deutsch: alle Völker), das das nicäische Christentum im gesamten Reich zur Staatsreligion erhob und gleichzeitig andere Religionen verbot. Auch Arianismus und jede andere christliche Glaubensabweichung waren zu verfolgen und zu bestrafen. Dieses Edikt wurde ebenfalls vom römischen Papst Damasus I. und vom alexandrinischen Bischof Petros anerkannt.

Dieser Erlass beginnt mit den Worten: *„Alle Völker, über die wir ein mildes und maßvolles Regiment führen, sollen sich, so ist unser Wille, zu der Religion bekehren, die der göttliche Apostel Petrus den Römern überliefert hat, wie es der von ihm kundgemachte Glaube bis zum heutigen Tage dartut und zu dem sich der Pontifex Damasus klar bekennt wie auch der Bischof Petrus von Alexandrien, ein Mann von apostolischer Heiligkeit."*

Ein Jahr später, 381, berief Theodosius zusätzlich das 1. Konzil von Konstantinopel ein, um den seit dem Konzil von Nicäa (325) noch immer schwelenden Streit zwischen Trinitariern und Arianern ein für alle Mal zu beenden. Dieses war das 2. Ökumenische Konzil.

In Kallinikon am Euphrat hetzte der dortige Bischof im Jahre 388 die Gemeinde zu einem Judenpogrom und zum Niederbrennen der örtlichen Synagoge auf. Ambrosius aber verhinderte einen Wiederaufbau mit staatlichen oder kirchlichen Mitteln, womit er den Präzedenzfall schuf, im Zweifelsfall seien christliche Interessen über geltendes Recht und Gerechtigkeit zu stellen. Ambrosius verhinderte ebenfalls eine Bestrafung sowohl des Bischofs von Kallinikon als auch aller Brandstifter, Plünderer und Gewalttäter durch Kaiser Theodosius I.

Zwei Jahre später, es war das Jahr 390, verweigerte Ambrosius dem Kaiser den Eintritt in den Mailänder Dom und zwang Theodosius sogar unter Androhung der Exkommunikation zu einem Reuebekenntnis für das Massaker von Thessaloniki. Theodosius, der wohl als der bedeutendste römische Herrscher zwischen Konstantin I. und Justinian I. gesehen werden darf, war auch gläubiger Christ. Deshalb war es ihm ein Anliegen, den christlichen Glauben im ganzen Reich verbreitet zu sehen. Doch die Gründe, warum er sich, wie auch Kaiser Valentinian, in vielerlei Hinsicht dem Bischof Ambrosius fügte, liegen völlig im Dunklen und werden von Historikern bis heute diskutiert.

Denn dass der Bischof von Mailand – nicht etwa der Papst! – gleichzeitig zwei römischen Kaisern Zugeständnisse abnötigte und ihnen seinen Willen aufzwang, ist nur schwer zu verstehen. Hier sehen eine Reihe von Geschichtswissenschaftlern eine eklatante Schwäche beider Kaiser im Umgang mit der Kirche. Denn sonst hatten die beiden gut und gerecht, doch mit harter Hand regiert.

Die damalige Kirche selbst aber lässt, so scheint es, nur wenige Jahre nach ihrer endgültigen Legitimierung die Maske fallen und bemüht sich keineswegs, ihr Machtstreben zu verschleiern. Dass dieser Kirche bereits damals Macht mindestens ebenso wichtig war wie Glaube, verdeutlicht eine öffentliche Predigt des Ambrosius, in der er verkündet, dass sich selbst der Kaiser der Kirche zu beugen habe. Wörtlich sagte Ambrosius: „Der Kaiser ist in der Kirche, nicht über der Kirche."

Kirchenvater wurde Ambrosius aber auch ob seiner Bibelauslegungen, in denen er die von Origines entwickelte sogenannte exegetische Methode der Allegorese anwandte, mit der er dem Bibeltext eine dreifache Bedeutung gab: eine wörtliche, eine moralische und eine mystische.

Ambrosius hinterließ zwölf christliche Abhandlungen, im Besonderen über Mysterien, Buße, christliche Tugenden, Sakramente, die Jungfräulichkeit, eine philosophisch-christliche Abhandlung über das Lukasevangelium, eine Auslegung des Glaubensbekenntnisses für Taufwillige, weiters Hymnen, Reden und eine Sammlung von über neunzig Briefen.

Welch immense Bedeutung Ambrosius aber heute noch für die Kirche hat, lässt sich daran erkennen, dass er im Katechismus über zwanzig Mal erwähnt wird. Nur Augustinus und Thomas von Aquin werden noch öfter erwähnt.

Bevor jedoch Kaiser Theodosius I. das Christentum zur Staatsreligion machte, wurde es nicht ganz 70 Jahre davor von Konstantin I., diesem Kaiser mit Weitsicht und einem Herz für das Wohlergehen seines Volkes, legalisiert. Erlaubt waren damals im Reich viele Religionen. Nun waren nach 250 Jahren Verfolgung auch Christen vor Benachteiligung sicher, konnten Kirchen bauen, ihren Glauben ohne Angst leben und sich auf kaiserlichen Schutz verlassen.

Begriffe, Literatur, Zitate

1) Sanguiniker: ein lebhafter, temperamentvoller, meist heiterer und lebensbejahender Mensch.

2) Trinitarier sind überzeugte Anhänger der Trinität, also der Wesensgleichheit Gottes in drei Personen.

3) Arianer lehnten die Wesensgleichheit von Gottvater und dem Sohn ab, weil diese Ansicht ihrer Meinung nach dem Monotheismus widerspricht.

Jesus – sein Wirken, sein Erbe
Kapitel 23

DIE KONSTANTINISCHE WENDE

Kultfreiheit für das Christentum

Der spätere Kaiser Konstantin I. mit dem Beinamen „der Große“ wurde als Flavius Valerius Constantinus 272 n. Chr. in Serbien geboren. Gestorben ist er im Jahre 337 in Nikomedia, einer Stadt nahe dem östlichen Ufer des Marmarameeres. Er war es, der allen Bürgern des römischen Reiches Religionsfreiheit gewährte, und dies war die Voraussetzung dafür, dass das Christentum nicht ganz 70 Jahre später zur Staatsreligion erhoben wurde.

Unter Kaiser Diokletian trat das Reich um 290 in die Spätantike ein. Von seinen Reformen sind ein neues Steuersystem, die Modernisierung des Heeres und besonders die Einführung der römischen Tetrarchie, der Vierkaiser-Herrschaft, hervorzuheben, in der Diokletian als Seniorenkaiser mit dem Titel Augustus fungierte und die Nachfolge auf Ernennung statt auf Erbfolge beruhte.

Im Jahr 305 trat Diokletian freiwillig zurück und zwang seinen Mitkaiser Maximinus dazu, ebenfalls zurückzutreten. Somit folgten die bisherigen Unterkaiser, genannt Cäsaren, Constantius, der Vater Konstantins im Westen, und Galerius im Osten als Seniorkaiser nach. Constantius verstarb nur ein Jahr später in Britannien und seine Truppen erhoben seinen Sohn als Konstantin I. zum Kaiser. Somit war die Tetrarchie wieder aufgelöst und die Erbfolge wieder eingeführt.

Doch das römische Reich wurde immer noch von vier Kaisern beherrscht und das waren nun drei zu viel. Kaiser Maxentius hatte sich gegen Konstantin gestellt, hier ging es um die Vorherrschaft im Westen des Reiches, und im Osten hieß es Licinius gegen Maximinus Daia. Diese Konstellation war explosiv und Nährboden für einen Bürgerkrieg.

Kaiser Konstantin der Erste zog sich am Abend des 27. Oktober 312 früh zurück. Er wollte am nächsten Tag ausgeruht sein für die bevorstehende Schlacht, von der sein Schicksal, seine Zukunft abhing. In diesen Stunden sinnierte er, wem die Götter wohl beistehen würden. Konstantin fand in jener Nacht nur leichten, unruhigen Schlaf. Denn Maxentius stand mit 100.000 Mann vor Rom. Konstantin konnte aber nur 40.000 Soldaten aufbieten, der Rest seines Heeres sicherte die Grenzen im Norden des Reiches gegen die Barbaren.

Die Geschichtsschreiber Lactantius und Eusebius von Caesarea, beide auch Kirchenväter, berichten über die damaligen Ereignisse, auch über jene von bereits zwei Jahren davor. Schon damals hatte Konstantin eine Vision, eine Erscheinung. Im Traum sah er ein Licht in Form eines Kreuzes und dazu vernahm er eine Stimme: „Durch dieses Zeichen siege!“ Erst vermutete Konstantin, dass der Sonnengott Sol Invictus zu ihm gesprochen hatte, hatte er doch schon den Solidus, eine Münze zu Ehren des Gottes

Sol prägen lassen. Aber dann erinnerte sich der Kaiser, dass das Kreuz das Erkennungszeichen jener Bewegung war, die sich Christianer nannten. Außerdem wurde dieser Christengott auch des Öfteren als „Sonne der Gerechtigkeit" bezeichnet. Dieser Gott schien stark und mit der Ähnlichkeit im Namen fiel es Konstantin nicht schwer, auf ihn zu setzen. Denn ganz ohne Gott an seiner Seite, der ihm zum Sieg verhelfen würde, war ein Erfolg nicht zu erwarten, das wusste er. Und so gebot er seinen Soldaten, das Kreuz als Gotteszeichen auf ihre Schilde zu malen.

Seither gilt das Kreuz neben den Fischen[1)], dem Christus-Monogramm XP[2)], dem Alpha und Omega[3)] als christliches Hauptsymbol.

Am Morgen des 28. Oktober 312 zogen sie in die Schlacht. Bei der Milvischen Brücke nördlich von Rom, dort, wo der Tiber 120 Meter breit ist, stießen die beiden Heere aufeinander. Konstantins Mannen, Fußvolk und Reiterei, waren, obwohl in Unterzahl, viel besser ausgebildet, außerdem leichter bewaffnet und daher wendiger. Dies gab den Ausschlag. Das Heer des Maxentius wurde aufgerieben, er selbst ertrank im Tiber und Konstantin war nun Alleinherrscher im Westen des Reiches. Den Christengott, der ihm zum Sieg verholfen hatte, sah er ab jetzt als persönlichen Schutzgott und dessen Beistand als Garantie militärischer Erfolge.

Ein Jahr später traf Konstantin in Mailand seinen Kollegen, den römischen Ostkaiser Licinius, der sich in der Zwischenzeit gegen Maximinus Daia durchgesetzt hatte. Dort verständigten sich die beiden auf die sogenannte Mailänder Vereinbarung, in der dem Christentum wie auch anderen Religionen Kultfreiheit eingeräumt und zugesichert wurde. Dieser Beschluss wird auch Konstantinische Wende genannt.

Die ersten Jahre der Beziehung zwischen Konstantin und Licinius waren freundschaftlich, doch dann begannen Wolken aufzuziehen. Im Jahre 324 kam es zu einer Schlacht zwischen den beiden, bei der die Soldaten des Konstantin wieder Schilde mit Kreuzen trugen. Die Armee des Licinius wurde besiegt und er selbst hingerichtet. Konstantin, nun der einzige Kaiser des Reiches, bekannte sich offen zum Christentum und sah den Christengott nicht nur als göttlichen Kriegshelfer, sondern auch als Gott des Wohlergehens.

Nach dem Sieg gegen Licinius verlegte Konstantin Residenz und Regierungssitz nach Byzanz, das er nun Konstantinopel nannte.

Konstantin musste, um die religiöse Einheit zu wahren, zwei christlich-theologische Konflikte beilegen. Das waren der Donatistenstreit[4)] im Jahr 313, dem Jahr der Mailänder Vereinbarung, und, noch konfliktgeladener, der Arianische Streit um 324.

Denn um diese Zeit begann sich eine Religion auszubreiten, die sich Arianismus nannte, nach dem christlichen Presbyter Arius[5)]. Tiefe Gräben zwischen ihm und den Christen hatten sich aufgetan, denn er lehnte die Wesensgleichheit von Gottvater und Gottsohn ab. Es habe eine Zeit gegeben, da Jesus nicht existierte, folglich könne er dem immerwährenden Gottvater nicht gleich sein. Dieser sei aber erst Vater geworden, nachdem er den Sohn gezeugt hatte. Noch verwerflicher aber: die Wesensgleichheit widerspreche dem Monotheismus.

Der christliche Bischof Alexander von Alexandria wies diese Interpretationen auf das Schärfste zurück. Hier wurden die Kernpunkte des christlichen Glaubens, die Fragen nach dem wahren Wesen Christi und die Trinität infrage gestellt. Auch unter den Christen selbst begannen bitter geführte Diskussionen. Was Konstantin, nun Alleinherrscher des römischen Reiches, aber vermeiden wollte, war ein Religionsstreit, waren theologische Konflikte, die womöglich die Einigkeit des Reiches gefährdeten.

Denn er, der Kaiser, regierte klug, und er hatte erkannt, dass das Reich am besten durch Einheit auf allen Ebenen zusammenzuhalten war, politisch, administrativ, militärisch und religiös. Deshalb wurden von ihm auch Feiertage, Maßeinheiten und Währung vereinheitlicht.

So strebte der Kaiser als Anhänger von Christus nach Religionseinheit, indem er das Christentum bevorzugte, denn andere Religionen neben den römischen Göttern waren ja von ihm ebenfalls legitimiert worden. Konstantin konvertierte aber nicht nur, um in Kriegen mithilfe des Christengottes als Sieger hervorzugehen.

Da gab es nämlich noch einen anderen Grund, einen, der unedel, ja sogar schändlich war. Aber wer wagt es schon, den Kaiser zu kritisieren? Konstantin hatte seinen ältesten Sohn, er hieß Crispus, umbringen lassen. Als aber seine Frau Fausta, die Stiefmutter des Crispus, dessen Tod zu sehr betrauerte, ließ Konstantin auch sie hinrichten. Über die Gründe dieses Doppelmordes kursieren zwei Versionen. Die eine besagt, der Kaiser sei dahintergekommen, dass Sohn und Ehefrau eine Intrige gegen ihn planten. Nach der anderen Version musste Crispus sterben, weil seine Stiefmutter ihn beschuldigte, ihr nachzustellen. Als sich die Beschuldigungen gegen seinen Sohn aber als falsch herausstellten, ließ Konstantin auch Fausta hinrichten.

Danach konvertierte er, um sich der moralischen Verantwortung für diese seine Taten zu entziehen, weil er glaubte, dass nur im Christentum alle Sünden getilgt werden können. Inwieweit sich der Kaiser dabei aber wirklich mit dem christlichen Glauben identifizierte, darüber wird sowohl unter Historikern als auch in der Kirche bis heute diskutiert.

Konstantin wollte also Religionseinigkeit herstellen und Streitigkeiten, verursacht durch unterschiedliche theologische Ansichten, beseitigt wissen. Doch statt ein Urteil zu fällen, wie es ihm als oberstem Religionshüter zustand, entschloss sich der Kaiser zu einer für damalige Verhältnisse erstaunlich demokratischen Lösung. Er berief eine Konferenz aller Bischöfe ein, ein Konzil. Sie sollten im Frühsommer des Jahres 325 in Nicäa[6)] zusammenkommen, um dort nach eingehender Beratung über strittige Fragen abzustimmen.

Von den etwa eintausendachthundert geladenen Bischöfen kamen um die dreihundert, genaue Besucherzahlen sind nicht belegt. Aber es waren insgesamt trotzdem fast zweitausend, denn jeder Bischof konnte mit zwei Presbytern und drei Diakonen[7)] anreisen. Natürlich hatten die Arianer auch zu erscheinen, der Kaiser hatte die Anwesenheit des Arius befohlen. Konstantin selbst blieb dem Konzil fern, sollten doch die Bischöfe untereinander zu einem Ergebnis kommen.

Und am Ende dieses Konzils konnten in der Tat Ergebnisse präsentiert werden. Eine ganze Reihe von Punkten, zu denen es unterschiedliche Meinungen gab, wurden diskutiert und zum Schluss über jeden abgestimmt. Über das Konzil selbst sind bis heute keine Protokolle gefunden worden, doch was herauskam, ist bekannt.

Die durch Abstimmung ein für alle Mal geklärten Hauptthemen wurden von den Bischöfen im sogenannten nicäischen Bekenntnis, das wir heute Glaubensbekenntnis[8)] nennen, zusammengefasst. Damit an diesen Beschlüssen aber nicht mehr gerüttelt werden konnte, wurde dieses Bekenntnis zum Dogma erhoben und damit zu einer endgültigen und unumstößlichen Glaubenswahrheit der Kirche.

Die beiden wichtigsten Punkte waren die Trinität, die Dreifaltigkeit Gottes und die Bestätigung der Wesensgleichheit von Vater und Sohn. Wer dies aber leugnen sollte, dem wurde mit dem Anathema[9)] gedroht.

Neben den Fragen, die das nicäische Bekenntnis betrafen, wurde auch ein einheitliches, aber flexibles Osterdatum bestätigt. Außerdem wurden noch zwanzig Kanones, kirchliche Glaubensregeln, festgelegt.

Besonders interessant am Bekenntnis von Nicäa ist, dass sich die Kirche hier bereits catholica ecclesia nennt, also weltumspannende oder auch universelle Kirche. Aus dieser Bezeichnung und aus der Zahl der damals bereits amtierenden ungefähr 1800 Bischöfe ist ersichtlich, wie weit sich das Christentum bereits organisatorisch entwickelt hatte.

Begriffe, Literatur, Zitate

1) Der Fisch ist eines der ältesten christlichen Symbole, als leicht zu zeichnendes Geheimzeichen für Christus, dessen Namen auszusprechen verboten war. Außerdem konnten die einzelnen Buchstaben der griechischen Bezeichnung für Fisch auch für Anfangsbuchstaben von Worten stehen, die eine Verbindung mit Jesus haben.

2) Christusmonogramm XP: Hier handelt es sich um die griechischen Buchstaben X und P, die sich überschneiden. Auf Lateinisch sind das die Buchstaben „CH“ und „R“, die Anfangsbuchstaben des Wortes Christus.

3) Alpha und Omega: Als erster und letzter Buchstabe des griechischen Alphabets stehen sie für Anfang und Ende. Christus sagt: „Ich bin das Alpha und das Omega!“ (NT, Offb 22,13)

4) Donatistenstreit: Bischof Donatus von Karthago und seine Anhänger verlangten den Ausschluss wieder eingetretener Christen, die von Kaiser Diokletian bei Todesdrohung gezwungen worden waren, dem Christentum abzuschwören. Auch beruhe die Gültigkeit von Sakramenten auf der persönlichen Heiligkeit des Spenders.

5) Arius (260–327) war ein christlicher Theologe und Philosoph aus Alexandria. Als Presbyter war er Leiter einer frühchristlichen Gemeinde.

6) Nicäa war eine Stadt in der Nähe des heutigen Istanbul.

7) In der Urkirche war ein Diakon (wörtlich: Helfer) Assistent eines Apostels. Heute ist ein Diakon Assistent des Priesters, das Diakonat ist somit die erste Stufe des Priesteramtes.

8) Das Bekenntnis von Nicäa wurde im 5. Jh. erweitert, die unbefleckte Empfängnis Mariens wurde als Dogma mit einbezogen

und seither wird das nicäische Bekenntnis Glaubensbekenntnis genannt.

9) Anathema bedeutet Bannfluch, also eine Verfluchung mit gleichzeitigem Ausschluss aus der Kirche.

Jesus – sein Wirken, sein Erbe
Kapitel 24

ATHANASIUS VON ALEXANDRIEN

ihm verdanken wir den Kanon der Heiligen Schrift

Er war Bischof, Zeitzeuge und Schriftsteller, Apologet und Kirchenlehrer, erbitterter Feind aller Häretiker und darüber hinaus all jener, die nicht seiner religiösen Meinung waren. Ganz besonders aber war er Feind des Arius und dessen Anhängerschaft, die Arianer genannt wurde. In den Ostkirchen zählt er zu deren vier großen Kirchenvätern. Er verteidigte den Glauben und ganz besonders Jesus Christus bis auf das Blut, war von einigen Kaisern geachtet, von anderen geächtet und sein Leben lang ein Unruheherd. Darüber hinaus ist er Heiliger, dem man den Beinamen „der Große" gegeben hat. Er wird auch als Schutzpatron gegen Kopfschmerzen verehrt, und irgendwie passt dies zu seiner Vita.

Vor der Legalisierung des Christentums, also bevor Kaiser Konstantin I. den Glauben an Jesus Christus zu einer religio licita, einer erlaubten Religion erklärte, wurden die Christen im ganzen römischen Reich jahrelang grausamst verfolgt. Es war Kaiser Diokletian, der im Jahre 303 zur Jagd auf die Christen blies.

Weswegen aber waren ihm die Christianer ein derartiger Dorn im Auge? Diokletian, Oberkaiser der Tetrarchie, der Vier-Kaiser-Herrschaft, sah seine Göttlichkeit, die ihm als oberstem Herrscher und erstem Bürger des Reiches gebührte, vernachlässigt. Denn wenn sich Untertanen einem fremden Gott zuwandten, diesen anbeteten und auch noch behaupteten, außer jenem gäbe es keine anderen Götter, wo blieb dann Platz für Respekt, Ehrfurcht und Loyalität, die es dem römischen Kaiser wie auch den römischen Göttern zu zollen galt? Das war Missachtung, ja Herabwürdigung des Machthabers, und nicht nur das, es war Verrat an ihm und damit am Reich. Ein römischer Kaiser wurde zwar nicht Gott, deus, genannt, jedoch divus, also göttlich.

Als also Kaiser Diokletian im Jahre 303 ein erstes Edikt erließ, wie gegen die Christen vorzugehen sei, begann für diese ein Leidensweg, der sieben lange Jahre andauern sollte.

In einem ersten Schritt wurden römische Christen drangsaliert, sie wurden öffentlicher Ämter und Bürgerrechte für verlustig erklärt und öffentlich gedemütigt. Diokletian ließ ihre Kirchen niederreißen, ihre Schriften verbrennen und bei Widerstand ihre Häuser und Vermögen beschlagnahmen.

Einige Monate drauf verschärfte der Kaiser seine Gangart gegen die Christen noch einmal. Er wollte alle Mitglieder des Klerus dazu zwingen, römische Götter anzubeten und ihnen wie auch ihm selbst Trankopfer darzubringen. Diesem Befehl wurde jedoch in den verschiedenen Provinzen des Reiches mit unterschiedlicher Härte nachgekommen. Am eisernsten gingen die Schergen Roms in Nordafrika und in der Levante gegen die Kirche vor, und hier wieder am härtesten in Ägypten.

Die Reaktionen waren unterschiedlich. Um zu überleben, entschieden sich viele zur Zwangskonvertierung, manche flohen, manche gingen in den Untergrund. Doch ein harter Kern von Gläubigen trotzte der Gefahr, rief zum Widerstand auf und war bereit, lieber zu sterben, als Gott zu entsagen. Dies ist damaligen Aufzeichnungen zu entnehmen.

Eusebius von Cäsarea, er lebte etwa von 260–340 in Palästina, war Theologe, Geschichtsschreiber, Bischof und Kirchenvater, und er musste die Gräuel dieser wohl schwersten Christenverfolgung mitansehen. In seiner Schrift „Über die Märtyrer in Palästina" (de martyribus palaestinae) berichtet er darüber:

„Es war das 19. Jahr der Regierung Diokletians, der Monat Xanthikus (April), unter der Statthalterschaft des Flavius in Palästina, als gerade zu der Zeit, da das Fest des Leidens des Herrn herannahte auf einmal allenthalben ein Edikt angeschlagen wurde des Inhalts, die Kirchen seien dem Erdboden gleichzumachen und die heiligen Schriften dem Feuer zu übergeben; ferner sollten diejenigen, die in Ämtern und Würden stünden, dieselben verlieren, die Bediensteten des kaiserlichen Hauses aber der Freiheit verlustig gehen, wenn sie beim Bekenntnisse des Christentums verharrten."[1)]

In diesem Zusammenhang hat Eusebius Foltern, Verstümmelungen, Exekutionen und schlimmste Grausamkeiten sehr ausführlich und fast schon genüsslich dokumentiert, wobei er Christen, die das Martyrium erleiden, schon unrealistisch heldenhaft beschreibt. So habe ein gewisser Apphianus[2)] die Folter auf das Mannhafteste ertragen, eine Theodosia[3)] zeigte während aller Qualen ein freudestrahlendes Antlitz bei glänzender Standhaftigkeit und ein

Romanus[4], dem die Zunge abgeschnitten werden sollte, streckte diese freiwillig heraus.

Doch damit nicht genug, berichtet Eusebius in seiner „Kirchengeschichte“, einem 10-bändigen Werk, ein weiteres Mal ausführlichst über Martyrium und Folter.[5]

Im Jahre 305 trat Kaiser Diokletian zurück. Die Gründe waren nie ganz klar, doch es geschah mit Sicherheit freiwillig. Dabei zwang er seinen Mit-Kaiser, der ebenfalls den Titel Augustus trug, auch zurückzutreten und die Unterkaiser, bis dahin Cäsaren, rückten nach.

307 geschah Unerwartetes, denn einer der Kaiser erließ ein Toleranzedikt und erlaubte den Christen wieder die Ausübung ihrer Religion. Doch die Freude war nur von kurzer Dauer, denn schon ein halbes Jahr später wurde dieses Edikt vom römischen Ostkaiser Maximinus II. wieder aufgehoben und die Verhaftungen begannen erneut. Doch diese Verfolgungswelle war milder als die vorangegangene und vor allem kürzer, denn im Oktober 312 geschah das Wunder. Kaiser Konstantin I. erkor Christus als seinen Schutzgott und zog im Zeichen des Kreuzes in die Schlacht.

Athanasius von Alexandrien, der erst um die acht Jahre alt war, vielleicht auch etwas jünger, als die Verfolgungen im Jahre 303 begannen, war aufgrund seines Alters nicht selbst betroffen. Wohl aber bekam er vieles mit, was ihm als Kind und Heranwachsendem als furchtbare Ungerechtigkeit erschien, ihn deshalb immer mehr in seinem christlichen Glauben bestärkte und ein lebenslanges Misstrauen gegen die römische Obrigkeit bewirkte.

Er studierte Theologie, die Heilige Schrift und trat in die Dienste des Bischofs Alexander von Alexandrien. Der Patriarch erkannte das Potenzial des Athanasius, förderte ihn und machte ihn zu seinem Sekretär. So kam es, dass

Athanasius im Jahre 325 als Diakon des Bischofs mit diesem nach Nicäa zum Konzil reisen durfte. Dort wurde er Zeuge des Streites zwischen den christlichen, sogenannten trinitarischen Bischöfen und den Arianern, von denen die Wesensgleichheit von Vater und Sohn wie auch die Dreifaltigkeit abgelehnt wurde.

Während dieser Zeit, vielleicht auch schon etwas früher, wurden die Arianer und vor allem Arius selbst zu Todfeinden des Athanasius, der es als seine heilige Pflicht sah, den wahren Glauben mit ganzer Kraft gegen diese Häretiker zu verteidigen. Dabei kamen ihm seine Bibelkenntnisse zugute und Athanasius erkannte, dass die Texte der Offenbarung des Johannes[6)] ein hervorragendes Instrument waren, um argumentativ gegen die Arianer vorzugehen.

Das Konzil wurde von Kaiser Konstantin I. persönlich eröffnet. Anwesend zu sein war ihm nicht schwergefallen, denn erstens ist Nicäa nur 145 Kilometer von Konstantinopel entfernt, was auch für damalige Verhältnisse nicht sehr weit weg war, zweitens aber hatte er auch in Nicäa einen großen und repräsentativen Kaiserpalast.

In einer ergreifenden Eröffnungsrede, deren Text dank Eusebius von Cäsarea erhalten ist, sagte er: *„Denn schlimmer als jeder Krieg und jeder furchtbare Kampf gilt mir der innere Zwist der Kirche Gottes und schmerzlicher scheint mir dies als Kämpfe nach außen.“*[7)] Am Schluss seiner Rede rief Konstantin die Bischöfe dann noch einmal zu Einigkeit auf mit den Worten: *„Zögert also nicht, o geliebte Diener Gottes und getreue Knechte des gemeinsamen Herrn und Erlösers von uns allen, die Veranlassung zu eurem Zwiste jetzt sogleich vorzubringen und die ganze Kette von Streitigkeiten durch Gesetze des Friedens zu lösen. Denn so werdet ihr zustande bringen, was dem höchsten Gott angenehm ist, als auch mir eurem Mitknecht übergroßen Gefallen* *erzeigen.*“[8] Dann verließ der Kaiser die Versammlung, wohl wissend, dass er sich sonst dem Vorwurf der Parteilichkeit aussetzen hätte können.

In demselben Buch schreibt Eusebius, als Konstantin am Ende des Konzils von der theologischen Einigung unterrichtet wurde, „… erklärte der Kaiser, hiermit habe er einen zweiten Sieg über den Feind der Kirche errungen, und er ließ darum Gott zu Ehren ein Siegesfest feiern.“[9]

Etwa zwanzig Jahre später, Athanasius ist längst Bischof, macht er das Konzil von Nicäa in einem Brief zum Thema. Diesen Brief betitelt er „De decretis Nicaenae synodi“ (über die Beschlüsse der Synode von Nicäa). Doch wer diesen Brief in der Erwartung liest, Genaueres über das Konzil zu erfahren, der wird enttäuscht, denn es handelt sich um eine ziemlich langatmige Verteidigung des wahren Glaubens, bei der das Thema „Wesensgleichheit“ fast auf jeder zweiten Seite aufs Neue behandelt wird.

Zudem ist der Stil dieses Briefes äußerst konfrontativ, er liest sich wie eine Kriegserklärung an seine Gegner. Athanasius spricht nicht nur von Arianischer Ketzerei, sondern auch von der Verschlagenheit der Eusebianer (den Anhängern des Bischofs Eusebius von Cäsarea), von jüdischer Bosheit, von mit Herzensblindheit geschlagenen Pharisäern. Andersdenkende nennt er religiöse Chamäleons, Auswurf von Hunden, verfluchte Feinde Christi und Ausgeburten des Teufels. Das ist starker Tobak, und nicht nur für die Gegner des Athanasius. Denn wie weit darf gerechter Zorn gehen? Ist es mit dem Gebot der Demut vereinbar, Nächstenliebe auf solch drastische Art auszublenden? Wie auch immer, hier wird deutlich, wie und warum er so viele gegen sich aufbrachte.

Drei Jahre nach dem Konzil starb der Patriarch Alexander von Alexandria und Athanasius wurde 328 sein Nachfolger. Seine Wahl war nicht unumstritten, denn er hatte schon eine Reihe von innerkirchlichen Gegnern, besonders in Ägypten. Diese scheuten sich auch nicht, Unwahrheiten über ihn zu verbreiten, gegen die er sich wehren musste. So wurde er beschuldigt, einen gewissen Bischof Arsenius gemeuchelt und ihm die Hand für satanische Rituale abgetrennt zu haben. Solches konnte Athanasius entkräften, denn er fand Arsenius und präsentierte ihn der Gemeinde sowohl lebend als auch mit beiden Händen.

Doch 335 auf der Synode von Tyros wurde Athanasius auf Betreiben einiger Bischöfe abgesetzt. Man warf ihm vor, unrechtmäßig gewählt worden zu sein. Wenn dieser Vorwurf auch wahrscheinlich unwahr war, so war er dennoch effektiv. Denn zusätzlich zur Absetzung wurde er vom Kaiser nach Trier verbannt.

Denn für Konstantin, ursprünglich Athanasius sehr gewogen, war es unerträglich, dass der Bischof durch mangelnde Kompromissbereitschaft den Religionsfrieden und damit die Religionseinheit des Reiches in Gefahr brachte.

Nach dem Tode Konstantins im Jahre 337 hob dessen Nachfolger, Konstantin II., die Verbannung wieder auf. Doch schon zwei Jahre später, 339, wurde Athanasius wegen Unruhen in Alexandrien, an denen er beteiligt oder sogar schuld gewesen sein soll, neuerlich verbannt, diesmal nach Rom und Aquileia. Abermals setzte der Kaiser einige Jahre später der Verbannung ein Ende und Athanasius wurde wieder als Bischof eingesetzt.

Im Jahre 353 plante der nächste Kaiser, Constantius II., ein neues Glaubensbekenntnis mit einer Kompromissformel, um diesen nun schon seit über 30 Jahren schwelenden Streit mit den Arianern endlich zu beenden. Athanasius, der auch hier jedes kleinste Zugeständnis verweigerte, wurde daraufhin gleich in mehreren Synoden als Störenfried verurteilt und zur Flucht gezwungen. Die folgenden Jahre verbrachte er in ägyptischen Wüstenklöstern, die ihm Unterschlupf gewährten, und er durfte erst 362 unter Kaiser Julian nach Alexandrien zurückkehren.

Kurz darauf musste er ein weiteres Mal die Stadt verlassen. Warum aber diesmal? Jetzt stand er den Bestrebungen des Kaiser Julian, das Heidentum und römische Götter wieder einzuführen, im Weg. Schon nach wenigen Monaten wurde auch diese Verbannung aufgehoben und Athanasius durfte wieder nach Hause. Kurz darauf wurde er aber vom oströmischen Kaiser Valens während der Jahre 365–366 ein fünftes und letztes Mal verbannt.

Man kann nur staunen. Was für ein Leben war das? Was für ein Kampf um den rechten Glauben, was für eine Bereitschaft, zu leiden, aber auch was für ein Durchhaltevermögen?

In der Zwischenzeit war Athanasius zu einer Berühmtheit geworden, nicht nur ob seiner Orthodoxie[10)], sondern auch durch sein Charisma und vor allem durch die Verbreitung seiner Werke. Die Vielzahl von Schriften und die vielen Briefe an Brüder im Glauben förderten seine Bekanntheit, aber auch seine Verehrung ungemein.

Dann kam das Jahr 367. Athanasius, nun schon um die 70 Jahre alt und längst wieder als mächtiger Patriarch von Alexandrien eingesetzt, verfasste, wie jedes Jahr, einen Osterfestbrief. Dies war sein neununddreißigster und er wurde am Ostersonntag in allen Kirchen seiner Diözesen verlesen. Doch dieser Brief war anders und er sollte die Organisation der christlichen Kirchen nachhaltig beeinflussen. Athanasius stellte je einen Kanon, ein verbindliches

Verzeichnis der einzelnen Schriften für das Alte wie für das Neue Testament vor.

In diesem Brief behandelt der Bischof zuerst das Alte Testament, das er in 22 Schriften teilt. Dies stellt natürlich eine auffallende Diskrepanz zu den 46 Büchern dar, die heute das Alte Testament ausmachen. Hier hat sich Athanasius am Tanach orientiert, der hebräischen Bibel, die von den Christen als Altes Testament übernommen worden war und deren erste griechische Übersetzung Septuaginta heißt.

Der Inhalt bleibt bei Athanasius unverändert, aber die Zählweise der einzelnen Bücher unterscheidet sich von der heutigen. Der Geschichtsschreiber Flavius Josephus erklärt, dass für die Hebräer die 22 Bücher symbolisch für die 22 Buchstaben des hebräischen Alphabetes stehen. Wozu diese Symbolik dient, bleibt unersichtlich. Vielleicht, um den hebräischen Ursprung der Schriften zu unterstreichen? Doch dies ist nur Vermutung.

Worin aber liegt nun der Unterschied zwischen den früheren 22 und den heutigen 46 Büchern? Athanasius hat fünf Doppelbücher (Samuel, Könige, Chronik, Makkabäer, Esra und Nehemia) zu je einem zusammengefasst. Ebenso sind die Bücher der sogenannten 12 kleinen Propheten bei ihm als ein einziges Buch dargestellt. Fünf Bücher (Tobit, Judit, Ester, die Weisheit und Jesus Sirach) wurden aus dem Kanon gestrichen und zu Apokryphen erklärt, die zwar nicht kanonisch, aber dennoch empfehlenswert sind, weil sie bibelnahe und erbaulich sind.

Welche zwei weiteren Bücher bei der Zählweise des Athanasius noch fehlen ist nicht ganz klar und wird bis heute diskutiert. Die Exegese ist sich immer noch uneins, ob Athanasius die Klagelieder zu Jeremia gezählt hat, Rut zum Richterbuch oder ob er das Hohe Lied und das Buch Kohelet weggelassen hat. Darüber gibt sein Brief leider keine genaue Auskunft.

Jene fünf Bücher, die hier als apokryph, also bibelnahe, bezeichnet werden, hat auch Martin Luther in seiner Bibel als Apokryphen übernommen. In der katholischen Bibel hingegen sind diese Bücher Teil des Kanons und werden als sogenannte deuterokanonische Schriften bezeichnet.

Die 27 Bücher des Neuen Testaments sind sowohl bei Athanasius als auch in der heutigen Version deckungsgleich. Einzig eine leicht unterschiedliche Unterteilung lässt sich erkennen. Athanasius nennt 7 katholische und 14 paulinische Briefe, wohingegen die Briefe des Apostels Paulus heute nochmals unterteilt sind, in neun paulinische und fünf Pastoralbriefe.

Athanasius nannte die Zusammenstellung der Verzeichnisse ein „kühnes Unternehmen" und bezeichnete die nun vorliegende Reihenfolge der von ihm ausgewählten Schriften beider Testamente als „göttlich im Canon". Auch bestimmte er hierzu: Niemand darf diesen etwas beifügen und niemand von diesen etwas wegnehmen.

In den folgenden dreißig Jahren wurde der Kanon des Neuen Testaments auf verschiedenen Bischofskonferenzen noch mehrmals bestätigt, bis er im Jahre 397 auf der Synode von Karthago ein für alle Mal als unabänderlich erklärt wurde, eine Gültigkeit, die bis heute besteht.

Das Alte Testament wurde in jenen Jahren neu gegliedert und von 22 Schriften auf 44 erweitert, jedoch ohne die Texte selbst in irgendeiner Weise zu verändern. Diese Fassung wurde auf der Synode von Karthago ebenfalls festgelegt. Nun kam die Einteilung des Alten Testaments der heutigen Anzahl von 46 Büchern schon sehr nahe. Der Unterschied ergibt sich erstens aus der damaligen Zusammenlegung der beiden Bücher „Jeremia" und „Klagelieder", die beide vom selben Autor stammen, aber in der heute gebräuchlichen Bibelfassung wieder getrennt angeführt sind. Außerdem wurde das Buch „Baruch" als Apokryphe klassifiziert und deshalb aussortiert. Doch später wurde der Prophet Baruch wieder in den katholischen Kanon aufgenommen, und zwar unter der Bezeichnung „deuterokanonisch".

Diese Bibel-Einteilung, präsentiert im 39. Osterfestbrief von 367, verdient höchste Würdigung, umso mehr, als über 200 Jahre lang um einen Kanon gerungen worden war und sich einige andere Versionen immer noch bis etwa 370 hielten, bevor sie endgültig verschwanden.

Das ist also das immerwährende Vermächtnis des heiligen Athanasius von Alexandrien, das für die Kirche und den christlichen Glauben so prägend ist.

Begriffe, Literatur, Zitate

1) Eusebius von Cäsarea: „de martyribus palaestinae" (über die Märtyrer in Palästina), die Einleitung. Bibliothek der Kirchenväter, Universität Freiburg. BKV.

2) De martyribus palaestinae, Kapitel IV.

3) De martyribus palaestinae, Kapitel VII.

4) De martyribus palaestinae, Kapitel II.

5) Eusebius von Cäsarea, Kirchengeschichte (Historia Ecclesiastica), Buch 8, Kapitel 1-15. BKV.

6) Die Offenbarung des Johannes, auch Apokalypse genannt, ist die 27. und damit letzte Schrift des Neuen Testaments.

7) Eusebius von Cäsarea; Vita Constantini et Oratio ad coetum sanctorum (vier Bücher über das Leben des Kaisers Konstantin und des Kaisers Konstantin Rede an die Versammlung der Heiligen), Buch 3, Kapitel 12, 3. Satz. BKV.

8) Ebendiese Schrift, 6. und 7. Satz.

9) Ebendiese Schrift, Buch 3, Kapitel 14.

10) Rechtgläubigkeit.

der hl. Josef und das Christuskind (mit der Lilie als Symbol der Keuschheit); Öl auf Leinwand ca. 1670-1675; Bartholome Esteban Murillo; John and Mable Ringling Museum of Art, Sarasota, Florida

Jesus – sein Wirken, sein Erbe
Kapitel 25

VATER UND SOHN

die Frage der Wesensgleichheit

Kommen wir noch einmal zurück zum Konzil von Nicäa (325 n. Chr.), bei dem es vor allen anderen Dingen darum ging, die Arianer, diese Häretiker, in ihre Schranken zu weisen und zum Schweigen zu bringen, jene Unseligen, die es wagten, die Wesensgleichheit von Vater und Sohn anzuzweifeln.

Aber betrachten wir diese Wesensgleichheit von Gott-Vater und Gott-Sohn noch einmal. Als Dogma ist sie von jedem gläubigen Christen zu akzeptieren. Doch solches auch aus Überzeugung zu glauben, das haben uns die Evangelisten nicht leicht gemacht. Denn in den Evangelien wird, und zwar immer wieder, ein Bild von Jesus als dem Sohn gezeichnet, der zum Vater aufschaut, ihm gehorcht, ihn bittet, auf ihn verweist, bei ihm Rat sucht, dem Vater Ehrfurcht erweist, ja ihn sogar anbetet. Ist hier also die kritische Frage erlaubt: Ist das wirklich Wesensgleichheit?

Die Antwort seitens der Kirche ist ein eindeutiges Nein, diese Frage ist nicht erlaubt! Am radikalsten hat dies der damalige Kardinal Joseph Ratzinger formuliert, der Streiter Gottes mit der sanften Stimme und der scharfen Klinge.

Im Jahr 1990, als die Glaubenskongregation, deren Vorsitzender Kardinal Ratzinger ist, den allgemeinen Katechismus überarbeitet, veröffentlicht der Kardinal ein Dokument, von ihm verfasst und vom Papst abgesegnet, für das sich einige britische Zeitungen interessieren.

Der Independent zitiert Josef Ratzinger mit dem Satz: „Die Versuchung, abweichender Meinung zu unterliegen, bedeutet, dem Heiligen Geist zu entsagen.“ Hier wird der gläubige, vielleicht manchmal zweifelnde Christ manipuliert, denn wie kann man denn bereits eine Frage zur Schuld erklären?

Die angesehene Zeitung The Times druckt einen anderen Auszug aus demselben Dokument: Kardinal Ratzinger doziert: *„Das verbriefte Recht auf Freiheit des Glaubens rechtfertigt nicht das Herleiten eines Rechts auf Abweichung. Das Recht auf Glaubensfreiheit hat nicht die Freiheit in Bezug auf die Wahrheit zum Inhalt, sondern die freie Bestimmung eines Menschen, in Übereinstimmung mit seinen moralischen Verpflichtungen die Wahrheit zu akzeptieren.“*

Aha, anders ausgedrückt heißt das doch, man hat die Freiheit, die Lehren der Kirche zu akzeptieren, nicht aber, sie zu hinterfragen oder abzulehnen. Sieht Kardinal Ratzinger Freiheit also nur in Unterwerfung?[1)]

Auch Papst Pius IX. erweist sich als wahrer Verteidiger des Christentums, wenn er während des ersten vatikanischen Konzils feststellt: „Wer sagt, der eine und wahre Gott, unser Schöpfer und Herr, könne nicht durch das, was gemacht ist, mit dem natürlichen Licht der menschlichen Vernunft sicher erkannt werden, der sei mit dem Anathema (heißt: mit dem Bannfluch) belegt.“ Nun gut, über diese Drohung darf erst einmal ein wenig nachgedacht werden.

Hier aber ruft uns Pius IX. in Erinnerung, dass er oft und gerne verflucht. Nein, unter ihm Schäfchen zu sein war nicht einfach, ihm, der Gewissensfreiheit „deliramentum“ (Wahnwitz) nannte.

Aber zurück zur Wesensgleichheit und zu deren Darstellung in den Evangelien. Was haben die Evangelisten über Jesus festgehalten, das uns veranlassen könnte, über das Vater-Sohn-Verhältnis überhaupt nachzudenken? Da finden wir in der Tat in den Evangelien eine Reihe von Stellen, die Vater und Sohn nicht als wesensgleich, sondern den Vater als höher und den Sohn als niedriger erscheinen lassen.

So sagt Jesus bei Lukas: „Ich preise dich, Vater des Himmels und der Erde!“[2)]. Weiter geht es bei Lukas, wenn er den Herrn zitiert mit den Worten: „Vater, dein Name werde geheiligt.“[3)] Bei Markus fragt Jesus: „Warum nennst du mich gut? Niemand ist gut, außer Gott, dem Einen!“[4)] In der Apostelgeschichte sagt Jesus zu den Aposteln: „Euch steht es nicht zu, Zeiten und Fristen zu erfahren, die der Vater in seiner Macht festgesetzt hat!“[5)]

Eigentlich sind dies genug der Zitate, mit denen uns der Vater-Sohn-Bezug nahegebracht wird. Aber wir müssen hier noch einen draufsetzten und kommen nicht umhin, zwei der letzten Worte, die Jesus am Kreuz gesprochen hat, zu zitieren: „Mein Gott, mein Gott, warum hast du mich verlassen?“[6)] und „Vater, in deine Hände lege ich meinen Geist!“[7)]

Kommentar überflüssig!

Wo aber mehrere Sprachen im Spiel sind, dort sind Übersetzungen nötig, so man die zu erreichenden Kreise erweitern möchte. Deshalb müssen wir noch einmal auf die damaligen Sprachen und deren Übersetzungen hinweisen; Jesus sprach aramäisch, die Schriftsprache der Evangelisten war griechisch. Dies musste per definitionem zu Missverständnissen und zu Fehlern in den Übersetzungen führen.

Der theologisch-historischen Wissenschaft war es ein Leichtes, festzustellen, dass die Griechisch-Kenntnisse der Evangelisten unterschiedlicher Qualität waren. Aber – an wen konnten sich denn die Autoren der Evangelien bei ihren Übersetzungen wenden? Sie arbeiteten alleine, Thesaurus oder Google gab es nicht, noch nicht einmal Wörterbücher. Deshalb dürfen wir es den Evangelisten nicht ankreiden, wenn falsch übersetzt, wenn Worte oder Texte fehlerhaft interpretiert wurden. Doch dies geschah leider oft, sehr oft.

Günther Schwarz (1928–2009) war ein deutscher Pfarrer, Theologe und Philologe der Aramaistik. Er machte es sich zur Lebensaufgabe, die Sprache von Jesus zu untersuchen. Dazu studierte er über fünfzig Jahre lang aramäisch, um die Evangelien, besonders aber die Jesusworte der Logienquelle, vom Griechischen ins Aramäische[8)] rückübersetzen zu können. Schwarz wurde während seines Studiums bewusst, dass die ersten Dokumente und Texte in der Sprache Jesu, dem galiläischen Westaramäisch, niedergeschrieben worden sein mussten und erst im Laufe ihrer Verbreitung in die damalige Weltsprache Griechisch übersetzt wurden.

Deshalb begann Schwarz, ursprünglich aramäische Stellen vom Griechischen wieder ins Aramäische zu übersetzen. Dabei bediente er sich unter anderem alter aramäischer Texte des rabbinischen Schrifttums, aramäischer Qumran-Funde[9)] und der syrischen Peschitta-Bibel[10)], die mit dem Aramäischen sehr eng verwandt ist.

Die zwei wichtigsten Erkenntnisse seiner Rück- und Neuübersetzungen waren für Schwarz erstens, dass Sprüche und Gleichnisse des Jesus in poetischer Formulierung vorgetragen worden waren, mit Reim, Wortspiel und Rhythmus, wie wir es auch von den Psalmen kennen. Und zweitens musste Schwarz feststellen, dass die Übersetzungen der Evangelisten an vielen Stellen fehlerhaft waren.

Was sagt Günther Schwarz zu dem wohl eklatantesten Beispiel einer solchen Fehlübersetzung? Wir meinen das „Vaterunser", jenes wunderbare Gebet der Bergpredigt, das jeden Tag millionenfach rezitiert wird. In der uns vorliegenden, von Evangelisten vom Aramäischen in das Griechische übersetzten Version, die wieder in Hunderte andere Sprachen, auch in unsere, übersetzt wurde, beten wir den Vers: „… und führe uns nicht in Versuchung!"

Haben wir uns jemals gefragt, warum ein Vater seine Kinder in Versuchung führen sollte? Was ist das für eine abwegige Vorstellung? Wir Menschen wollen Gott mit einem Gebet davon abhalten, uns in Versuchung und damit ins Verderben zu führen? Nein und nochmals nein! Eltern werden ihre Kinder von Versuchungen fernhalten. Und dasselbe gilt für den himmlischen Vater. Jesus wird im neuen Testament auch, und zwar sehr zu Recht, guter Hirte genannt. Wird aber ein guter Hirte zulassen, dass seine Schafe mit dem Wolf spielen? Hier ist es angebracht, den Evangelisten Johannes zu zitieren, der lässt uns wissen: „Jesus sagt, ich bin das Licht der Welt!"[11)] Wie aber soll Licht in die Finsternis führen? Das Gegenteil ist wahr, Licht zerstreut Finsternis. Daher kann die Finsternis nie das Licht überwältigen.

Das tragische an dem Vers „und führe uns nicht in Versuchung" ist, dass die Kirche seit fast 2000 Jahren dazu schweigt, dass sie diesen Vers hinnimmt, ihn ihre Kinder lehrt, ihn vorbetet, verbreitet und dabei vorgibt, die Wahrheit nicht zu erkennen. Verständlich ist aber auch, dass eine Korrektur dieses Verses den vatikanischen Exegeten größte Überwindung abverlangen würde, denn wie wäre eine solche Fehlübersetzung, an der noch dazu für viele Jahrhunderte festgehalten wurde, ohne Gesichtsverlust zu erklären?

Nach der Rückübersetzung von Schwarz in die aramäische Sprache ergeben sich zwei sehr ähnliche Version, die der Bedeutung dieses Verses eine ganz andere Richtung geben. Die eine Version sagt: „Bewahre uns vor Versuchung!" oder auch „Lass uns nicht in Versuchung eintreten!"; die zweite Version: „Und führe uns in der Versuchung!". Und wir müssen zugeben – in beiden Versionen macht diese Bitte an Gott nun Sinn.

Eine Bestätigung dieser Schlussfolgerung findet sich im Jakobusbrief[12)], dort lesen wir: „Keiner, der in Versuchung gerät, soll sagen: Ich werde von Gott in Versuchung geführt. Denn Gott kann nicht in die Versuchung kommen, Böses zu tun, und er führt auch niemand in Versuchung."

Eine weitere Schwarz-Übersetzung klärt auf, dass Jesus nie gesagt hat „liebet eure Feinde", denn das ist nichts anderes als naive Utopie. Im aramäischen Original hat es geheißen: „... erbarmet euch derer, die euch anfeinden!" Das soll heißen: Bestraft eure Feinde nicht zu schwer.

Es kann also nicht überbetont werden, dass nur das Richtige auch richtig verstanden wird. Dies hat schon der große chinesische Philosoph Konfuzius erkannt und es so ausgedrückt:

Wenn die Begriffe nicht stimmen, dann ist das, was gesagt wird, nicht das Gemeinte. Wenn das, was gesagt wird, nicht das Gemeinte ist, dann sind auch die Taten nicht in Ordnung. Wenn die Taten nicht in Ordnung sind, dann verderben die Sitten. Wenn die Sitten verderben, dann wird die Justiz überfordert. Wenn die Justiz überfordert wird, dann weiß das Volk nicht, wohin es sich wenden soll. Deshalb achte man darauf, dass die Begriffe stimmen. Das ist das Wichtigste von allem.

Die Kirche versteht die Evangelien, genau wie das ganze Neue Testament, als Wort Gottes. Deshalb wird sie daran sehr selten etwas ändern. Das können wir leider nicht ändern. Und doch es ist an uns, das Wort Gottes als Frohbotschaft und gleichzeitig in der Bedeutung, die ihm gebührt, wahrzunehmen.

Zum Schluss darf noch eine Anmerkung zur Wesensgleichheit von Vater und Sohn hinzugefügt werden. Diese ist keine Idee der Evangelisten, noch von Theologen des Urchristentums, sondern dieser Gedanke der Gleichheit des Gottvater-Gottsohn-Verhältnisses wurde der babylonischen Mythologie entnommen. Dort findet sich die vom Christentum entlehnte Vater-Sohn-Entsprechung, so nachzulesen im babylonischen Schöpfungsepos Enuma Elis, Tafel I, 15-16:

Der babylonische Himmelsgott Anu bringt seinen Sohn Ea als sein Ebenbild aus sich selbst hervor. Mit dieser Schöpfungstat erweist sich Anu gegenüber seinem Vater, dem Gott Anschar, als gleichwertig an Rang und Macht. Hier haben wir also nicht nur die Wesensgleichheit von Vater und Sohn, sondern auch das erste Modell der Trinität.

Ea, dessen zweiter Name Nudimmud ist, was Menschenschöpfer bedeutet, zeugt den babylonischen Hauptgott Marduk, der die Erschaffung des Menschen veranlasst. Hier wird also neben der Wesensgleichheit und der Trinität auch über die Erschaffung des Menschen berichtet.

Die Erschaffung des Menschen geht aber im Grunde auf das alt-sumerische Epos „Enki und Nammu“ zurück, das bereits um 2000 v. Chr. entstanden ist. Dieses ist wohl das älteste von mehreren Epen, die über die Erschaffung des Menschen aufklären.

Das sumerische Epos Enki und Nammu (2000 v. Chr.):

„Die Götter waren hauptsächlich damit beschäftigt, mit den Muttergottheiten Nachkommen zu zeugen. Durch diese Götter-Vermehrung nahm aber auch die Arbeit zu, die so für die Götter eine immer größere Mühsal wurde. Es blieb nicht einmal mehr genügend Zeit, um Nahrung für alle Götter zu beschaffen.

Doch dies kümmerte Enki, den Schöpfer aller Götter nicht, und er schlief. Dies konnte nicht angehen, deshalb weckte die Göttermutter Nammu ihren Sohn Enki und sagte zu ihm: ‚Die Arbeit ist den Göttern zu viel geworden. Finde Ersatz für die Götter, der ihnen bei der Arbeit hilft.‘

Es wollte aber Enki nicht einfallen, wie er Ersatz schaffen könnte. Deshalb schlug er sich vor Wut auf seine Schenkel, von denen sich durch den Schlag ein Stück Lehm löste. Daraus formte er eine Figur, gab ihr Weisheit und überbrachte den Menschen seiner Mutter. So wurde also der Mensch zum Dienst für die Götter erschaffen.“

Das sumerische Atrahasis-Epos, es ist etwa 200 Jahre jünger, berichtet ähnlich über die Menschwerdung, baut aber dazu die Sterblichkeit und die Sintflut-Geschichte ein:

„Enlil, der sumerische Hauptgott, verlangte von der Muttergöttin Nintu, dass sie Menschen als Arbeitssklaven für die Götter erschaffen solle. Nintu übertrug diese Aufgabe dem Weisheitsgott Enki, der daraufhin aus der Steppe Lehm holte, diesen mit etwas Blut und kosmischem Wasser mischte und daraus den Menschen formte. Nun legte die Muttergöttin diesem Geschöpf einen Tragekorb an und befahl ihm, für die Götter zu arbeiten.“

Wie die Frau erschaffen wurde, wird hier nicht berichtet. Jedoch erfahren wir, dass die Muttergöttin Nintu für Mann und Frau ein siebentägiges Liebesfest zu Ehren der Liebesgöttin Istar arrangierte. Auch sagte Nintu voraus, dass die Frau neun Monate später gebären würde.

„Doch dreimal 1200 Jahre später hatten sich die Menschen dermaßen vermehrt, dass die Götter durch deren Gebrüll nicht mehr schlafen konnten. Daher beschlossen die Götter, sich der Menschen durch eine Sintflut zu entledigen. Nur der Priester Atrahasis wurde von den Göttern aufgefordert, sich ein Schiff zu bauen und sich mit einigen ausgesuchten Menschen und Tieren so vor der Sintflut zu retten.

Als die Götter aber nach der Sintflut merkten, dass ihnen die Arbeitskraft der Menschen fehlte, erlaubten sie wieder deren Vermehrung. Damit die Menschheit aber nicht noch einmal überhand nehmen konnte, ordnete der Gott Enki an, dass der Mensch ab nun sterblich sein sollte."

Zum Atrahasis-Epos darf noch angemerkt werden, dass die Sintflut-Geschichte fast wortwörtlich dem wesentlich älteren Gilgamesch Epos entnommen ist, das um 2600 v. Chr. in Sumer entstand.

Begriffe, Literatur, Zitate

1) Michael Baigent & Richard Leigh: Verschlusssache Jesus, Seiten 173, 174.

2) NT, Luk 10,21.

3) NT, Luk 11,1.

4) NT, Mar 10,18.

5) NT, Apg 1,7.

6) NT, Mat 27,46; Mar 15,34.

7) NT, Luk 23,46.

8) Zur Zeit Jesu wurde aramäisch gesprochen. Hebräisch war seit der Rückkehr der Israeliten aus dem babylonischen Exil nicht mehr Umgangssprache, sondern nur noch Kultsprache bei Gottesdiensten.

9) Bei Qumran in der Nähe des Toten Meeres wurden von 1947 bis 1956 in Felsenhöhlen Hunderte von alten Schriftrollen gefunden, davon 15 als erkennbare Buchrollen, der Rest in Tausenden von Fragmenten.

10) Peschitta wird die Bibel des syrischen Christentums genannt.

11) NT, Joh 8,12.

12) NT, Jak 1,13.

Jesus – sein Wirken, sein Erbe
Kapitel 26

CREDO – ICH GLAUBE

das Glaubensbekenntnis und seine Entstehung

Das Glaubensbekenntnis wird meistens mit dem Konzil von Nicäa in Verbindung gebracht, wo es im Jahre 325 formuliert und als Nicäisches Bekenntnis zum Dogma erhoben wurde. Doch die Geschichte von Glaubensformulierungen geht viel weiter zurück. So gibt es christliche Glaubensbekenntnisse bereits seit der Entstehung der Kirche. Auch Credo genannt, sind sie Zusammenfassungen der Glaubensinhalte.

Die ältesten schriftlichen Überlieferungen der christlichen Glaubenslehre finden sich beim Apostel Paulus, der schreibt: „Christus ist für unsere Sünden gestorben, begraben und am dritten Tage wieder auferweckt worden.“[1)] Und: „Er war gleichzeitig Gott und Mensch und er war gehorsam bis zum Tod am Kreuz.“[2)]

Dem Credo vorangegangen ist das jüdische Glaubensbekenntnis[3)], vor allem aber das wichtigste jüdische und älteste uns bekannte Bekenntnis, „Schma Jisrael – Höre, Israel“[4)]. Ähnliche Bekenntnisse finden sich aber auch bei anderen Religionen.

Das altrömische Glaubensbekenntnis, auch Romanum genannt, ist ein Taufbekenntnis, entstanden um das Jahr

130. Es war somit, wie die Religionsforschung annimmt, die erste Form eines Glaubensbekenntnisses, als Weiterentwicklung einer Taufformel der frühchristlichen Erwachsenentaufe.

Aus diesem Bekenntnis entstand das nicäische Glaubensbekenntnis und noch später das Apostolische Glaubensbekenntnis. Der Originaltext ist auf Griechisch verfasst. In diesem Bekenntnis wird Gott der Vater „Pantokrator", also Allherrscher, genannt, gleichzeitig wird Jesus als sein einziggeborener Sohn bezeichnet.

Etwa 250 Jahre später hat Rufinus von Aquileia das Romanum ins Lateinische übersetzt. Rufinus (*345 Aquileia, †411 Sizilien) war Mönch, Theologe und Historiker, der durch lateinische Übersetzungen christlicher Schriften, vor allem der Werke des Origines, bekannt wurde.

Das Athanasische Glaubensbekenntnis wird auf das 4. Jahrhundert datiert. Es wird auch Athanasianum genannt, heißt so nach dem Kirchenvater und Patriarchen Athanasius von Alexandria (*300, †373). Athanasius ist vor allem bekannt dafür, dass er im Jahre 367 die 27 Bücher des Neuen Testaments in der uns bekannten Reihenfolge als kanonisch, also bindend, festlegte und zugleich anordnete, dass nichts geändert, hinzugefügt oder weggelassen werden dürfe. Dieser Bibel-Kanon wurde später in einer Reihe von Synoden bestätigt und hat für die katholische Kirche bis heute Gültigkeit.

Dieses Credo gehört zu den großen westlichen Glaubensbekenntnissen und genoss ab dem 13. Jahrhundert hohes Ansehen. Jedoch wird Athanasius heute von der kritischen Exegese als Autor infrage gestellt, und zwar aus mehreren Gründen: So ist diese Schrift in Latein verfasst, wohingegen Athanasius griechisch sprach; obwohl Athanasius in den Ostkirchen hoch verehrt wird, ist dieses Credo dort nicht bekannt; Athanasius wird erst 300 Jahre nach seinem Tod als Urheber dieser Schrift genannt; zudem ergibt eine Analyse, dass es sich bei diesem Bekenntnis um eine Sammlung von 40 Zitaten verschiedener lateinischer Kirchenväter handelt, zusammengetragen im 6. oder 7. Jahrhundert. Bei diesen Zitaten geht es hauptsächlich um die Trinität und die Inkarnation, also die Fleischschwerdung Gottes.

Wir wissen nur ungefähr, von wann das Athanasische Glaubensbekenntnis datiert, wahrscheinlich kann dies erst nach dem Nicäischen Bekenntnis, das im Jahre 325[5)] währen des nicäischen Konzils zum Dogma erhoben wurde, gewesen sein. Erstmals schriftlich erwähnt wurde das Athanasische Bekenntnis aber erst während des Konzils von Autun[6)] um das Jahr 670. Danach steigerte sich die Akzeptanz und Verwendung dieses Bekenntnisses nur sehr langsam und fand im 13. Jahrhundert ihren Höhepunkt.

Bezeichnend für die damalige Zeit sind unverhohlene Drohungen in nicht weniger als 4 Zitaten, die mit „ewigem Verlorengehen“ und „ewigem Feuer“ einschüchtern. Im letzten, dem 40. Zitat, wird dann festgehalten: „Dies ist der christliche Glaube. Jeder, der ihn nicht aufrichtig und fest glaubt, kann nicht selig werden!“

Mit diesen Drohungen aber beruft sich Athanasius auf Jesus, denn der sagte ja schon: „Wer glaubt und sich taufen lässt, wird gerettet; wer aber nicht glaubt, wird verdammt werden!“[7)] Jesus sagte aber nicht, wovor Gläubige gerettet werden sollten. So hat das christliche Drohpotenzial bereits in der Lehre des Messias seinen Ursprung. Und somit muss festgestellt werden, dass Jesus im Neuen Testament nicht nur ein milder, liebender und vergebender Gott ist, sondern sehr wohl auch ein zorniger, drohender und strafender.

Vergleichbare Drohungen finden sich auch im Judentum, allerdings erst seit den Makkabäer-Aufständen, also seit Mitte des 2. Jahrhunderts vor Christus. Denn vor dieser Zeit gab es in der rabbinischen Lehre noch kein wie immer geartetes Leben nach dem Tod, und deshalb nahm man damals an, dass Gott jede gröbere Nichtbefolgung religiöser Gesetze schon zu Lebzeiten bestraft. Dies wird in der Bibelwissenschaft Tun-Ergehen-Zusammenhang genannt, und gemeint ist damit Leid oder Unglück in welcher Form auch immer, das bei Ungehorsam über Menschen kommt.

Während der Makkabäer-Aufstände wurde heroisch kämpfenden Soldaten vom jüdischen Klerus versprochen, dass auf sie im Falle eines Märtyrertodes die ewige Seligkeit im Paradies wartet. Dies war neu, gleichzeitig aber auch die einzige Motivation, mit der die Männer dazu gebracht werden konnten, ihr Land und ihr Volk bis zum Äußersten zu verteidigen.

Jesus von Nazareth jedoch leugnet explizit einen Tun-Ergehen-Zusammenhang im Diesseits, als er erklärt, Menschen, die durch einen Unfall ums Leben gekommen sind, waren nicht schuldiger als andere, die demselben Unfall entkamen.[8)] Und in der Bergpredigt sagt Jesus: „Gott lässt die Sonne aufgehen über Bösen und Guten, er lässt regnen über Gerechte und Ungerechte.“ In der Geschichte von Lazarus[9)] lehrt Jesus ausdrücklich, dass Lohn oder Strafe erst in der Zeit nach dem Tod empfangen werden.

Heute wird dieses Credo, es bekennt sich zur Trinität und zur Inkarnation, noch in der Liturgie der anglikanischen Kirchen verwendet. In den katholischen und lutherischen

Kirchen hat es nur mehr eine untergeordnete Bedeutung und wird lediglich zu sehr seltenen Anlässen gebetet, so in protestantischen Kirchen am Dreifaltigkeitsfest (1. Sonntag nach Pfingsten) und von katholischen Klerikern beim Stundengebet der Prim.

Das nicäische Glaubensbekenntnis, beschlossen und bestätigt auf dem Konzil von Nicäa, ist nicht zu verwechseln mit dem bekannteren und nahe verwandten Nicäno-Konstantinopolitanum, dem Bekenntnis des ersten Konzils von Konstantinopel.

Das Konzil von Nicäa, einer Stadt in der Nähe des heutigen Istanbul, wurde von Kaiser Konstantin I. im Jahre 325 einberufen, um einen Streit zwischen Arianern (welche die Wesensgleichheit von Vater und Sohn infrage stellten) und den ungefähr 300 angereisten christlichen Bischöfen auf demokratische und friedliche Weise, also durch Abstimmung und Mehrheitsbeschluss, beizulegen.

Die beiden somit ein für alle Mal geklärten Hauptthemen, nämlich die Wesensgleichheit von Vater und Sohn, wie auch die Bestätigung der Trinität, also der Dreifaltigkeit, wurden von den Bischöfen im sogenannten nicäischen Bekenntnis zusammengefasst. Damit an diesen Beschlüssen aber nicht mehr gerüttelt werden konnte, wurde dieses Bekenntnis zum Dogma erhoben und damit zu einer endgültigen und unumstößlichen Glaubenswahrheit der Kirche. Wer aber die Dreieinigkeit Gottes und die Wesensgleichheit von Vater und Sohn leugnen sollte, dem wurde mit dem Anathema, dem Bannfluch gedroht, also einer Verfluchung mit gleichzeitigem Ausschluss aus der Kirche.

Neben den Fragen, die das nicäische Bekenntnis betrafen, wurde auch ein einheitliches, aber flexibles Osterdatum bestätigt. Dieses Datum war in Ost- und Westkirche so lange das gleiche, bis Papst Gregor XIII. im 16. Jh. den gregorianischen Kalender einführte, die Ostkirche aber am älteren julianischen Kalender festhielt. Außerdem wurden auf diesem Konzil noch zwanzig Kanones, kirchliche Glaubensregeln, festgelegt.

In der Folge wurde dieses Bekenntnis oft als „der Glaube der 318 heiligen Väter“ bezeichnet. Gemeint sind damit 318 Bischöfe in Anlehnung an die 318 Knechte, mit denen Abraham seine Feinde verfolgte, wie das Alte Testament berichtet.[10)]

Im Jahre 431 wurde das nicäische Bekenntnis auf dem Konzil von Ephesos bestätigt mit der zusätzlichen Erklärung, dass nichts geändert werden dürfe.

Besonders bemerkenswert am Bekenntnis von Nicäa ist auch, dass sich die Kirche hier bereits catholica ecclesia nennt, also weltumspannende oder auch universelle Kirche. Dies ist ein Hinweis darauf, wie sehr sich der christliche Glaube in vierhundert Jahren verbreiten konnte.

Das Nicäno-Konstantinopolitanum wird auch das große Glaubensbekenntnis genannt, ist aber nicht mit dem nicäischen Glaubensbekenntnis zu verwechseln. Es wurde am Konzil von Konstantinopel, einberufen 381 von Kaiser Theodosius I., der das Christentum von einer legitimen zur Staatsreligion erhob, beschlossen.

Es wird vermutet, dass es sich bei diesem Bekenntnis um eine Erweiterung des Glaubensbekenntnisses des 1. Konzils von Nicäa (325) handelt, bei welchem der Glaubenspolitik des Kaisers Theodosius Rechnung getragen wurde. Doch die literarische Grundlage und die Entstehung sind nicht gesichert. Bemerkenswert sind einige Feststellungen, die vorher nicht Teil eines Bekenntnisses waren. So wird hier zum ersten Mal die Jungfrau Maria erwähnt (aber noch nicht die unbefleckte!) mit dem Satz: „… der Fleisch geworden ist durch den Heiligen Geist von der Jungfrau Maria.“ Auch wird hier explizit die eine heilige, katholische, allgemeine, christliche und apostolische Kirche genannt. Und hier wird auch zum Ausdruck gebracht, dass die Taufe zur Vergebung der Sünden dient.

Doch erst 70 Jahre später wurde dieses Glaubensbekenntnis beim Konzil von Chalcedon verlesen und nun Bekenntnis von Chalcedon genannt. In der Präambel wurde zudem die Gültigkeit der Glaubensbekenntnisse von Nicäa und Konstantinopel ebenfalls bestätigt. Das kommt zwar ein wenig kompliziert rüber, doch damit verbindet dieses Glaubensbekenntnis alle Kirchen, die die ersten beiden ökumenischen Konzilien anerkennen.

Am Konzil von Chalcedon – Letzteres ist heute ein Stadtteil von Istanbul – wurde im Jahre 451 also ein weiteres Glaubensbekenntnis bestätigt, genannt das Glaubensbekenntnis von Chalcedon. Gleichzeitig wurde aber auch die Gültigkeit der Bekenntnisse von Nicäa und Konstantinopel bekräftigt. Eröffnet wurde das Konzil von Kaiser Markian, doch Regie führte eine Frau, nämlich Kaiserin Pulcheria, gemeinsam mit Anatolius, dem Patriarchen von Chalcedon.

Während dieses Konzils wurde ein erbitterter Streit um die Natur Gottes ausgetragen, also um die Frage, wie sich Gottheit und Menschheit in Jesus Christus verhalten. Dieser Streit führte schließlich zur Kirchenspaltung. Das vom Konzil formulierte Dogma besagt, dass Jesus Christus, der Mensch gewordene Logos Gottes, in zwei Naturen, einer menschlichen und einer göttlichen, vereint ist. Dies wurde hypostatische Union genannt. Damit setzten sich die Befürworter dieses Dogmas gegen den sogenannten Nestorianismus (in Christus sind zwei Personen miteinander verbunden) durch, aber auch gegen den Monophysitismus (in Christus seien zwei Naturen zu einer einzigen vermischt worden).

Ebenfalls auf diesem Konzil wurde das Glaubensbekenntnis um das Dogma von Maria als der jungfräulichen Gottesgebärerin erweitert. Der entsprechende Auszug aus diesem Bekenntnis lautet: „… vor aller Zeit wurde er aus dem Vater der Gottheit nach gezeugt, in den letzten Tagen aber wurde derselbe um unsert- und unseres Heiles willen aus der Jungfrau und Gottesgebärerin Maria der Menschheit nach geboren!"

Auf dem Konzil von Chalcedon wurden außerdem 28 Kanones verabschiedet, von denen aber vom damaligen Papst, Leo I. der letzte nicht ratifiziert wurde, da jener 28. Kanon die Verlegung des Glaubenszentrums von Rom nach Konstantinopel festlegen und bestätigen sollte. Dieses Ansinnen, wie auch der Streit mit den Nestorianern waren die Hauptgründe, die zum Schisma zwischen der Reichskirche (der orthodoxen und der katholischen) und den altorientalischen Kirchen führte.

Das apostolische Glaubensbekenntnis aus dem 5. Jahrhundert, auch Apostolikum genannt, ist eine erweiterte Fassung des altrömischen Glaubensbekenntnisses. Weiterentwickelte Formulierungen der Glaubensregel, der regula fidei, und Interpretationsfortschritte zu Tauffragen werden als Ursprünge dieses Bekenntnisses gesehen.

Bis heute ist es jenes Bekenntnis, das heute am häufigsten in der Liturgie Verwendung findet und gebetet wird. Inhaltlich ist es dreigeteilt, in jedem Teil wird eine Person der Trinität betrachtet und dadurch die Dreieinigkeit bezeugt. In der vorliegenden Form ist es wahrscheinlich im 5. Jahrhundert in Gallien entstanden.

Ein zentraler Teil des Glaubensbekenntnisses, nämlich der Satz „hinabgestiegen zu der Hölle", wurde jedoch von der Glaubenskongregation vor einigen Jahrzehnten ersatzlos gestrichen. Noch bei den lateinischen Kirchenvätern war aber das Hinabsteigen von Christus in die Unterwelt, um auch die dortigen Seelen zu retten, eine verbindliche biblische Aussage, die allerdings in der Patristik, der Lehre der Kirchenväter, teils wörtlich, aber auch teils allegorisch ausgelegt wurde.

Obwohl dieser österliche Abstieg in das Totenreich für die Ostkirche das zentrale Heilsereignis ist, das auch das Hauptmotiv der Osterikonen darstellt, führt die katholische Kirche als Streichungsgrund ein wachsendes Unverständnis unter den Christen an. Auch sei das heutige Weltbild anders zu verstehen als das frühere.

Diese Streichung sollte jedoch nicht überbewertet werden. Denn einerseits heißt es zwar, an der Heiligen Schrift und an Dogmen dürfe nichts geändert werden, aber andererseits wird der Kirche allzu oft vorgeworfen, nicht mit der Zeit zu gehen.

Sechs verschiedene Glaubensbekenntnisse sind also in den ersten fünfhundert Jahren des Christentums entstanden, jedes Bekenntnis eine erweiterte Fortsetzung des vorhergehenden. Die Entstehung dieses letzten, des apostolischen Glaubensbekenntnisses ist zwar historisch nicht geklärt – es wird angenommen, dass es im 5. Jahrhundert in Gallien formuliert wurde – und doch ist es jenes Bekenntnis, das jedem jungen Katholiken gelehrt und in jeder katholischen Sonntagsmesse gebetet wird.

Begriffe, Literatur, Zitate

1) NT, 1Kor 15,3-5.

2) NT, Phil 2,6-11.

3) AT, Deut 26,5-9.

4) AT, Deut 6,4-5.

5) Zu dieser Zeit wäre der Urheber Athanasius erst 25 Jahre alt gewesen.

6) Autun, eine Stadt im damaligen Merowinger Reich, liegt in Westfrankreich. Das Konzil wurde initiiert vom fränkischen Bischof Leodegar. Canon 1 empfahl dem Klerus, sich den Glauben des hl. Athanasius anzueignen.

7) NT, Mar 16,16.

8) NT, Luk 13,1-5.

9) NT, Luk 16,19.

10) AT, Gen 14,14.

Jesus – sein Wirken, sein Erbe

Kapitel 27

HEILIG IST DER HERR

und wer noch?

Das Prädikat „heilig“ verweist bei Gott auf seine göttliche Natur. Bei Personen, Gegenständen, aber auch Orten oder Begriffen weist dieser Begriff jedoch auf deren göttliche Nähe hin.

Im 8. Jahrhundert bedeutete das mittelhochdeutsche „heilag“ heilbringend, zum Heil bestimmt, aber auch fromm. Dies ist wieder abgeleitet vom altdeutschen Wort „helgen“, was zu eigen oder zugehörig heißt. Doch die Zeiten ändern sich. Heute verstehen wir unter heilig jemanden oder etwas, das zur Sphäre Gottes gehört. Bei Gott selbst signalisiert die Bezeichnung „heilig“ Einzigartigkeit, Allmacht und Güte.

Das Wort „heilig“ wird in den meisten Religionen gebraucht und es dürfte klar sein, dass kein Glaube ein Exklusivrecht darauf hat.

Die Päpste traten das Erbe von Jesus an und waren ursprünglich Bischöfe von Rom. Deren erster, der Apostel Simon Petrus, von Jesus auch Kephas (Fels) genannt, wurde von diesem als Nachfolger seiner Bewegung bestimmt, als Jesus sagte: „Du bist Petrus, und auf diesen Felsen will ich meine Kirche bauen. Ich werde dir die Schlüssel des Himmelreichs übergeben.“[1)]

Vor 2000 Jahren waren achtzig Prozent der Bevölkerung der Millionenstadt Rom Sklaven, und besonders unter diesen Unterdrückten hatte das Christentum enormen Zulauf, denn die neue Bewegung der „Christianer“ sagte: Jeder Mensch hat seine Würde und wurde als Abbild Gottes erschaffen – so steht es schließlich in der Bibel geschrieben.[2)]

Dann ließ Kaiser Nero im Jahre 64 nach Christus in Rom Feuer legen, sodass über ein Drittel der Stadt abbrannte. Und er machte die Christen dafür verantwortlich, denn er brauchte vor der Bevölkerung ein Feindbild. Um aber diese Verfolgung zu überleben, mussten sich die Christen organisieren. Dazu wurden Regeln und eine Infrastruktur benötigt.

Die Didache, auch Zwölfapostellehre genannt, im 1. Jahrhundert als Lehrschrift für Christen und als Organisationshilfe verfasst, ist die früheste Kirchenordnung der Christenheit. Sie wurde bis in das 4. Jahrhundert zu den kanonischen Schriften gezählt und ist heute eine der bedeutendsten apokryphen (bibelnahen) Schriften.

Im Zuge der Errichtung einer frühchristlichen Infrastruktur wurde der oberste Priester einer Stadt zum Bischof (Episkopos) ernannt, der Bischof von Rom aber wurde das Oberhaupt aller Bischöfe. Und diese Organisation schritt rasch voran, denn als Kaiser Konstantin im Jahre 313 mit der Mailänder Vereinbarung das Christentum legalisierte, zählte dieses bereits etwa 1800 Bischöfe.

Zu schon sehr früh eingeführten christlichen Riten gehörte auch die Tradition, besonders verehrungswürdige Christen heiligzusprechen.

Die Heiligsprechung, auch Kanonisierung genannt, ist ein kirchenrechtlicher und dogmatischer Akt der katholischen

Kirche, bei dem der Papst erklärt, dass sich ein Verstorbener in der sogenannten „seligmachenden Gottesschau" befindet. Diese heißt auf lateinisch „Visio Dei beatifica" und bedeutet, dass der Heiliggesprochene nun Gott von Angesicht zu Angesicht in seiner himmlischen Herrlichkeit sieht.

Genau deshalb darf eine kanonisierte Person als Heiliger bezeichnet und verehrt werden. Daraus ergibt sich als liturgische Bedeutung, dass nicht mehr für den Betreffenden gebetet wird, sondern zu ihm als Fürsprecher bei Gott. Diese Interpretation bedeutet auch, dass der Heilige nun so nahe bei Gott ist, dass er die göttliche Gnade direkt erfährt und deshalb Gebete von Menschen nicht mehr benötigt. Als Heilige kommen nur Märtyrer infrage, die ihr Leben für den christlichen Glauben opferten, oder Personen, denen ein höchst tugendhaftes und frommes Leben nachgewiesen werden kann. Zusätzlich müssen diese mindestens ein Wunder vollbracht haben.

Anfangs bestimmte das Volk, wer heilig war, und es gab Personen, die galten schon zu Lebzeiten als Heilige. Ab dem 6. Jh. nahmen Ortsbischöfe Heiligsprechungen vor und bestimmten, wer heiliggesprochen, also „zur Ehre der Altäre" erhoben wurde. Dieser Ausdruck bedeutet, dass Reliquien von Heiligen in oder unter Kirchenaltären beigesetzt werden. Das zweite nicäische Konzil verordnete nämlich im Jahre 787, dass Kirchen nicht mehr ohne Reliquien geweiht werden dürfen.

Heilige waren also oft Personen, die bereits vor ihrem Tod vom Volk verehrt worden waren und Kanonisierungen durch den Bischof von Rom waren in diesen frühchristlichen Zeiten noch selten.

Doch nach vielen Heiligsprechungen aus wirtschaftlichem Kalkül wurde die Ausrufung neuer Heiliger im Jahre 794 auf der Synode von Frankfurt verboten. Ab diesem Zeitpunkt wurde die Heiligsprechung zu einem kirchenrechtlichen Akt, den zu bewilligen sich der Papst als Oberhaupt der Kirche vorbehielt.

Als erster durch Kanonisation, dem Heiligsprechungsverfahren, bestätigter Heilige gilt Ulrich von Augsburg. Er wurde am 3.2.993 von Papst Johannes XV. heiliggesprochen. Doch bis in das 13. Jh. blieben Heiligsprechungen durch den Papst immer noch Ausnahme. In den meisten Fällen wurden sie weiterhin von Bischöfen durchgeführt, gleichzeitig aber auch vom Vatikan stillschweigend akzeptiert.

Papst Alexander III., er regierte von 1159–1181, erklärte in seinem Dekret „Audivimus" (wir hörten) die Heiligsprechung zwar zum päpstlichen Vorrecht. Tatsächlich durchgesetzt werden konnte diese Praxis allerdings erst ab dem Jahre 1588 mit der Gründung der sogenannten Ritenkongretation durch Papst Sixtus V. Seither muss einer Heiligsprechung (Kanonisierung) eine Seligsprechung (Beatifikation) vorausgehen.

Die Heiligsprechung obliegt also heute alleine dem Papst. Seligsprechungen werden hingegen von einem Kardinal, dem Präfekten des Dikasteriums[3)] für Selig- und Heiligsprechungsprozesse, vorgenommen. Unter den Pontifikaten von Johannes Paul II. und Franziskus aber explodierte die Anzahl der Heiligen förmlich. Johannes Paul II. sprach 482 Personen heilig und damit mehr als alle seine Vorgänger zusammen, die insgesamt 293 Männer und Frauen kanonisiert hatten. Und im Jahr 2013 sprach Franziskus die 800 Märtyrer von Otranto[4)] heilig, die im 15. Jahrhundert in Apulien osmanischen Streitkräften zum Opfer gefallen waren.

Die genaue Anzahl von Heiligen und Seligen ist nicht zu eruieren. Das Martyrologium Romanum, das römische Märtyrerverzeichnis, in dem Märtyrer und Heilige gelistet werden, zeigt etwa 6650 Heilige und 7400 Märtyrer auf. Dieser sichtbare Widerspruch zu den obgenannten Zahlen lässt sich durch die vielen Kanonisierungen der letzten 20 Jahrhunderte leider nicht entwirren.

Es fällt jedoch auf, dass bisher insgesamt 82 Päpste, das ist fast ein Drittel aller Nachfolger Petri, heiliggesprochen wurden, obwohl die Berechtigung einiger dieser Kanonisierungen durchaus diskussionswürdig ist. Denn es darf nicht unerwähnt bleiben, dass im Laufe der Kirchengeschichte mehr als einmal Schindluder mit Heiligsprechungen getrieben wurde.

Ein paar Beispiele hierzu: Der Papst Anastasius I. und dessen Nachfolger Innozenz I., Vater und Sohn, wurden heiliggesprochen, ebenso die Päpste Hormisdas und Silverus, auch Vater und Sohn. Der kanonisierte Papst Nikolaus V. legitimierte 1452 den Sklavenhandel und der ebenfalls heiliggesprochene Papst Paul IV. verdonnerte 1555 die Juden in seiner Bulle „Cum nimis absurdum" (es ist unangebracht) zum Leben in Ghettos, zum Tragen von Judenhut plus Judenkleidung und zu allgemeinem Berufsverbot mit Ausnahme von Lumpenhandel.

Unter den 82 heiliggesprochenen Päpsten befinden sich auch alle 36 legitimierten Päpste der ersten 350 Jahre. Diese Heiligsprechungen dürfen daher ruhig als „Zunft-Tradition" gesehen werden, denn es scheint, dass Päpste ihre Vorgänger ebenso gerne kanonisieren, wie sich Militärs und Politiker gegenseitig mit Orden und Medaillen ehren.

Darf aus diesen Umständen also geschlossen werden,

dass des Papstes Ehrentitel „Seine Heiligkeit“ in die Kategorie „nomen est omen“[5] fällt?

Katholiken dürfen stolz sein auf Ihre Heiligen, warum auch nicht? Doch Kritik an Heiligsprechungen kommt von evangelischer Seite, denn schon Luther weist auf den 1. Timotheusbrief hin, der sagt: „Einer ist Gott, einer auch Mittler zwischen Gott und den Menschen, der Mensch Jesus Christus.“[6]

Begriffe, Literatur, Zitate

1) NT, Mat 16,18-19.

2) AT, Gen 1,27: Gott schuf also den Menschen als sein Abbild; als Abbild Gottes schuf er ihn.

3) Dikasterium: die verschiedenen offiziellen Ämter, auch Dezernate genannt, des Vatikan. Deren Vorsitzende und Mitarbeiter sind Mitglieder der römischen Kurie. Ein Dikasterium ist zu vergleichen mit dem Ministerium eines anderen Staates.

4) Otranto ist eine Hafenstadt in Apulien, Süditalien. Dort landeten 1480 osmanische Streitkräfte. Die Bevölkerung von Otranto aber kapitulierte nicht und verweigerte auch, zum Islam überzutreten. Daraufhin wurden um die 800 Einwohner Otrantos von den Osmanen niedergemetzelt.

5) Nomen est omen, lateinisch für: „Der Name ist ein Zeichen“, oder auch „der Name ist Programm“ als freiere Übersetzung.

6) NT, 1Tim 2,5.

Jesus – sein Wirken, sein Erbe
Kapitel 28

NICHTS ALS DIE WAHRHEIT

die Verfolgung Andersdenkender, 1.-13. Jahrhundert

Bald, schon sehr bald nach dem Tode von Jesus war es mit der Toleranz und der Nächstenliebe, die Jesus gelehrt hatte und die ihm so am Herzen gelegen waren, nicht mehr weit her. Bei anderen Völkern und Kulten war es ja schon seit jeher Sitte, Glaubensabweichler und Verehrer fremder Götter aus dem Weg zu räumen. Aber auch die Christianer? Ja, auch die. Jeder Historiker wird den Daumen senken und es bestätigen: In Sachen Glaubens-Intoleranz standen die Christen niemandem, und ganz besonders den Juden und den Römern in nichts nach. In den ersten drei Jahrhunderten ihres Bestehens waren sie ja selbst um ihres Glaubens willen Gejagte. Und sie lernten schnell, wie ihre christlichen Traditionen und ihr Gedankengut am effektivsten zu verteidigen waren.

Schon im Urchristentum galt, was bis heute Gültigkeit besitzt: Schäfchen werden kaum gefragt, noch sollen sie fragen, sondern es genügt, wenn sie sich der Herde anschließen.

Doch „Ketzer“ wurden Irrgläubige, die von der einzig gültigen Glaubenswahrheit abwichen, anfangs noch nicht genannt. Dieses Wort leitet sich von der Glaubensgemeinschaft der Katharer ab, und jenes christliche Bündnis wurde erst im 13. Jahrhundert der Häresie bezichtigt und danach ausgelöscht. Dies übrigens sehr zu Unrecht, wie wir wissen, und zwar nicht erst seit gestern. Aber welche Ironie des Schicksals, das Wort Katharer leitet sich vom griechischen „katharos", rein, ab.

Auf wen zeigte die Kirche aber nun, um ihn als Ersten der Ketzerei zu bezichtigen, lange Zeit, bevor sich die Inquisition etabliert hatte? Die Apostelgeschichte[1)] gibt Aufschluss, und – man glaubt es kaum, so man es nicht gelesen hat –, dies begab sich noch zu Lebzeiten des Apostel Petrus.

Die Rede ist von Simon Magus, der, wie sein Nachname andeutet, als Zauberer auftrat, und zwar in Samaria, wo er die Leute mit seinen Künsten in Verwunderung versetzte. Als jedoch der Apostel Philippus in Samaria als Missionar das Evangelium verkündete, wurde Simon wie viele andere gläubig und ließ sich taufen. „Und er geriet außer sich vor Staunen, als er die Zeichen und Wunder des Philippus sah". Die Apostel Petrus und Johannes hörten, dass das Wort Gottes in Samaria auf fruchtbaren Boden fiel, und so zogen sie dorthin, um Philippus zu unterstützen. Sie legten den bereits Getauften die Hände auf, damit diese nun den heiligen Geist empfingen. Simon Magus, der dies sah, wünschte sich dieselbe Kraft, durch Handauflegen den heiligen Geist herabzurufen. So bot er den Aposteln Geld, um von ihnen diese Macht übertragen zu bekommen. Petrus aber schalt ihn und sagte, er solle mit seinem Geld ins Verderben fahren und Gott um Vergebung bitten, denn diese Gabe Gottes ließe sich nicht kaufen. Simon aber antwortete und bat Petrus: „Betet für mich zum Herrn, damit mich euer Fluch nicht trifft."

In der Apostelgeschichte, bei einigen Kirchenvätern, aber auch in den apokryphen Petrus-Akten wird dieser Simon sehr unterschiedlich beschrieben, am unerbittlichsten aber vom Kirchenvater Irenäus von Lyon, der ihn den Vater aller Irrlehren nannte[2)]. Auch Justin der Märtyrer berichtet, dass sich Simon als Gott verehren ließ, gleichwohl er einen unsteten Lebenswandel geführt habe. Hyppolit von Rom wieder schreibt, dass Simon verkündete, aus einem Schöpfergott hervorgegangen zu sein.

Hier beriefen sich die Kirchenväter auf ebendiesen Bibelabschnitt, in dem es heißt: „Er gab sich als etwas Großes aus und alle sagten, dies ist die Kraft Gottes."[3)] Doch das ganze Kapitel strotzt von Übertreibungen, wenn dort z. B. steht: „Sie sahen die Wunder des Philippus, denn aus vielen Besessenen fuhren unter lautem Geschrei die unreinen Geister aus."

Ein Argument gegen die Häresie-Beschuldigungen des Simon darf noch angeführt werden. Wenn sich einer, der sich angeblich für Gott gehalten hat, danach taufen lässt, dann ist er kein Häretiker, sondern ein Bekehrter.

Die kritische Exegese meint also, hier wollte der Verfasser der Apostelgeschichte eine Erzählung einbauen, die verdeutlicht, dass die Kraft, Wunder zu vollbringen und zu firmen nur den apostolischen Nachfolgern Jesu gegeben war. Sie zeigt aber auch, dass die Apostel bei Simon Milde walten ließen. Er war ja, wie es aussieht, etwas übereifrig, aber Irrglaube verbreitete er anscheinend nicht. Und so ließen sie ihn laufen. Sehr wohl aber leitet sich der Begriff der Simonie, also des kirchlichen Ämterkaufes, vom Namen dieses Simon Magus ab.

Das erste nachchristliche Jahrhundert sah die Anhänger Jesu nicht nur massiver Verfolgung ausgesetzt, sondern erkannte auch die ersten Ansätze einer internationalen Formation dieser neuen Bewegung. Die Heiligen Schriften aber lassen Auslegung in vielfältigster Art zu, was von der Kirche, damals wie heute, als Irrglaube verdammt wird, sofern andere Interpretationen von der eigenen abweichen. Denn eine andere Meinung zu akzeptieren, bedeutet für die Kirche, Konkurrenz anzuerkennen. Eine solche wird aber, sogar sehr wahrscheinlich, zu Mitgliederschwund und damit zu Macht- und Wertverlust führen, den es unter allen Umständen zu verhindern gilt.

Deshalb kämpften bereits im 2. Jahrhundert eine Reihe von Apologeten, Verteidigern der wahren Religion, mit Kraft und Eifer gegen andere theologische Meinungen. Allen voran war dies Irenäus von Lyon, der gleich ein fünfbändiges Werk gegen den Irrglauben verfasste. Auch Ignatius von Antiochien[4)] war ein strenger Verfechter des Christentums und hat in sieben sogenannten „Ignatianischen Briefen" seine Warnungen vor Häresien und Häretikern formuliert. Ganz besonders hat sich Ignatius gegen den damals aufkommenden Doketismus[5)] gewandt.

Der Schriftsteller Tertullian[6)] kämpfte zwar in seiner Schrift „Adversus Marcionem" gegen den Irrlehrer Markion[7)] an, gleichzeitig wird ihm jedoch eine gewisse Nähe zu den Montanisten[8)] nachgesagt. Dies hat ihm aber anscheinend die Kirche bis heute nicht übelgenommen.

Anicetus, der so früh wirkte, dass seine Daten ungesichert sind, war von etwa 154 bis 166 Bischof von Rom und damit der 10. Nachfolger des Petrus. Er war der erste Papst, der einen Irrglauben verdammte, denn er verbot den Montanismus und verteidigte gleichzeitig das Christentum gegen andere Häresien wie die Gnosis[9)] und den Markionismus.

Das frühe Christentum hatte also seine Lehre schon sehr bald nach vielen Seiten zu verteidigen. Doch damals war die strengste Strafe gegen unbelehrbare Wahrheitsverweigerer noch die Exkommunikation, der Ausschluss vom Abendmahl. Dies sollte sich aber mit Anerkennung, weiterer Verbreitung und damit höherem Machtanspruch der katholischen Kirche ändern.

Papst Viktor I., er soll von 189 bis 199 Bischof von Rom gewesen sein, wandte sich gegen einen aufkommenden Irrglauben, der Monarchianismus genannt wird. Mit diesem Begriff werden verschiedene jedoch ähnliche theologische Ansichten bezeichnet, die ein Problem im Verhältnis von Gottvater und Gottes Sohn sehen, weil hier anscheinend der strenge Monotheismus infrage gestellt wird. Diese Glaubensrichtung wurde auch von den nachfolgenden Päpsten, besonders aber von Papst Calixt I. (217–222 am Stuhl Petri) verfolgt. Der Anführer des Monarchianismus, ein gewisser Sabellius, Priester und Theologe, wurde von Calixt aus der Kirche ausgeschlossen und exkommuniziert.

Papst Cornelius (251–253) wurde Milde während seines Pontifikates nachgesagt, denn er hatte sich für die Wiederaufnahme von abgefallen Gläubigen in den Schoß der heiligen Mutter Kirche eingesetzt. Diese milde Praxis wurde von seinem Nachfolger, Lucius I. (253–254) fortgeführt.

Der nächste Papst, Stephan I., (254–257), geriet mit Cyprian, dem Bischof von Karthago, in den sogenannten Ketzer-Taufstreit, bei dem es um die Gültigkeit der Taufe ging. Cyprian machte diese Gültigkeit abhängig von der Rechtgläubigkeit des Taufspenders, wohingegen für Stephan eine Taufe immer gültig war, wenn sie in redlicher Absicht gespendet wurde, und dies nannte Rom „objektives Sakramenten-Verständnis“.

Auch einige weitere Päpste des späten 3. und frühen 4. Jahrhunderts hatten gegen verschiedene Formen des Irrglaubens anzukämpfen, wobei in dieser Zeit immer wieder neue Arten der Häresie auftaten.

Papst Miltiades (310–314) verdient besondere Beachtung, denn in die Zeit seines Pontifikates fiel die kaiserliche Akzeptanz des christlichen Glaubens. Der römische Kaiser Konstantin I. legalisierte das Christentum im Jahre 313, ein Jahr nach der Schlacht an der Milvischen Brücke. Doch erst fast siebzig Jahre später, im Jahre 380, erhob Kaiser Theodosius I. diesen Glauben zur Staatsreligion, neben dem im ganzen römischen Reich keine andere Glaubensrichtung geduldet wurde. Dazu erließ Theodosius zusammen mit seinen beiden Nebenkaisern Valerian II. und Gratian das sogenannte Dreikaiser-Edikt, an dessen Schluss es heißt: *„... diejenigen, die unserem Gesetz und dem katholischen Glauben*[10)] *nicht folgen, erklären wir für toll und wahnsinnig, und sie haben die Schande häretischer Lehre zu tragen. Sie soll die göttliche Vergeltung, aber auch unsere Strafgerechtigkeit ereilen."* Das war dann doch starker Tobak. Denn Theodosius reichte die Exkommunikation für Abweichler wie Arianer oder Anbeter römischer Götter nicht mehr. Hier wurde bereits mit der Todesstrafe gedroht.

Der nächste Papst nannte sich Silvester I., und er saß von 314 bis 335 auf dem Stuhl Petri. Unter ihm vollzog sich die Entwicklung der Legalisierung des Christentums, genannt Konstantinische Wende, 313 eingeleitet durch einen Vertrag zwischen Konstantin und dem Ostkaiser Licinius. Dieser Vertrag ist heute als Mailänder Vereinbarung bekannt. Unter demselben Papst wurde 325 das Konzil von Nicäa einberufen, diese für die Zukunft des Christentums so enorm wichtige Bischofsversammlung. Hier wurde Arianern, deren Irrglaube sich zu einer ernst zu nehmenden Konkurrenz für die katholische Kirche entwickelt hatte, das Fundament der Existenz entzogen. Ihre häretische Glaubensauslegung wurde per demokratischem Mehrheitsbeschluss verboten, doch es dauerte noch einige Jahrzehnte, bis der Arianismus gänzlich gelöscht werden konnte. Denn auch die nächsten fünf Päpste hatten sich noch mit dem Arianismus herumzuschlagen, der sich trotz Verbotes hartnäckig hielt. Erst unter Papst Damasus I. (366–384) konnte der Arianische Streit 381 auf dem Konzil von Konstantinopel endgültig beigelegt werden.

Das Jahr nach dem Tod von Damasus I., wir sprechen von 385, war für die Kirche ein annus horibilis. Denn Priscillian (340–385), Bischof von Avila, einer Stadt im heutigen Kastilien, wurde in Nordspanien, damals die römische Provinz Hispana Tarraconensis, wegen Ketzerei hingerichtet. Dies war der erste Mord von Christen an einem Christen wegen abweichender Meinung. Was aber war die verbrecherische Ansicht dieses Theologen? Er trat ein für eine strengere Askese der Kleriker, und dies passte einer Reihe von adeligen Priestern und Bischöfen, die an ein Leben in Luxus gewöhnt waren, natürlich nicht. Auch machte er sich für die Abschaffung der Sklaverei und für die Gleichstellung der Frau stark, was beides vom Adel ebenfalls vehement abgelehnt wurde. Des Weiteren strengte er eine Erneuerung der Kirche durch den Heiligen Geist an, worin seine Gegner eine Vernachlässigung von Christus sahen. Denn Priscillian lebte nach einem Wort des Apostel Paulus: „Oder wisst ihr nicht, dass euer Leib ein Tempel des Heiligen Geistes ist, der in euch wohnt und den ihr von Gott habt?“[11)] Und als ob all dies noch nicht genug wäre, wandte er sich auch gegen die Reliquienverehrung, weil er hier Profitdenken und unlautere Geschäftspraktiken sah, und dies nicht zu Unrecht.

So hatte er sich viele Feinde gemacht und es kam, wie es kommen musste. Auf der Synode von Saragossa (380) wurde ein Grund gesucht, sich dieses Priscillians zu entledigen. Er wurde daraufhin in einem stark politisch motivierten Prozess der Ketzerei beschuldigt, verurteilt und 385 in Trier, dem damaligen Sitz des Kaisers, hingerichtet. Gleichzeitig wurden mindestens zwei Bischöfe, wahrscheinlich aber noch ein paar mehr, exkommuniziert, weil sie in den Lehren des Priscillian Positives sahen.

Doch selbst die Kirche war von diesem Urteil und dessen Vollstreckung dermaßen schockiert, dass dieses Todesurteil für Häresie ein Einzelfall blieb und man sich für die nächsten Jahrhunderte wieder mit Exkommunikation und Anathema, dem Kirchenbann, begnügte. Denn Siricius (334–399) war Papst, als Priscillian hingerichtet wurde, und sowohl er als auch Ambrosius, Kirchenvater und Bischof von Mailand, verurteilten diese Hinrichtung scharf. Damals war der Papst eben noch hauptsächlich Bischof von Rom, der sich außerdem gerade in dieser Zeit mit einem Gegenpapst herumzuschlagen hatte, und so waren Spanien und Deutschland ob deren Distanz zu Papst und römischem Klerus nur begrenzt dem päpstlichen Einfluss unterworfen.

Im fünften Jahrhundert war Rom wieder mit einem große Aufmerksamkeit erregenden Häretiker beschäftigt, mit dem aus Britannien stammenden Mönch Pelagius. Er verkündete, dass der Mensch durch keine Erbsünde verdorben sein kann, weil er durch die Gnade Gottes geboren wurde, und niemand unterstellen darf, dass Gottes Schöpfung teilweise böse ist. Auch lehrte Pelagius, Jesus habe der

Menschheit ein gutes Beispiel gegeben, um dem schlechten Beispiel des Adam entgegenzuwirken.

Und der Streit um die Behauptungen des Pelagius entwickelte sich weiter. Auf der Synode von Karthago im Jahre 418 wurde als Antwort auf Pelagius die Glaubenswahrheit, dass Ungetaufte – auch Säuglinge – in die Hölle kommen, zum Dogma erhoben. Diese Theorie wurde besonders vom Kirchenvater Augustinus (354–430) vertreten, der bekräftigte, dass alle Menschen, Erwachsene wie Kinder, auch Säuglinge, die ungetauft sterben, von Gott in aller Ewigkeit bestraft werden müssen. Dass aber der größte Teil der Menschheit nie von Christus oder von einer Taufe gehört hat, war für Augustinus irrelevant.

Ab dem 12. Jahrhundert begann die Kirche endlich, wohl auf Druck von außen, für ungetaufte Säuglinge ein wenig Milde zu zeigen und prägte für diese den Begriff der Vorhölle, genannt Limbus (Rand, Saum). Dort ist es, so scheint's, nicht ganz so drastisch zugegangen, wie in der Hölle selbst. In der Bibel aber erfahren wir von dieser Vorhölle nichts.

Diese theologische Ansicht, dass Menschen, die ohne Taufe in der Erbsünde sterben, in die Hölle kommen, hielt sich noch Hunderte von Jahren. Und sie wurde auf dem Konzil von Ferrara und Florenz, das von 1438 bis 1445 dauerte, noch einmal feierlich bestätigt.

Erst ab dem späten 20sten Jahrhundert begann die Kirche offiziell, diese Höllentheorie langsam zu entkräften. Und 2007 rang sich Papst Benedikt XVI. zu der nicht sehr verbindlichen Aussage durch, „bei der Lehre der Hölle für ungetaufte Kinder handelt es sich um eine nicht vom Lehramt der Kirche unterstützte, ältere theologische Meinung". War der Limbus also wieder einmal Beispiel päpstlicher

Fehlbarkeit? Schließlich vertrat der Vatikan diese Auffassung über 600 lange Jahre.

Aber zurück zu Augustinus: Da seine Erbsündenlehre mit der des Pelagius kollidierte, ließ Augustinus die Lehre dieses britannischen Mönches als Häresie verurteilen und ihn selbst als Häretiker exkommunizieren. Um nun ganz sicher zu gehen, bewirkte Augustinus noch, dass diese Verurteilung auf dem Konzil von Ephesos (431) ein weiteres Mal offiziell bestätigt wurde.

In diesem Kontext ist aufzuzeigen, dass Hieronymus, der Autor der Vulgata, der im 4./5. Jahrhundert lebte, eine radikale Intoleranz gegenüber Andersdenkender zeigte. Auch vertrat er die Meinung, die rücksichtslose Strenge gegenüber Häretikern sei die wahre Barmherzigkeit, die man ihnen erweisen könne, um ihre Seelen zu retten. In der Tat schlug Augustinus in genau diese Kerbe, denn auch er vertrat die Haltung, Häresie sei nur mit Gewalt auszurotten.

Weniger radikal in diesen religiös-stürmischen Zeiten waren die Ansichten von Leo I., dem Großen, Papst von 440 bis 461. Sein größtes theologisches Anliegen während seines Pontifikates war es, die wahre Gottheit und die wahre Menschheit von Christus gegen einseitige Irrlehren zu verteidigen, deren es immer noch genug gab. Dabei war es sein zentrales Motiv, die Gegenwart Christi in der Kirche, in der Verkündigung und in der Liturgie, also Jesus Christus und die Kirche, als Einheit zu verstehen. Dies soll erwähnt werden, weil nicht bei sehr vielen Klerikern eine solch tiefe und innige Beziehung zu Jesus ersichtlich ist.

Während der folgenden Jahrhunderte mussten sich die Päpste immer wieder mit Häretikern und mit neugegründeten Irrlehren, von denen allerdings keine wirklich zu sehr erstarkte, beschäftigen.

Honorius I., Papst von 625 bis 638, stellte einen Sonderfall dar. Er meinte im Streit um den Monotheletismus[12)], dass in Christus nur eine Willenskraft gewirkt habe. Ob diese sich aber in zwei Willensregungen äußere, sei eine theologische Spitzfindigkeit, die nicht zur kirchlichen Glaubenslehre gemacht werden dürfe. Mahr als 40 Jahre später, auf dem 3. Konzil von Konstantinopel, wurde über Honorius wegen dieser seiner Meinung posthum das Anathema, der Kirchenbann, verhängt. Honorius wurde feierlich verflucht und seine Schriften wurden verbrannt.

Dieser Kirchenbann löste, besonders beim 1. Vatikanischen Konzil (1869–1870), hitzige Diskussionen um das Dogma der päpstlichen Unfehlbarkeit aus. Doch davon blieb Pius IX. unbeirrt und ließ sich dieses Dogma mittels Abstimmung bestätigen. Davor aber hatte Pius IX. jenen Bischöfen, die ihm nicht ihre Stimme geben wollten, großzügig erlaubt, schon vor der Abstimmung abzureisen.

Während der nächsten 400 Jahre nach Honorius I. hatten sich die Päpste ab und an mit Problemen der Häresie herumzuschlagen, meistens mit dem bereits beschriebenen Irrgauben des Monotheletismus, der, wenn er auch nicht sehr hoch loderte, so doch immer wieder aufflammte.

In dieser Periode wurde Johannes VIII. (*852 †882) 20-jährig zum Papst gewählt, und schon mit dreißig Jahren starb er, und zwar eines gewaltsamen Todes. Verwandte scheinen ihn vergiftet zu haben. Es ist seine Person, um die sich die bekannte Legende einer Päpstin Johanna rankt. Doch die gab es nie.

Einige Jahre später machte Stephan VI., Papst von 896 bis 897, seinem Vorgänger, Papst Formosus, posthum den Prozess wegen angeblichem Meineid und Usurpation[13)]. Dieser Prozess ging als Leichensynode in die Geschichte ein.

Formosus wurde 9 Monate nach seinem Tod exhumiert, die Leiche in päpstliche Gewänder gehüllt, angeklagt und verurteilt. Dieser Prozess löste aber massive Unruhen aus, und am Ende wurde Stephan VI. von seinen Gegnern gefangen genommen und erdrosselt.

Dies war der Beginn des dunklen zehnten Jahrhunderts, einer Epoche des Papsttums, die nicht zum Ruhme der Kirche beitrug, und die von Historikern Pornokratie[14)] genannt wird. Während dieser Zeit wird Irrglaube, wenn überhaupt, nur selten und nebenbei erwähnt, denn wie der Ausdruck Pornokratie erahnen lässt, waren in diesen Zeiten den Päpsten andere Dinge wohl wichtiger.

Die beiden folgenden Jahrhunderte, das elfte und das zwölfte, waren gekennzeichnet von Kreuzzügen, Auseinandersetzungen mit Fürsten des Heiligen Römischen Reiches, aber auch von der territorialen Ausweitung päpstlicher Ländereien, von Nepotismus[15)], Simonie[16)] und von insgesamt 14 Gegenpäpsten. In den päpstlichen Geschichtsbüchern findet sich für diese Zeit wenig über Irrglauben. Dieses Thema nimmt erst wieder mit Innozenz III. Fahrt auf.

Innozenz III., 1198–1216 im Amt, wird als einer der bedeutendsten Päpste des Mittelalters und als einer der gefragtesten Kirchenrechtler seiner Zeit gesehen. Diese Ansicht setzte sich durch, obwohl er beträchtlich zum großen Schisma[17)] beigetragen hat, obwohl sein Nepotismus unbestritten war, obwohl er durch Kriege und Intrigen die kirchenstaatlichen Territorien verdoppelte und obwohl er in jedem weltlichen Fürsten einen Diener des Papstes sah.

In seiner theologischen Abhandlung „De miseria conditionis humanae“ (über das Elend des menschlichen Daseins) zeichnet er das menschliche Leben sehr pessimistisch. Er schreibt: „... empfangen in Schuld und geboren zur Pein, verübt der Mensch Schändliches. Er endet als Raub der Flammen und als Speise der Würmer."

Bekannt war Innozenz III. als Judenfeind. Auf seine Veranlassung wurden am 4. Laterankonzil (1213–1215) antijüdische Maßnahmen beschlossen, wie eine jüdische Kleiderordnung zur Unterscheidung von Christen, Strafen für Wucher, Verbot öffentlicher Ämter für Juden und ein Verbot von Ausübung jüdischer Bräuche für getaufte Juden.

Noch härter ging Innozenz allerdings gegen Häretiker vor, und das war für den Papst jeder, der sich auch nur der geringsten Abweichung der von der Kirche verkündeten Glaubenslehre schuldig machte. Häretiker wurden mit Exkommunikation und Bannfluch belegt, ihr Besitz wurde eingezogen, sie selbst wurden ihrer Ämter enthoben und der weltlichen Gerichtsbarkeit übergeben. Auch Denunziation war gefordert, Personen mit zweifelhaften Sitten sollten – ja mussten – dem Bischof gemeldet werden.

Aus all den weiteren Canones (verbindlichen Regeln) und Erlässen des 4. Laterankonzils ist ersichtlich, dass das enorme Machtstreben des Innozenz III. dem von Papst Pius IX. sehr ähnelte. Doch alles in allem zeugen die über 70 beschlossenen Kirchenregeln vom juristischen Können dieses Papstes.

Begriffe, Literatur, Zitate

1) NT, Apg 8,9-25.

2) Irenäus von Lyon (130–202), die 5-bändige Schrift „Contra Haereses“ (gegen die Häresie), Buch III, Vorrede.

3) NT, Apg 8,9-10.

4) Ignatius von Antiochien (2. Jh.), Bischof ebenda, Apostolischer Vater und Märtyrer, bekannt durch seine Briefe.

5) Der Doketismus besagt, dass alle Materie schlecht und somit abzulehnen ist. Deshalb hatte Jesus nur einen Scheinleib, da ihm nichts Stoffliches zugeordnet werden konnte. Darum hat Jesus auch nur zum Schein gelitten und ist nur zum Schein gestorben.

6) Tertullian (ca. 150–220) war der erste lateinische Kirchenschriftsteller. Als die bedeutendste seiner Schriften gilt heute das „Apologeticum“, zu Deutsch Verteidigung, verfasst um 198.

7) Markionismus: Markion lehnte den zornigen und strafenden Gott des AT ab und akzeptierte nur den liebenden und vergebenden Gott des NT. Auch reduzierte er die Heilige Schrift auf die Paulusbriefe und das Lukasevangelium.

8) Montanismus: Ein gewisser Montanus gründete im 2. Jh. eine christlich-prophetische Bewegung. Seinen Gläubigen predigte er, der Heilige Geist, der durch ihn spreche, fordere sie zu strenger Askese, Auflösung ihrer Ehen und Bereitschaft zum Märtyrertum auf, nur so könnten sie angesichts des nahen Weltendes das Heil erlangen. Die Bewegung ebbte zwar ab, erlosch aber erst im 8. Jh.

9) Die Gnosis war ab dem 2. Jh. ein ernst zu nehmender Konkurrent für die Kirche. Sie lehrt, dass sich eine oberste, gute Gottheit in Ausströmungen entfaltet, die Emanation genannt werden. Er-

schaffen wurde die Welt aber von einem „Demiurg“, einem fragwürdigen Gott, der das „Pneuma“, das positive Lebensprinzip, mit bösartiger Materie mischte.

10) Das Christentum wurde bereits ab dem Konzil von Nicäa (325) „katholikos“, also allumfassend, auch erdumspannend, universell oder allgemein genannt.

11) NT, 1Kor 6,19.

12) Monotheletismus ist eine später als Häresie verurteilte Lehre, die besagt, dass Christus zwar zwei Naturen besitzt, eine göttliche und eine menschliche, aber nur einen Willen, der vollständig von Gott diktiert ist. Diese Theorie wurde im 7. Jh. vom oströmischen Kaiser Herakleios entwickelt, um die sogenannte Zweinaturenlehre (Jesus ist Mensch und Gott) mit der monophysitischen Lehre (nach der Mensch-Gott-Vereinigung hat Jesus nur mehr eine und zwar die göttliche Natur) auszusöhnen.

13) Usurpation; das widerrechtliche An-sich-Reißen von Staatsgewalt oder eines Thrones.

14) Pornokratie ist der Begriff für eine etwa 100 Jahre andauernde Periode des Papsttums, der im 16. Jh. von dem italienischen Kardinal und Kirchenhistoriker Cesare Baronio (1538–1607) geprägt wurde. In dieser Zeit gab es für die Päpste nichts Wichtigeres als Mätressen, Macht, Intrigen und ein zügelloses Leben.

15) Nepotismus bedeutet Vetternwirtschaft, also Verwandte mit einflussreichen Posten versorgen.

16) Simonie ist Kauf oder Verkauf von geistlichen und kirchlichen Ämtern.

17) Als großes Schisma, auch morgenländisches Schisma genannt, wird die Kirchenspaltung zwischen der katholischen Westkirche und der orthodoxen Ostkirche bezeichnet. Die Spaltung wur-

de von beiden Seiten 1054 vollzogen, sie vertiefte sich aber in den folgenden 150 Jahren noch, vor allem durch gegenseitige Exkommunikation und durch die Plünderung Konstantinopels durch Ritter und Soldaten des vierten Kreuzzuges.

Jesus – sein Wirken, sein Erbe

Kapitel 29

HETZER, KETZER, SCHEITERHAUFEN

die Inquisition ab dem 13. Jahrhundert

Papst Gregor IX. (1227–1241), ein Neffe von Innozenz III., beauftragte 1230 den Mönch Raimund von Peñaforte[1)], Kanones und Verordnungen der Kirche neu zu bearbeiten und diese in einem Gesetzbuch zusammenzufassen. Dabei sei auch das Vorgehen gegen Häretiker zu regeln und weiter zu verschärfen. Dies wird als erster Schritt der von Rom ausgehenden sogenannten bischöflichen Inquisition, gesehen.

Diesem Papst, der Häretiker unnachgiebig bekämpfte, waren die Katharer und die Waldenser ein besonderer Dorn im Auge, obwohl es zu der Zeit noch eine Reihe anderer Gruppierungen und Individuen gab, die Glaubensfragen anders interpretierten als die Kirche.

Gregor IX. führte 1231 in Rom selbst eine Inquisition[2)] durch, also eine „Untersuchung“, eigentlich aber ein juristisches Prozessverfahren gegen Ketzer. Bei dieser Inquisition wurden neben anderen Maßregelungen auch Kerkerstrafen und Todesurteile verhängt. Deshalb nennen Historiker dieses Jahr 1231 als den eigentlichen Beginn der Inquisition.

Bis dahin hatte sie freilich schon einen längeren Entwicklungsprozess durchlaufen, denn zur Entstehung der Inquisition hatte eine Reihe von Verordnungen beigetragen, die von verschiedenen Vorgängern Gregors des IX. erlassen worden waren.

Diese Zeit, nämlich die erste Hälfte des 13. Jahrhunderts, war die Hauptphase der Entwicklung der Inquisition. Dabei war der Kirche bewusst, dass diejenigen, die theologische Meinungen und Lehren abweichend interpretieren und dies auch ausdrücken konnten, beileibe keine schlichten Gemüter waren. Hier handelte es sich um intelligente Naturen, die denken, theologische Schlussfolgerungen ziehen und diese begründen konnten. Und das war der eigentliche Stachel im Fleische der Kirche.

Denn häufig herrscht ja die Meinung vor, sexuelles Fehlverhalten ist das, woran die Kirche am meisten Anstoß nimmt. Doch das ist nicht richtig. Am meisten fürchtet die Kirche Intelligenz. Deshalb hat sie Menschen für Unkeuschheit gezüchtigt, für Ketzerei aber umgebracht.

Gregor IX. führte mit der Inquisition auch das Amt des Inquisitors ein, dessen Aufgabe es war, Ketzerei, sofern sich Ketzer nicht bekehren ließen, so weit wie möglich auszurotten. Und er verfügte, dass neben der eigentlichen Häresie auch Blasphemie, also Gotteslästerung, und Zauberei strafrechtlich verfolgt zu werden hatten. Als Inquisitoren wurden Bischöfe, doch mit der Zeit immer mehr dem Heiligen Stuhl besonders ergebene Mönche berufen, wobei Dominikaner[3)] und Franziskaner[4)] eine besondere Rolle spielen sollten.

Denn dem Papst war nicht verborgen geblieben, dass diese beiden Orden den Glauben besonders eifrig verteidigten. Auch hatten sie eine Reihe von Gelehrten ausgebildet und hervorgebracht, die die nötigen juridischen und auch rhetorischen Qualifikationen besaßen, um Abweichungen von der Wahrheit effektiv zu bekämpfen. Gregor IX. wusste, auf diese Männer konnte er sich verlassen, sie würden der Häresie mit Entschlossenheit und gebotener Härte entgegentreten, wenn er sie nur mit den nötigen Vollmachten und Kompetenzen ausstattete. Dies verfügte der Papst, und so waren die Inquisitoren nun nicht mehr den Bischöfen Rechenschaft schuldig, sondern direkt ihm unterstellt. Aus diesen Inquisitoren waren nun per definitionem Richter geworden, die Institution der päpstlichen heiligen Inquisition war geschaffen. Und die einmal Ernannten enttäuschten ihren Herrn, der ja in seiner Weisheit nach göttlichem Willen handelte, nicht.

Dass sich unter diesen Inquisitoren weiß Gott auch fanatische befanden, die der Meinung waren, je mehr Todesurteile gefällt würden, desto gottgefälliger wäre das Ganze, das ist hinlänglich bekannt. So erinnert man sich zum Beispiel auch heute noch an den berüchtigten deutschen Inquisitor Konrad von Marburg (1185–1233), der nicht richtete, sondern in seinem religiösem Wahn richterlich wütete und unzählige Unschuldige dem Scheiterhaufen übergeben ließ, bevor er 1233 von aufgebrachten Landsleuten selbst erschlagen wurde.

Ebenfalls gefürchtet und gehasst war der französische Dominikaner Robert Le Bougre († nach 1239), der besonders in den Jahren zwischen 1232 und 1239 in Nordfrankreich Angst und Schrecken durch regelmäßige Hinrichtungen verbreitete. Der Höhepunkt seines Fanatismus war 1239 die gleichzeitige Verbrennung von 183 Häretikern. Als aber der Papst erfuhr, dass Le Bougre auch Christen verbrennen ließ, denen vorher die Absolution erteilt worden war, ließ er den Mönch in den Kerker werfen und dort auch sterben.

Zu den radikalsten Inquisitoren zählte auch der französische Dominikaner Bernard Gui (1261–1331), der unter anderem ein Handbuch für Inquisitoren verfasste. Bei 930 Inquisitionsprozessen fällte er 42 Todesurteile durch Verbrennen. Mehr als 300 Verurteilte ließ er lebenslänglich in den Kerker werfen. Und an den Inquisitor Bernard Gui wurde wieder erinnert in dem Umberto-Eco-Film „Der Name der Rose“.

Thomas de Torquemada (1420–1498), ebenfalls Dominikaner und einer von acht 1482 von Papst Sixtus IV. ernannten Inquisitoren, wurde bereits ein Jahr später zum Großinquisitor von Kastilien, Aragonien, Katalonien und Valencia bestellt. Er verfasste Richtlinien, nach denen die Inquisition zwar nicht willkürlich, wohl aber ohne jedes Mitleid vorzugehen hatte.

Darum wurden die Dominikaner wegen ihrem teilweise sehr hartherzigen Engagement während der Inquisition auch als „domini canes“ (lateinisch für: Hunde des Herrn) beschimpft.

Verurteilungen und Hinrichtungen durch die „heilige Inquisition“ waren für die Kirche durch das Leiden und die Kreuzigung von Jesus legitimiert. Doch auch auf das Alte Testament konnte man sich berufen, denn im Pentateuch[5)] steht: „Wer den Namen des Herrn schmäht, wird mit dem Tod bestraft.“[6)].

Auch das Evangelium nach Johannes[7)] sowie einige Passagen aus den Paulus-Briefen[8)],[9)] eigneten sich für die Kirche vorzüglich, um die Rechtmäßigkeit ihres Tuns zu belegen.

Ganz besonders aber wurde die Inquisition durch Psalm 73[10)] fast dogmenhaft legitimiert, und zwar so sehr, dass die Worte „Psalm 73.“ sogar in das Wappen der Inquisition eingefügt wurden. Dieses Wappen, auf dem Kreuz, Schwert und Olivenzweig dargestellt sind, sollte das Gleichgewicht zwischen Gnade und Bestrafung darstellen. Freilich ist diese Interpretation nach heutigem Empfinden von Zynismus durchtränkt, war doch Milde ein Wort, das die Inquisitoren weitgehend verdrängt hatten. Die Rückführung zum wahren Glauben war zwar ihre erste Pflicht, doch wurden auch Vermögen von Verurteilten eingezogen. Jeden konfiszierten Besitz aber teilten sich Behörden und Inquisition, und davon hatten die Inquisitoren zu leben. Diese aber lebten meistens, eben diesen Umständen gedankt, gar nicht so schlecht, auch wenn sie als Vertreter des Armutsgelübdes auftraten.

In der Tat verbreiteten sich im Mittelalter Glaubensabweichungen, von der Kirche damals wie heute Irrglaube, Ketzerei oder auch Häresie genannt, sehr rasch. Christen mit abweichenden religiösen Meinungen fanden sich zu Gruppen zusammen und diese wuchsen in einem Maße, dass Rom die Gründung neuer Sekten und auch Religionen fürchten musste. Diesem aber galt es unter allen Umständen entgegenzuwirken und dazu bedurfte es geeigneter Gegenmaßnahmen. Es stand ja nicht nur der einzig wahre Glauben auf dem Spiel, sondern vor allem Macht und Einfluss Roms.

Die Gründe für diese Ausbreitung von Heterodoxie – lateinisch für Irrglaube – aber waren vielfältig. Die Katholiken in ganz Europa mussten mit der Zeit höchst unerfreuliche Entwicklungen und Zustände der Kirche beobachten, während die Oberschicht des Klerus immer mehr in Nepotismus, Simonie und Korruption versank. Die Kurie häufte nicht nur Reichtum an, sondern lebte auch Prunk und Sünde ungeniert in aller Öffentlichkeit aus. Das konnte den Gläubigen nicht gefallen. Dazu kamen nicht enden wollende Auseinandersetzungen von Päpsten mit Fürsten und Kaisern, bei denen es um Macht, Besitztümer und Vorherrschaft ging. Kein Wunder also, sondern gewissermaßen logische Folge war es daher, dass immer mehr Christen an dieser Kirche zu zweifeln begannen und sich anders orientierten. Jegliche Kritik aber war auch Häresie, und trotzdem wuchs Zahl der Abweichler bedrohlich.

Als größte Gefahr sah Rom nun nicht mehr den einzelnen Glaubens-Abweichler, es sei denn, es handelte sich um eine sehr prominente Persönlichkeit. Vereinzelt Irrende konnten leicht ermahnt, eingeschüchtert und, wenn nötig, mit einem Ketzerprozess aus dem Weg geräumt werden. Weitaus bedrohlicher waren jene, die gegen die einzig gültige Wahrheit lehrten, die mit Predigten in ihrer Landessprache Massen zu begeistern wussten, die über Missstände der Kirche informierten, die sich mit schönen Worten und guten Taten auf die Seite des einfachen Volkes schlugen. Das waren Charismatiker, die den Gläubigen das Gefühl der Zugehörigkeit vermittelten, ein Empfinden, das ihnen Päpste und Bischöfe schon längst genommen hatten. Derartige Gefährdungen der Heiligen Mutter Kirche waren am ernstesten zu nehmen und dagegen vorzugehen hatte für Rom absolute Priorität.

Inquisitoren wurden geschult, mit genau definierten Vollmachten ausgestattet, die es ihnen erlaubte, in einem bestimmten Gebiet Ketzer zu verfolgen und zur Rechenschaft zu ziehen, ohne dabei dem jeweiligen Landesbischof Rechenschaft ablegen zu müssen.

Andererseits aber durfte die Kirche keine rechtskräftigen Gerichtsurteile vollstrecken, dabei war die Inquisition auf die lokalen Landesfürsten und deren weltliche Exekutive angewiesen. Staatliche Behörden durften ohne den Sanctus der jeweiligen weltlichen Obrigkeit nicht zur Vollstreckung von Inquisitionsurteilen schreiten. Doch im Allgemeinen kooperierten Landesfürsten gerne mit der Kirche. Mit dem Papst legte man sich eben besser nicht an, und mit dieser Zusammenarbeit waren ja auch nicht unbeträchtliche Einnahmen verbunden.

Inquisitoren hatten nun also freie Hand, erhoben Anklagen und waren bei Prozessen gleichzeitig Ankläger, Verteidiger und Richter in einer Person. Man sprach nicht darüber, doch jeder wusste, dass diese Auslegung des Rechts mit Gerechtigkeit nichts mehr zu tun hatte. Überregionale Vollmachten bekam die Inquisition dazu durch die Zustimmung des damaligen Kaisers des Heiligen Römischen Reiches Deutscher Nation, Friedrich II. (1194–1250)[11)], mit dessen Hilfe sich die Inquisition in ganz Europa engagieren konnte.

Wie aber Prozessverfahren der Inquisition ablaufen sollten und wie sichergestellt werden konnte, dass Anschuldigungen zugunsten der Ankläger endeten, dazu ersannen Kirchenjuristen ein ausgeklügeltes, niederträchtiges Prozedere, bei dem Angeklagte nicht die geringste Chance auf Freispruch hatten. Es sei denn, der seltene Fall trat ein, dass ein Inquisitor Gnade walten ließ. Hier wurde einer der fundamentalen Grundsätze des römischen Rechts, nämlich „in dubio pro reo" (im Zweifel für den Angeklagten) von der Inquisition einfach ausgeblendet. Wie konnte in einem Ketzerprozess Unbequemes auch zweckmäßig sein?

Kam ein Inquisitor in eine Stadt, so wurde dies vorher angekündigt. Die Bürger wurden zusammengerufen und hatten der Predigt des Inquisitors zu lauschen. Erst wurden sie im reinen Glauben unterwiesen und dann über ketzerische Vergehen belehrt. Blieb jemand der Versammlung ohne guten Grund fern, machte er sich von vornherein verdächtig, verließ er die Versammlung vorzeitig, ebenso. Auch durfte die Stadt von niemandem mehr verlassen werden, so wurden Fluchtversuche von Geängstigten und Verdächtigen unterbunden.

Nach der Predigt setzte der Inquisitor der Bevölkerung eine Frist, meist von einigen Wochen, während der die Menschen sich selbst oder auch andere der Ketzerei bezichtigen konnten. Darüber hatte der Inquisitor genau Protokoll zu führen. Wer sich selbst anklagte, dabei allem theologisch Unreinen abschwor und Besserung gelobte, kam üblicherweise mit sehr milden Strafen davon. Dazu musste man allerdings auch tätige Reue üben und die bestand in der Regel darin, Mitbürger der Ketzerei zu zeihen.

Der Wahrheitsgehalt derartiger Beschuldigungen wurde, auch wenn er noch so skurril war, weder infrage gestellt, noch überprüft. Dies war ein Freibrief für jeden, der ungeliebte Mitmenschen loswerden wollte, sei es aus Rache, sei es aus anderen niedrigen Beweggründen oder auch, um auf diese Art die eigenen Schulden loszuwerden.

Denunzianten wurde Anonymität zugesichert. Die Angst, denunziert zu werden, führte aber dazu, dass sich viele Menschen lieber selbst anzeigten und dafür eine – wenn auch mildere – Strafe in Kauf nahmen, obwohl sie völlig unschuldig waren. Es war dies die Strategie der Inquisition, Misstrauen zu schüren, um so möglichst viele Anzeigen verzeichnen zu können.

Von Denunzierten wurde ein Verhandlungsprotokoll angefertigt, bevor sie dem Inquisitor vorgeführt und ohne Rechtsbeistand angeklagt wurden. Dabei war der Inquisitor gleichzeitig Ankläger und Richter. So etwas wie Verteidiger, Einspruch oder Berufung gab es nicht. Dabei war es in solchen Verfahren Normalität, dass sich der Inquisitor im Recht sah. Ihm war ja bei seiner Bestellung eingetrichtert worden, er habe nicht nur den Glauben zu schützen, sondern auch Jesus für das Unrecht, das er durch Ketzerei erleiden musste, zu rächen.

Erst wurde der Angeklagte verhaftet. Dabei wurde er völlig von der Außenwelt abgeschnitten, sein Hab, Gut und Vermögen wurde gesperrt. Denn Angeklagte galten nicht, wie heute üblich, unschuldig bis zu einem Urteilsspruch, sondern von Beginn an als schuldig. Und die eigene Unschuld zu beweisen, das war unter diesen Umständen beinahe unmöglich, dafür hatte dieses Rechtssystem gesorgt.

Gestand der Angeklagte nicht freiwillig, wurden Zeugen aufgerufen und deren Aussagen wurden, so sie beschuldigend genug waren, immer akzeptiert. Dabei war es egal, ob ein Zeuge wahrheitsgemäß berichtete, dass der Angeklagte sonntags nicht in die Kirche ging, oder ob er aussagte, er hätte seinen Nachbarn bei einem nächtlichen Tanz um ein Feuer beobachtet. Es durfte sich auch niemand dem Zeugenstand entziehen, weder nächste Angehörige noch Kinder, sonst machte man sich selbst der Ketzerei schuldig.

Brachten aber Zeugenaussagen nicht das gewünschte Ergebnis, dann wurde der Angeklagte in die Folterkammer geschleppt. Meistens gab er schon alles zu, wenn ihm die Folterwerkzeuge gezeigt und erklärt wurden. Doch spätestens während der Folter gestand jeder Beschuldigte, denn unter unbeschreiblichen Schmerzen sagt ein Mensch alles, was der Richter hören möchte.

Auf ein Geständnis folgte der Urteilsspruch, der sich nach der Schwere des Vergehens richtete. Berücksichtigt wurde auch, ob es sich um Ersttäterschaft oder um Wiederholung eines Vergehens handelte. Bei Verurteilung reichten die

Strafen von Verwarnungen über das Tragen eines Büßergewandes oder eines Ketzerkreuzes, auch Schandkreuz genannt, an der Kleidung, über Pilgerreisen und Prügelstrafen durch den Priester während der Messe bis zu Gefängnis und oft als Höchststrafe zum Scheiterhaufen. Dabei konnte der Inquisitor zwar rechtskräftige Urteile fällen, doch vollstrecken durfte er nicht, das war Sache der weltlichen Behörden.

Bei Verurteilung zum Tode wurde das Haus des Todeskandidaten zerstört und sein Vermögen eingezogen, ganz egal, ob seine Familie darin wohnte. Kinder, so der Delinquent welche hatte, wurden enterbt und für drei Generationen lang für ehrlos erklärt. Damit war ihnen auch jedes öffentliche oder bürgerliche Amt verwehrt. Dass solche Familien dann nichts hatten, von dem sie leben sollten, das wurde von der Heiligen Mutter Kirche nicht in Betracht gezogen.

Die Ketzerverbrennung wurde vom Kaiser Friedrich II.[12)], aber auch von den Dogen in Venedig akzeptiert[13)]. Hier beugten sich die Staaten wieder einmal Rom. Ketzerverbrennungen wurden sogar von jenen Behörden, die für ihre Durchführung verantwortlich waren, als etwas Urchristliches bejubelt. Auch weil vor Exekutionen ein Vers aus dem Johannesevangelium vorgelesen wurde: „Wer nicht in mir bleibt, der wird weggeworfen wie eine Rebe und verdorrt, und man sammelt sie und wirft sie in das Feuer, und sie muß brennen.“[14)]

Jedes Mal, wenn ein verurteilter Ketzer zur Vollstreckung an die örtlichen Behörden übergeben wurde, ging mit der Auslieferung die scheinheilige Bitte des Inquisitors einher, man möge doch mit jenem milde umgehen. Das war symbolisches Händewaschen, wie wir es von Pilatus kennen.

Um nicht der Mittäterschaft bezichtigt werden zu können, durften Mitglieder des Klerus auch weder bei Folterungen noch bei Exekutionen anwesend sein, noch durften sie Aufzeichnungen darüber machen. Doch Bürgern, die Holz für den Scheiterhaufen brachten und damit sozusagen zur Reinigung der Seele des Verurteilten beitrugen, denen gewährte die Kirche einen vollkommenen Ablass.

Reue brachte dem armen Sünder auf Erden leider nichts. Die konnte den Ketzer zwar vor dem ewigen Feuer bewahren, nicht jedoch vor dem irdischen. Denn die Seele konnte nur durch Feuer gereinigt werden, so die damalige Überzeugung der Kirche.

Papst Innozenz IV. regierte von 1243 bis 1254. Im Jahre 1252 veröffentlichte er zur Verteidigung des wahren Glaubens eine päpstliche Bulle, in welcher er die Bekämpfung von Häretikern noch schärfer und detaillierter skizzierte, als es bisher der Fall gewesen war. Die Bulle mit dem Titel „Ad Extirpanda“ (lateinisch: zur Ausrottung) erlaubte nun die Folter von Ketzern als legales Mittel zur Wahrheitsfindung. Folter war zwar schon davor angewandt worden, doch bis dahin eher unüblich gewesen.

Diese Bulle, eine Urkunde, die einen päpstlichen Rechtsakt darstellt, ist in 38 Paragrafen gegliedert, davon wird hier § 25 wörtlich zitiert: *„Der Stadtherr oder städtische Amtsträger soll alle Häretiker, die er in Gefangenschaft hält, ohne sie zu töten oder ihnen Arme oder Beine zu brechen, wie es auch mit Seelenräubern und -mördern, und mit Dieben der göttlichen Sakramente und des christlichen Glaubens geschieht, ihre Fehler zu beichten und andere Ketzer, die sie kennen, zu beschuldigen und deren Beweggründe anzugeben, auch diejenigen, die sie verführt haben, und diejenigen, die ihnen Unterschlupf gewährt und sie verteidigt haben, so wie Diebe und Räuber gezwungen werden, ihre Kompli-*

zen anzuklagen und die Verbrechen zu beichten, die sie begangen haben."

Eigentlich ist hier alles klar ausgedrückt, doch wahrscheinlich musste auch der Papst diesen Satz mehrmals lesen.

Paragraf 33 dieser Bulle ist ebenfalls sehr interessant, denn in diesem wird genau geregelt, was mit eingezogenem Besitz und Vermögen eines Häretikers, oder auch mit eingetriebenen Strafzahlungen zu geschehen hat: *„Ein Drittel bekommt die örtliche Staats- oder Landesregierung. Ein weiteres Drittel geht als Belohnung an jene Vertreter dieser Regierung, die sich persönlich dieses besonderen Falles angenommen haben. Das dritte Drittel soll von den Diözesanbischöfen und den Inquisitoren sicher aufbewahrt werden und ist nach deren Gutdünken zu verwenden, um den Glauben zu fördern und um Häretiker auszurotten. Diese Bestimmung steht über allen anderen Vereinbarungen, die bisher gegolten haben, und die in Zukunft getroffen werden."*

Es gab also mit an Sicherheit grenzender Wahrscheinlichkeit Fälle, in denen Prozesse einzig zum Zweck der Geldbeschaffung angestrengt und durchgeführt wurden.

Die Gruppe aber, in der die Kirche die größte Bedrohung sah, waren die Katharer. Die Ursprünge der Katharer, zu Deutsch „die Reinen" sind ungewiss, doch weiß man, dass sie sich in der 1. Hälfte des 11. Jahrhunderts formierten. Seit etwa 1170 waren sie als religiöse Gruppe organisiert, die bis 1215 zu einer der größten Laien- und Armutsbewegung anwuchs. Diese Bewegung entwickelte sich, besonders im Süden Frankreichs, zu einer eigenen Kirche. Vielen Anhängern gefiel diese gelebte Ehrlichkeit und asketische Lebensweise. So dehnten sich die Katharer mit der Zeit von Spanien, Portugal und Frankreich bis nach Deutschland und Italien aus. Sie setzten nun eigene Bischöfe ein, gründeten Bistümer und lebten in Eintracht mit Landesfürsten.

Katharische Priester und Priesterinnen (!) predigten nicht in lateinischer, sondern in der jeweiligen Landessprache und erreichten dadurch viel größere Teile der Bevölkerung als die Kirche mit ihrem Latein. Aber, und dies muss ebenfalls gesagt werden, in ihren Ansprachen und Predigten verbreiteten sie auch gnostisches Gedankengut.

All dies war für Rom Häresie, so etwas durfte nicht geduldet werden, doch die Kirche sah sich hier einem neuen Problem ausgesetzt, denn sie hatte es nun nicht mehr mit Einzeltätern, sondern mit einer ganzen Gruppe von Ketzern zu tun, einer Gemeinschaft, die rasch wuchs und noch dazu auf mehrere Länder verteilt war. So wurden die Katharer in einer ersten kirchlichen Gegenmaßnahme 1179 auf dem dritten Laterankonzil von Papst Alexander III. – er regierte von 1159–1181 – verurteilt und exkommuniziert.

Papst Lucius III. (Pontifikat 1181–1185) verurteilte sie 1184 neuerlich auf dem Konzil von Verona mit der Bulle „Ad Abolendam“[15)], doch diese Verurteilung brachte, ebenso wie die vorangegangene Exkommunikation, nicht viel.

Erst Innozenz III., Papst 1198–1216, wandte sich energisch gegen die Katharer, denn er rief nach gescheiterten Verhandlungen im Jahre 1209 zu einem Kreuzzug gegen sie auf. Unerbittlich vernichtete die Inquisition die katharische Glaubensbewegung. Allerdings konnte Innozenz sein Werk nicht selbst vollenden, denn es vergingen Jahrzehnte, bis die Katharer gänzlich verschwunden waren. Der päpstlichen Feldzug gegen die Katharer wurde von den Dominikanern angeführt, und auf der Seite des Papstes kämpften mit ihnen die Truppen Ludwigs des IX., von 1226 bis 1270 König von Frankreich aus der Dynastie der Kapetinger.

Doch es dauerte etwa einhundert Jahre ab Beginn dieses Kreuzzuges, bis die Katharer eliminiert waren. Der letzte einiger noch versprengter Katharer – er hatte den Rang eines Präfekten – wurde 1342 verhaftet und auf dem Scheiterhaufen verbrannt. Mit dieser Gemeinschaft war damit nun endgültig Schluss. Vatikan und Krone aber teilten sich Ländereien und Besitztümer der Katharer.

Die Waldenser waren eine weitere häretische Bewegung, gegen welche die Inquisition vorging. Gegründet wurde sie in Lyon gegen Ende des 12. Jahrhunderts von einem gewissen Petrus Valdes (†1218) aus Protest gegen Verweltlichung der Kirche, wie sich Valdes ausdrückte. Gepredigt wurde ab etwa 1176 das Armutsideal der Apostel, eine Glaubensinterpretation, die in Europa großen Anklang fand. Die Inquisition aber begründete ihr Einschreiten nicht nur mit Häresie, sondern auch mit der Missachtung des Verkündigungs- und Lehrverbotes für Laien.

Die von Papst Lucius III. 1184 veröffentlichte und bereits erwähnte Bulle „Ad Abolendam" (auszutilgen) wurde dazu benutzt, um neben den Katharern auch die Waldenser anzuklagen. Diese nämlich lehnten neben den kirchlichen Lehren der Heiligenverehrung und des Fegefeuers auch den Dualismus[16)] der Katharer ab.

Ab 1182 wurden die Waldenser von der Inquisition aus Lyon vertrieben, formierten sich aber in Nordfrankreich, Oberitalien und Spanien neu und erreichten um 1200, vielleicht auch kurz danach, Süddeutschland. Trotz jahrhundertelanger Verfolgung und Drangsalierung durch die Kirche gelang es den Waldensern, die sich im 16. Jahrhundert der Reformation anschlossen, sich bis in die Gegenwart zu halten. Die größten Gemeinden der insgesamt etwa 100.000 Mitglieder finden sich heute in Südamerika und in Italien, wo sich die

Waldenser mit den Methodisten zu einer Religionsgemeinschaft zusammengeschlossen haben. Im Jahre 2015 rang sich Papst Franziskus dazu durch, die Waldenser um Verzeihung für Verfolgung und angetanes Unrecht zu bitten.

Neben Katharern und Waldensern gab es im Mittelalter noch eine Reihe von anderen häretischen Bewegungen, von denen die wichtigsten hier kurz beleuchtet werden sollen.

Die Humiliaten formierten sich ab dem 12. Jahrhundert in Italien als eine Bewegung, die Armut und fortwährende Buße predigte. Da sie aber als Laien das Predigtverbot missachteten, wurden sie 1184 von Papst Lucius III. (1181–1185) mit dem Kirchenbann belegt. Diesen hob Papst Innozenz III. (1198–1216) jedoch 1201 wieder auf und ernannte die Humiliaten sogar zu einem katholischen Orden. Im 14. Jahrhundert wurde der Orden in einen männlichen und einen weiblichen Zweig geteilt. Der Männerorden wurde im 16. Jahrhundert von Papst Pius V. (1566–1572) nach Streitereien des Ordens mit dem Mailänder Erzbischof aufgelöst, doch die weiblichen Humiliaten existieren bis heute unter dem Namen „Blassonische Nonnen“, so genannt nach ihrer Ordensgründerin Clara Blassoni.

Die Arnoldisten, gegründet von dem Augustiner Abt Arnold von Brescia, überwarfen sich im 12. Jahrhundert schwer mit Rom, weil sie vom weltlichen Klerus verlangten, wie Mönche zölibatär, ohne Besitz und ohne politischen Machtanspruch zu leben. Obwohl Arnold und seine Anhänger mehrmals verurteilt wurden und durch halb Europa flüchten mussten, kehrten sie nach Rom zurück und nannten den Klerus „eine Wechselstube und Mördergrube“. Als Arnold aber 1155 neuerlich fliehen wollte, wurde er gefasst, den römischen Kardinälen übergeben und gehenkt.

Die Gerardisten waren wohl eine der skurrilsten Sekten im 11. und 12. Jahrhundert. Jeglicher Besitz gehörte der ganzen Gemeinde, Beten und Fasten waren die obersten Gebote und es wurde gelehrt, dass sich geistig reine Menschen ohne körperlichen Kontakt fortpflanzen können, etwa nach Art der Bienen. Kirche und Papst seien überflüssig, da der Heilige Geist Sünden direkt vergibt. Erlösung konnte, in Anlehnung an den Kreuzestod, nur durch ein schmerzvolles Sterben in Agonie erlangt werden, deshalb mussten sterbenden Gerardisten Qualen zugefügt werden. Die meisten Mitglieder der Sekte wurden von der Inquisition zum Tod auf dem Scheiterhaufen verurteilt. Diese Urteile akzeptierten sie aber zum Erstaunen der Inquisitoren gerne, denn dies entsprach ihrer Vorstellung eines qualvollen, erlösenden Todes.

Die Brüder und Schwestern des freien Geistes, auch Adamiten genannt, waren eine Sekte, die vom 13. bis zum 14. Jahrhundert existierte. Ihren Namen und ihre Überzeugung begründeten sie mit einem Satz aus einem Paulusbrief[17)]: „Der Herr aber ist der Geist, und wo der Geist des Herrn wirkt, da ist Freiheit." Auch strebten sie nach Sonderbarem, nämlich nach der Wiederherstellung der Unschuld vor dem Sündenfall. Zugleich lehnten sie Kirche, Priester, Sakramente, die zehn Gebote und überhaupt jedes Gesetz ab. Sie wurden 1311 als Ketzer verdammt und man sagte ihnen, wohl böswillig, rituelle Nacktheit nach, nannte sie deshalb auch abwertend Adamiten.

Bogomilen wurde eine häretische Bewegung genannt, die sich, ausgehend von Bulgarien, bis Westeuropa verbreitete. Diese Bogomilen waren Doketisten[18)], die kirchliche Hierarchien sowie deren Symbole aber auch staatliche Autorität ablehnten. Sie konnten sich bis in das 15. Jahrhundert halten, bevor sie nach Verfolgung durch die Inquisition verschwanden.

Bonifatius VIII., Papst von 1294–1303, darf als häretischer Sonderfall gesehen werden, denn ein Papst als angeklagter Ketzer ist eben nicht alltäglich. Und das kam so: König Philipp IV. von Frankreich (1268–1314) war zu Lebzeiten des Bonifatius mit diesem verfeindet gewesen. Deshalb drängte er 1310, einige Jahre nach dem Tod von Bonifatius, dessen Nachfolger, Papst Clemens V., dazu, posthum einen Ketzerprozess gegen Bonifatius anzustrengen. Auch wenn dieser Prozess politisch motiviert war, so konnte die Anklage doch mit einigen glaubwürdigen Zeugen aufwarten. Denn Bonifatius hatte sich nicht nur für Naturwissenschaften interessiert, zu denen im Mittelalter die Alchemie zählte, sondern er hatte auch mit Sprüchen und Meinungen, die nicht überall Zustimmung fanden, aufhorchen lassen. So meinte er einmal: „Befriedigung durch Geschlechtsverkehr ist ebenso wenig ein Vergehen wie Händewaschen.“ Ein anderes Mal sagte er: „Alle Religionen, auch das Christentum, enthalten neben Wahrheiten auch Falsches.“ Wieder ein anderes Mal fragte er: „Welchen Reichtum beschert uns dieses Märchen von Christus?“ Ein weiterer dokumentierter Spruch von ihm, der wohl scharfe Kritik hervorrief, lautet: „Dreieinigkeit, Jungfrauengeburt und Auferstehung sind christliche Unwahrheiten!“

Trotz dieser vorgebrachten Anschuldigungen wurde der Prozess gegen Bonifatius 1312 ohne Ergebnis beendet.

Der erwähnte König Philipp IV. von Frankreich ließ am Freitag, dem 13. Oktober 1307, alle Mitglieder des Templerordens verhaften, um deren riesiges Vermögen einziehen zu können[19)]. Das aber war auch für Papst Clemens V. zu viel. 1311 berief er das Konzil von Vienne ein, auf dem er beschließen ließ, dass sich die Templer weder der Häresie noch der Blasphemie schuldig gemacht hatten. Trotzdem ließ der Papst den Orden aufheben, da allein durch den Verdacht der Ruf der Kirche Schaden genommen hätte. Doch der König konnte sich das Vermögen der Templer nicht zu eigen machen, denn dieses übertrug der Papst dem Johanniter-Orden. Trotz allem aber endete Jacques de Molay, der letzte Großmeister der Templer, 1314 wegen Häresie auf dem Scheiterhaufen, denn er wurde von der Inquisition auf Druck des Königs angeklagt und hatte unter der Folter gestanden.

Clemens V. (1305–1314 auf dem Stuhl Petri) erwählte übrigens 1309 die Stadt Avignon als den neuen offiziellen Sitz der Päpste. Dies sollte bis 1377 so bleiben, dem Jahre, in welchem Papst Gregor XI. nach Rom zurückkehrte.

Papst Benedikt XII. (Pontifikat 1334–1342) muss als Inquisitor zugutegehalten werden, dass er weitgehend auf Folter verzichtete, obwohl er von Avignon aus nicht nur die letzten verbliebenen Katharer, sondern auch andere häretische Gruppen jagte.

Papst Clemens VI. (1342–1352) überließ die Inquisition größtenteils den Inquisitoren, man konnte sich ja auf sie verlassen. Den Papst interessierten andere Dinge. So waren von fünfundzwanzig während seines Pontifikates ernannten Kardinälen nicht weniger als acht Neffen und andere nahe Verwandte von ihm. Er sorgte auch dafür, dass seine Mätressen und zahlreichen Günstlinge zu Reichtum und Einfluss kamen. Als das englische Parlament erfuhr, dass das Einkommen des Papstes allein aus englischen Pfründen fünfmal so hoch war wie das des englischen Königs, meinte der Papst lapidar, dass er eben der bessere Geschäftsmann sei.

Ein Reihe von nachfolgenden Päpsten ließen während der nächsten etwa 230 Jahre die Inquisition und Inquisitoren recht selbstständig agieren, denn sie hatten andere, teilweise brennende Probleme, wie den „100-jährigen Krieg" zwischen England und Frankreich, Fehden in ganz Europa, eine Reihe von Gegenpäpsten, Kreuzzüge, die Türken in Europa und vor allem das abendländische Schisma[20)]. Erst unter Papst Innozenz VIII. (1484–1492) nahm die Inquisition, aber auch die Hexenverfolgung, wieder Fahrt auf. Bei Anklagen wegen Hexerei und Hexenprozessen muss allerdings klargestellt werden, dass diese zum allergrößten Teil von weltlichen Gerichten ausgingen. So wurden in einem Zeitraum von ungefähr 320 Jahren von der Kirche weniger als hundert Todesurteile gefällt, dies aber bei geschätzten 70.000 bis 80.000 Hexenverbrennungen in ganz Europa.

Die Iberische Halbinsel wurde 711 von muslimischen Mauren, nordafrikanischen Berberstämmen, erobert, islamisiert und über 500 Jahre lang besetzt. Erst 1492 konnten eine christliche Allianz, bestehend aus Heeren von Kastilien, Aragon, Südfrankreich und Portugal, die Araber mit der Rückeroberung von Granada endgültig besiegen.

Dieser Sieg war jedoch schon Jahre davor absehbar und König Ferdinand II. (1452–1516) herrschte ab 1474 als König von Kastilien und Leon, in den Jahren danach auch als König von Aragon und Neapel. Seine Frau Isabella I. war Mitregentin. Doch nun fand sich das Herrscherpaar, selbst strenge Katholiken, inmitten einer Gesellschaft, die aus Christen, Moslems und Juden bestand. Und die Spannungen zwischen diesen verschiedenen Bekenntnissen begannen sich zu vertiefen.

Bereits im Jahre 1478 erließ Sixtus IV., (1471–1487 Papst und Vorgänger von Innozenz VIII.), auf Bitten des spanischen Königs die Bulle „Exigit sincerae devotionis affectus" (gefordert werden Gefühle ernsthafter Hingabe). Mit diesem Dokument befahl der Papst, zu prüfen, ob Glaubensübertritte von Juden auch aus Überzeugung erfolgen. Der König konnte aufgrund dieser Bulle ab 1480 nach eigenem Gutdünken Inquisitoren einsetzen, die sich hauptsächlich mit den „Conversos", den zum Christentum Übergetretenen, befassen sollten. Hier erweiterte die Inquisition also ihr Betätigungsfeld, denn in dieser Sache ging es nicht um Irrglauben, dem Einhalt zu gebieten war, sondern um Reste von Fremdglauben, die ebenso wenig akzeptiert werden konnten. Dies war der Beginn der spanischen Inquisition.

In den ersten beiden Jahren nach Gründung dieser spanischen Inquisition wurden bereits fast 300 Personen zum Tod auf dem Scheiterhaufen verurteilt. Dies missbilligte der Papst zwar, unternahm aber nichts gegen die Urteile. Doch er entsandte acht dominikanische Inquisitoren nach Spanien, die in Aragonien und Kastilien weitere Inquisitionsgerichte gründeten. In Kastilien wurde nun die Suprema, der Hohe und Allgemeine Rat der Inquisition, eingerichtet, deren Vorsitzender, ein Großinquisitor, vom König vorgeschlagen und vom Papst ernannt war.

Finanziert wurde die gesamte Organisation der Inquisition und deren Gerichtsbarkeit durch Einzug von Gütern und Vermögen, eine Standardstrafe für Häresie. Auch konnten Strafen, wie das Tragen eines Büßergewandes, das nicht nur entehrend, sondern auch meistens geschäftsschädigend war, durch Strafzahlungen abgewendet werden.

Zu Beginn der spanischen Inquisition wurden fast nur Conversos, die meisten davon Juden, verurteilt, weil sie, obwohl zum Christentum übergetreten, jüdische Riten und Zeremonien weiter praktizierten. Deshalb wurden sie des nur scheinbaren Übertritts zum Christentum verdächtigt. So wurde bereits der Gebrauch eines siebenarmigen Leuchters als Häresie gewertet und entsprechend bestraft. Ab 1492 aber konnten sich gläubige Juden nur mehr zwischen Taufe und Emigration entscheiden. Während dieser Zeit, bis etwa 1520, wurde geschätzten 2000 bis 3000 Conversos der Prozess gemacht, eine ansehnliche Einkommensquelle für die Inquisition. Aber auch der Staat verdiente beachtlich, denn Conversos, die das Exil vorzogen, mussten all ihre unbeweglichen Güter zurücklassen.

Ab dem Jahre 1502 verfuhren Staat und Inquisition dann mit muslimischen Conversos wie mit den jüdischen, natürlich aus genau den gleichen Gründen. Und für Muslime, die bleiben wollten, wurde ab 1525 die Taufe als zwingende Pflicht eingeführt.

Im 16. Jahrhundert wurde die spanische Inquisition sozusagen weiter ausgebaut, denn es kam die Verfolgung des auf Spanien übergreifenden Protestantismus dazu. Hexerei war nun als nicht zu tolerierende Straftat eingestuft und Bigamisten wurden ebenfalls der Inquisition übergeben. Auch Homosexualität kam auf diese Liste. Die Inquisition ließ hebräische und arabische Bücher verbrennen und erstellte einen Index, eine Liste verbotener Bücher. Der Druck nicht genehmigter Bücher wurde nun streng bestraft, ebenso wie Pornografie in Bild und Wort.

Die spanische Inquisition zog sich bis in das 18. Jahrhundert hin, die letzten Prozesse fanden um 1725 statt. Es war Napoleon, der 1808 per Dekret deren endgültige Abschaffung veranlasste, und dieser Ansicht folgte 1813 das spanische Parlament. Es dauerte aber noch bis 1834, erst dann wurde die Inquisition von der spanischen Königin Isabella II. offiziell abgeschafft.

Bereits 1515 bemühte sich der portugiesische König Manuel I. um die päpstliche Genehmigung einer Inquisition. Diese wurde schließlich 1536 von Papst Paul III. (1534–1549 Papst) erteilt. Danach ging Portugal, wie vor ihm bereits Spanien, hauptsächlich gegen jüdische Konvertiten vor, und die portugiesische Inquisition war geboren. An Christen jüdischen Ursprungs gab es damals geschätzt bis zu hunderttausend, war doch Portugal nach den spanischen Zwangsvertreibungen für die Conversos Einwanderungsland Nummer eins. Ungestört konnten sie aber auch dort nicht leben, denn sie sahen sich auch in Portugal erzwungenen Massentaufen, Inquisitionsprozessen und gewalttätigen Ausschreitungen ausgesetzt. Anno Domini[21)] 1580 ging die portugiesische Inquisition in der spanischen auf, schwächte sich in den Jahren darauf etwas ab und wurde sowohl de facto als auch offiziell gemeinsam mit der spanischen Inquisition beendet.

Inquisitoren waren zwar in Italien schon seit etwa zweihundert Jahren tätig, doch sah sich Papst Paul III. gezwungen, 1542 per päpstlichem Dekret die Römische Inquisition, genannt „Congregatio Sancti Officii“ (deutsch: Vereinigung der Heiligen Ämter) zu gründen. Zweck dieser Inquisition war es, dem Protestantismus zu verwehren, auf italienisches Gebiet überzugreifen. Reformatorisches Gedankengut, vor allem in Form von Pamphleten und Büchern, war unter allen Umständen zu verhindern. Zu diesem Zweck wurde auch hier von der Kirche eine Liste verbotener Bücher erstellt.

Diese Inquisition strafte nun nur mehr selten hart, Todesurteile der römischen Inquisition sind wenige bekannt, das meistbeachtete war die Verbrennung des römischen Mönches Giordano Bruno, der als Häretiker verurteilt wurde, weil er das damals ketzerische Weltbild des Kopernikus befürwortete. Doch der wohl bekannteste Mann, der von der römischen Inquisition der Ketzerei beschuldigt wurde, war Galileo Galilei. Er ließ seine Arbeiten drucken, darunter auch der seine These, die Erde sei rund und drehe sich um die Sonne. 1633 musste Galilei diese These bei Strafandrohung widerrufen, soll aber beim Verlassen des Gerichtssaales die berühmten Worte gemurmelt haben: „… und sie bewegt sich doch."

Das Ende der Inquisition kündigte sich im 18. Jahrhundert an. Praktiziert wurde sie ab da immer seltener und seit dem frühen 19. Jahrhundert dann gar nicht mehr. Als Napoleon 1798 den Kirchenstaat annektierte, wurde gleichzeitig die Römische Inquisition abgeschafft. Die Kirche setzte sie zwar 1814 wieder ein, praktizierte sie aber nicht mehr, sondern verurteilte nur noch mit Worten, etwa um zu exkommunizieren. In Spanien wurde, wie wir erfuhren, die Inquisition etwas später abgeschafft, dort fällte ein Inquisitor das letzte Todesurteil im Jahre 1826 in Valencia.

Pius X., Papst von 1903 bis 1914, gab der römischen Inquisition, die eine Institution des Vatikan war, einen neuen Namen. Ab 1908 wurde sie kurz „Sanctum Officium" (Heiliges Officium) genannt und war nun das Dikasterium[22)] für Glaubenslehre, das vor Irrglauben jeder Art schützen sollte.

Papst Paul VI. regelte 1965 während des zweiten vatikanischen Konzils Aufgaben und Struktur der Kongregation[22)] für die Glaubenslehre neu. Deren genaue Bezeichnung lautet „Büro zur Erhaltung der Reinheit des Glaubens". Als Präfekt steht diesem Büro ein vom Papst ernannter Kardinal als erster Verteidiger des Katholischen Glaubens vor, im Volksmund aber wird dieser Präfekt, salopp, aber nicht abwertend, Großinquisitor genannt. Der dritte Präfekt dieser Kongregation war 1981–2005 Joseph Kardinal Ratzinger.

Somit gibt es seit 1965 die Inquisition auch de jure, also rechtlich nicht mehr. Die Kirche aber muss sich den Vorwurf gefallen lassen, mit der Inquisition Jesus systematisch missbraucht zu haben.

Begriffe, Literatur, Zitate

1) Raimund von Peñaforte (1175–1275) war ein spanischer Dominikaner und Experte des kanonischen Kirchenrechtes.

2) Das lateinische Wort „inquisitio" bedeutet wörtlich Erforschung.

3) Die Dominikaner sind ein 1215 vom heiligen Dominikus gegründeter Prediger- und Bettelorden, der zum Ziel hatte, Irrglauben zu bekämpfen.

4) Franziskanische Orden sind verschiedene Ordensgemeinschaften, die auf Franz von Assisi (1181–1226) zurückgehen. 1210 gründete er den Orden der minderen Brüder, auch Minoriten genannt. Zwei Jahre später gelobte Klara von Assisi (ca. 1193–1253) Armut und gründete mit dem Frauenorden der Klarissen das zweite franziskanische Kloster.

5) Pentateuch – griechische Bezeichnung für die 5 Bücher Mose.

6) AT, 3Mos 24,16.

7) NT, Joh 15,6: Wer nicht in mir bleibt, wird wie die Rebe weggeworfen, und er verdorrt. Man sammelt die Reben, wirft sie ins Feuer, und sie verbrennen.

8) NT, 1Kor 5,4-5: Im Namen Jesu, unseres Herrn, wollen wir uns versammeln, ihr und mein Geist, und zusammen mit der Kraft Jesu, unseres Herrn, diesen Menschen dem Satan übergeben zum Verderben seines Fleisches, damit sein Geist am Tag des Herrn gerettet wird. (In der Bibel ist dies eine Strafandrohung für Blutschande, die Kirche aber vereinnahmt sie für Häresie.)

9) NT, 1Tim 1,19-20: Schon manche haben die Stimme des Herrn missachtet und haben im Glauben Schiffbruch erlitten, darunter Hymenäus und Alexander, die ich dem Satan übergeben habe, damit sie durch diese Strafe lernen, Gott nicht mehr zu lästern.

(Hymenäus und Alexander sind zwei nicht näher beschriebene Christen, die wegen Irrlehren aus ihrer Gemeinde ausgestoßen wurden.)

10) AT, Psalm 73,27: Ja, wer dir fern ist, geht zugrunde; du vernichtest alle, die dich treulos verlassen.

11) Die Kirche war darauf angewiesen, dass Kaiser Friedrich II. dem juridischen System und den richterlichen Methoden der Inquisition zustimmte, da zwar Anklage und Verurteilung in den Händen der Kirche lag, die Vollstreckung von Urteilen aber beim Staat. Außerdem bedurfte richterliche Gewalt außerhalb des Kirchenstaates der Zustimmung des jeweiligen weltlichen Herrschers.

12) Friedrich II. erließ im Jahre 1224 ein Ketzergesetz in Form eines Ediktes mit dem Titel „Cum ad conservandum" (deutsch: um ihn zu bewahren), in dem er verfügte, dass es für den ranghöchsten weltlichen Herrscher Gottespflicht ist, den wahren Glauben gegen Häretiker zu schützen. Auch Strafen für Häresie wurden in diesem Edikt geregelt. Wörtlich heißt es: „… jeder, der durch einen Gemeindevorsteher oder von seiner Diözese nach ausreichender Überprüfung der Häresie überführt und als Häretiker verurteilt wurde, mit unserer Autorität mit der Strafe des Feuers zu verbrennen ist, dass er in den rächenden Flammen untergehe, oder, wenn ihm ein elendes Leben zur Abschreckung für die anderen durch die Richter übrig gelassen wird, ihm die Zunge abgeschnitten wird."

13) Den Dogen wurde die Bewahrung des Glaubens und die Verfolgung von Ketzern in die Eidesformel eingebaut, die sie bei Ernennung zu sprechen hatten.

14) NT, Joh 15,6.

15) Die Bulle „Ad Abolendam" (zu Deutsch: auszutilgen) ist ein von Papst Lucius III. 1184 verfasstes Dekret und gleichzeitig eine ju-

ridische Übereinkunft zwischen Papst und Kaiser Friedrich Barbarossa, das als eine der frühesten Maßnahmen zur Bekämpfung von Häretikern und gleichzeitig als bedeutender Schritt in der Entwicklung der Inquisition gesehen wird.

16) Dualismus im religiösen Sinn besagt in der Gnosis und bei einigen anderen Glaubensrichtungen, dass ein guter höchster Gott alles Geistige, das deshalb ebenfalls gut ist, geschaffen hat. Ein dämonischer Gott von niedrigerem Rang, Demiurg genannt, aber hat die Welt, die schlecht ist, erschaffen. Deshalb ist alles Materielle abzulehnen und nach Geistigem zu streben, was zu Erkenntnis und letztlich zur Erlösung führt.

17) NT, 2 Kor 3,17.

18) Doketismus nennt sich eine Lehre, die im Kern besagt, dass Jesus in einem Scheinleib lebte und deshalb auch nur zum Schein leiden und sterben musste. Denn weil alle Materie unrein ist, darf Jesus mit nichts Stofflichem in Verbindung gebracht werden. Dies wurde von der Kirche in schärfster Form abgelehnt, da die Passion, also Leiden und Sterben Jesu, zentraler Bestandteil des Erlösungsgedanken sind.

19) Seither gilt Freitag, der 13., als Unglückstag.

20) Das abendländische Schisma war ein eine Spaltung der Kirche zwischen 1378 und 1417. Während dieser Zeit beanspruchten Päpste aus Rom und Avignon in konkurrierender Weise den Stuhl Petri. Einigung wurde 1417 auf dem Konzil von Konstanz mithilfe des deutschen Königs Sigismund (1368–1437) erzielt. Ein Papst, Gregor XII., dankte ab, zwei weitere Päpste, Johannes XXIII. und Benedikt XIII., wurden vom Konzil abgesetzt und ein neuer Papst wurde gewählt, der sich Martin V. nannte. Somit kehrte wieder Frieden ein und die Kirchenspaltung fand nach 39 Jahren ein Ende.

21) Zu Deutsch: im Jahre des Herrn.

22) Dikasterium: Amt (oder Dezernat) der Römischen Kurie, das Teil der vatikanischen Zentralbehörde ist.

23) Eine Kongregation ist eine Zentralbehörde der römischen Kurie.

Jesus – sein Wirken, sein Erbe
Kapitel 30

DIE SUCHE NACH DER NÄHE ZU GOTT

von Mönchen und Klöstern

Bereits in den ersten Jahrhunderten unserer Zeitrechnung begann sich das Christentum zu etablieren. Es hatte sich auch schon ein Stück weit organisiert, doch damit verbreiteten sich verschiedene Ansichten über den Glauben, über die Liebe und Nähe zu Jesus. Dies führte wieder zu unterschiedlichen Auffassungen über den Weg, der zu gehen sei, um dem Erlöser so nahe wie möglich zu sein.

Mönche, heilige Männer oder solche, die nach Heiligkeit strebten und ihr Leben einem engeren Kontakt zu Gott widmen wollten, gab es schon lange vor Christus, etwa in Asien, Nordafrika, Palästina, wie auch im antiken Griechenland. Und davon ließen sich strenggläubige Christen inspirieren. Hatten sich doch bereits Johannes der Täufer sowie Jesus höchstselbst eine Zeit lang in die Wüste zurückgezogen, um dort durch Askese, Gebet und Einsamkeit nach intensiverer Gotteserfahrung zu streben.

Das war Inspiration für Christen, die ihr Leben einzig Gott widmen wollten. Die Gründe für die Entscheidung, ein Eremitendasein zu führen, waren und sind jedoch vielfältig. Tiefer Glaube spielt dabei eine Rolle, wie auch das Streben, sich durch Zurückgezogenheit, Gebet, Bibelstudium und Askese ungestört dem Herrn zuwenden zu können. Doch ist anzunehmen, dass es unter jenen, die es vorzogen, die Einsamkeit zu suchen, durchaus auch welche gab, die ganz einfach mit der Gemeinschaft nicht konnten. Was aber nützt die Liebe zu Gott, wenn jemand gleichzeitig seinen Mitmenschen die Liebe entzieht? Sagte Jesus nicht: „Liebe deinen nächsten wie dich selbst"?

Aber Wunsch und Entschluss jedes Gläubigen, Gott auf die Weise zu dienen, die er für die richtige hält, das verdient auf jeden Fall Respekt. Ist doch in den allermeisten Fällen das Motiv ein höchst ehrbares. So dauerte es auch nicht allzu lange, bis sich erste Eremiten zu Gemeinschaften zusammenschlossen, und das war der Beginn von Klosterleben und klösterlichem Erleben[1)].

Heute gibt es Klöster von fast jeder christlichen Glaubensgemeinschaft. Vielleicht etwas weniger bekannt ist die Tatsache, dass es außerdem auch ökumenische Klöster gibt, in denen Brüder verschiedener Nationalitäten und Konfessionen zusammenleben.

Die Entstehung von christlichen Klostergemeinschaften hat eine lange Tradition, sie reicht bis in das 4. Jahrhundert zurück. Bei den ersten Klostergründungen handelte es sich um Zusammenschlüsse von Eremiten-Niederlassungen zu Gemeinschaften. Dies diente sowohl dem Überleben in abgelegenen Gegenden als auch dem gemeinsamen Erleben der christlichen Hingabe. Und gegründet wurden die ersten Klöster in Palästina und in Ägypten, also unweit der Heimat Jesu und der Geburtsstätte des Christentums.

So besteht das koptische Antoniuskloster[2)] in der ägyptischen Wüste seit seiner Eröffnung im Jahre 363 und ist damit das älteste christliche Kloster, das wir kennen. Ein weiteres Kloster aus dem 4. Jahrhundert finden wir in der östlichen Türkei. Das syrisch-orthodoxe Kloster „Mor Gabriel", unweit der Grenze zum Irak wurde 397 gegründet.

Bereits damals, in dieser Zeit des Frühchristentums, verzichteten Mönche weitgehend auf eigenen Besitz. Den brauchte man ja nicht mehr, da die von Jesus verkündete Heilserfüllung zeitnahe erwartet wurde.

Das erste europäische Kloster verdankt die Kirche Martin, dem dritten Bischof von Tours (316–397). Dieser große Mann, er wird der heilige Martin genannt, obwohl er nie heiliggesprochen wurde, empfing im Alter von 35 Jahren als Soldat die Taufe. Danach zog sich der bekennende Asket für kurze Zeit auf eine kleine Insel als Eremit zurück. Im Jahre 361 gründete er ein Kloster in Ligugé im heutigen Mittelfrankreich. Dieses leitete er aufopfernd, bevor er etwa zehn Jahre später zum Bischof von Tours geweiht wurde.

Um Martin ranken sich verschiedene Legenden. So soll er sogar einen Mann durch inniges Gebet von den Toten erweckt haben. Den Martinskult aber beflügelte vor allem die bekannte Geschichte über seinen Mantel, den er mit dem Schwert teilte, um die Hälfte einem frierenden Armen zu schenken. Nun war ein Mantel damals ein großes rechteckiges Tuch, das mehrmals um den Körper geschlungen wurde.

Der merowingische König Chlodwig I. (466–511) trat im Jahr 498 zum katholischen Glauben über, ließ sich taufen und half auf diese Weise, das Christentum in Europa zu verbreiten. Chlodwig erhob Martin zum Reichsheiligen der fränkisch-merowingischen Könige, zugleich wurde der Mantel des heiligen Martin zur Reichsreliquie erhoben. Mantel heißt auf lateinisch „cappa“. Die Reliquie wurde in einem Nebenraum der Grabeskirche von Martin aufbewahrt, in der „cappella“. Und der Geistliche, der den Mantel zu beaufsichtigen hatte, wurde „cappellan“ genannt.

Knapp 170 Jahre später, zu Beginn des Frühmittelalters, um das Jahr 529, kam es zur nächsten christlichen Ordensgründung, die in unserer Zeit vielfach als die bedeutendste angesehen wird. Denn das, was Benedikt von Nursia mit einem Kloster in Montecassino – es liegt zwischen Rom und Neapel – begann, ist heute die größte katholische Ordensgemeinschaft. Um das Zusammenleben der Mönche seines Klosters vernünftig zu gestalten, verfasste Benedikt Klosterregeln, die sogenannten „Regula Benedicti“, vom Papst genehmigt, von anderen Orden übernommen und immer noch gültig. Diese Regeln des hl. Benedikt sind zwar von einer bestimmten Strenge, jedoch auch von Ausgewogenheit geprägt und verlangen niemandem das Äußerste ab. Auf diese Weise hat Benedikt dafür gesorgt, dass Aspiranten nicht abgeschreckt werden.

Doch in seiner Jugend wurde Benedikt erst einmal von asketischer Eremiten-Erfahrung geprägt. Er hatte sich nach seinem Studium um das Jahr 500 mit einer Gruppe Gleichgesinnter für drei Jahre in die Berge der Umgebung Roms zurückgezogen. In den folgenden 20 Jahren gründete Benedikt in dieser Gegend – sie wird das Aniene-Tal genannt – dreizehn Klöster. Deren Mönche gehörten allerdings allesamt noch keiner bestimmten Ordensgemeinschaft an. Erst mit dem Kloster in Montecassino wurde gleichzeitig der Orden gegründet.

Etwa 50 Jahre später, 577, wurde das Kloster von den einfallenden Langobarden zerstört. Im Jahr 717 veranlasste Papst Gregor III. (Pontifikat 715–731), dass das wieder hergerichtete Kloster von Mönchen neu besiedelt und der Orden wiederbelebt wurde. In dieser Zeit gewann das Kloster sehr an Ansehen und Beachtung. So wurde im Jahre 744 in Fulda auf Betreiben von Bonifatius[3)] ein Benediktinerkloster nach dem Muster von Montecassino gegründet.

Im Jahre 787 besuchte sogar der Frankenkönig Karl der Große (748–814) das Kloster in Montecassino und stattete es bei dieser Gelegenheit mit weitreichenden Privilegien aus. Doch 883 wurde das Kloster wieder zerstört, jetzt von den Sarazenen[4)]. Aber auch diesmal wurde es wieder bezogen, instand gesetzt und im 11. Jahrhundert mit Hilfe von Papst Stephan IX. (Regnum 1057–1058) ausgebaut. Denn vor seiner Wahl war Stephan (bürgerlicher Name: Friedrich von Lothringen) Abt von Montecassino und dieses Amt legte er auch während seines Pontifikates nicht ab.

1349 wurde die Gegend, so auch das Kloster, durch ein Erdbeben zerstört. Der neuerliche Wiederaufbau verlieh ihm nun das heutige Aussehen im Stil der Renaissance, gemischt mit Barock.

1944 wurde das Kloster durch amerikanisches Bombardement ein viertes und letztes Mal in Schutt und Asche gelegt. Dabei kamen fast die Hälfte der ungefähr 800 Personen um, die sich im Kloster befanden. Es war jedoch ein Glücksfall, dass die gesamten Baupläne erhalten blieben. So konnte das Stammkloster des Benediktinerordens wiederaufgebaut werden, „wo es stand und wie es war“, wie sich Abt Ildefonso Rea (†1971) ausdrückte.

Heute gehören dem Benediktinerorden weltweit 341 Mönchsklöster mit ungefähr 8.000 Mönchen an. Dazu kommen 840 Nonnenklöster mit etwa 16.000 Nonnen und Schwestern.

Eine weitere, sehr bedeutende Klostergemeinschaft soll hier auch etwas genauer betrachtet werden, nämlich der Orden der Franziskaner, gegründet um 1209 von Franz von Assisi (1182–1226). Eigentlich hieß er Giovanni, also Johannes, jedenfalls war er auf diesen Namen getauft. Doch bald erhielt er einen Spitznamen. Denn als Giovanni geboren wurde, befand sich sein Vater gerade auf Geschäftsreise in Frankreich, und so kam es, dass man den Jungen deshalb bald Francesco (kleiner Franzose) rief. Dieser Name war zwar nicht sehr gebräuchlich, doch auch nicht gänzlich unüblich.

1203 führte Assisi einen Krieg gegen die Nachbarstadt Perugia. Dabei wurde Franziskus, 21-jährig, der bis dahin recht verschwenderisch gelebt hatte, gefangen genommen und kam erst ein Jahr später gegen Lösegeld wieder frei. Von da an kränkelte er. Dabei besagt eine Legende, dass er im Traum eine Vision hatte und Gott ihn aufforderte, sich in seine Dienste statt in den Dienst des Krieges zu stellen.

Daraufhin zog sich Franziskus immer mehr zurück, machte eine Wallfahrt nach Rom und begann wie ein Bettler zu leben. Dies aber passte seinem Vater gar nicht, besonders, als Franziskus begann, Waren und Geld aus dem väterlichen Geschäft an Arme zu verschenken. Der Streit zwischen Papa und Francesco gipfelte 1207 in einem Vater-Sohn-Prozess, während dem sich Franziskus von seinem Vater lossagte, um ein Einsiedlerleben zu beginnen. Und er begann zu predigen. Dies brachte ihm zwar Spott ein, aber auch Zulauf von Gleichgesinnten.

Im Jahr darauf schenkte ihm der Abt eines in der Nähe gelegenen Benediktinerklosters ein kleines Kirchlein bei

Assisi mit dem Namen Portiuncula (italienisch: kleiner Flecken Land). Um dieses Kirchlein baute Franziskus mit einigen Gefährten Hütten. Nun war der Orden geboren, doch von Rom bestätigt war er noch nicht.

Franziskus hatte Glück. Er zog mit seinen Gefährten der ersten Stunde nach Rom, präsentierte Innozenz dem III. (Papst von 1198–1216) seine erste Version einer franziskanischen Klosterregel und bat um Anerkennung des Ordens. Dabei half ihm sehr, dass er unter den Kardinälen einen ihm wohlgesonnenen Fürsprecher hatte. Der Papst bestätigte 1210 dann auch den Orden der „Pauperes Minores“, der armen Minderen, heute Minoriten[6)] genannt, der ein Leben in Armut vorschrieb. Nur die Ordensregeln hatten noch präzisiert zu werden, dann gab es für Franziskus eine offizielle Anerkennung Roms. Die Franziskaner erhielten als Laien nun auch die Erlaubnis, das Evangelium als Wanderprediger zu verkündigen. Dafür mussten sie sich aber eine Tonsur scheren lassen, denn dies wurde als niedere Weihe gewertet und dadurch gehörten sie ab jetzt zum Klerus, waren also offiziell Teil der Kirche.

Es traf Franziskus tief, als er 1223 die Leitung seines Klosters, schwer krank und fast blind, abgeben musste. Er zog sich in eine Einsiedelei zurück und änderte dort seine Ordensregeln auf Anordnung von Rom widerwillig ein weiteres Mal. Während dieser Zeit sei, so eine Legende, bei Franziskus eine Stigmatisation sichtbar geworden, also das Sichtbarwerden von fünf Narben an Händen, Füßen und der Seite, wie sie Jesus vom Kreuz davongetragen hatte. Franziskus starb 1226 und wurde bereits zwei Jahre später von Papst Gregor IX. (1227–1241) kanonisiert. Heute sind die Franziskaner stolz auf 14.000 Mitglieder in 120 Ländern.

Nur sechs Jahre, nachdem Franziskus seine Gemeinschaft ins Leben gerufen hatte, wurde 1215 vom Bischof von Toulouse eine Predigergemeinschaft legitimiert, die von einem Spanier namens Domingo, zu Deutsch Dominikus[7)], gegründet worden war. Ein Jahr später wurde dieser Orden, der sich von Beginn an in seinen Predigten scharf gegen jede Form von Häresie wandte, von Papst Innozenz III. bestätigt. Gleichzeitig unterwarf Dominikus seine Mönche strengen Regeln über Besitz und Armut, da seiner Ansicht nach jedes materielle Streben den Irrglauben begünstigte. Aber auch zum Theologiestudium verpflichtete Dominikus seine Dominikaner; denn sie sollten geistig gewappnet und bei Diskussionen mit Ketzern nie argumentativ unterlegen sein.

Um zu studieren, musste man aber lesen können, und dazu brauchte man Bücher. So entwickelten sich ab dem frühen Mittelalter Klöster zu Wiegen der Bildung. Mönche waren fast die Einzigen, die lesen und schreiben konnten. Bücher wurden mühsam und zeitaufwendig kopiert, Schriften vervielfältigt. Klöster begannen sich allmählich zu Wirkungsstätten der Wissenschaften zu entwickeln, lange bevor es Universitäten gab. Vorrangig wurde natürlich Theologie gelehrt, denn ohne abgeschlossenes Theologiestudium gab es keine Priesterweihe. Daneben etablierten sich nach und nach auch die Studienrichtungen Medizin, Kräuterheilkunde, Philosophie und Mathematik. Auch angewandte Kunst und Architektur wurden bald gelehrt. Doch nicht alle Mönche konnten studieren, es wurden auch Arbeiter gebraucht. So begannen sich zwei Gruppen von Ordensmitgliedern zu bilden, die Fratres und die Patres, Laienbrüder und Mönchpriester.

Der Papst war von der Rechtgläubigkeit der Dominikaner und von deren Loyalität zur Kirche so angetan, dass er Dominikus beauftragte, die einzige Wahrheit gegen Andersgläubige zu verteidigen. Diesen Auftrag nahm Dominikus gerne an und die Dominikaner wurden, wie wir wissen, zu einer der treibenden Kräfte der Inquisition. Der Orden aber wuchs, breitete sich nach Frankreich in Spanien und vor allem in Italien aus, bevor er sich auch auf das übrige Europa ausweitete. So befindet sich die Zentrale des Ordens, der Sitz der Generalkurie, heute in Rom.

Wie aber passte das Armutsgebot der Mönche mit dem Reichtum der Klöster zusammen? Deren Besitz wuchs durch Schenkungen, Stiftungen und Erbschaften rasant, wollten doch viele an der dafür erhofften Seligkeit teilhaben.

Und die Kirche hat Besitz. So weisen die drei reichsten Bistümer Deutschlands, nämlich München-Freising, Köln und Paderborn, bilanzierte Vermögen zwischen jeweils dreieinhalb und viereinhalb Milliarden Euro aus, jedes für sich, versteht sich. Und zu diesem Reichtum tragen Klöster und deren Ländereien zu einem beträchtlichen Teil bei.

So ist das Zisterzienserkloster Salem in Deutschland am Bodensee als eines der wohlhabendsten über die Maßen mit Besitz gesegnet. In Österreich scheint das Stift Klosterneuburg bei Wien am begütertsten zu sein. Doch auch die anderen Klöster sind nicht arm. So betreibt zum Beispiel das Benediktinerstift Göttweig in der Wachau unter anderem Forstwirtschaft und züchtet in seinen Wäldern Edelhölzer. Diese aber sind so wertvoll und begehrt, dass sie nicht verkauft, sondern regelmäßig versteigert werden.

Hier ist wohl die Frage berechtigt: Halten Klöster es im Allgemeinen etwa wie Mutter Theresa und lieben Armut mehr als die Armen? Natürlich nicht, wird argumentiert, wir leben doch in persönlicher Armut, dabei verwalten wir nur den Besitz der Gemeinschaft. Doch ist das noch gelebte Armut, oder wird hier das christliche Armutsideal verletzt? War da nicht etwas mit einem Kamel und dem Nadelöhr?[8)] Und wer würde wohl nicht gerne ein prunkvolles Haus verwalten und nebenbei lebenslang mietfrei darin wohnen?

Der Augustinerorden ist der vierte der großen Bettelorden des Mittelalters, gemeinsam mit den Franziskanern, Dominikanern und Karmelitern[9)]. Dieser Orden hat aber keinen eigentlichen Gründer, sondern 1244 schlossen sich unter Papst Innozenz IV. (1243–1254) einige Eremiten-Brüderschaften zusammen. Deshalb wurden die Augustiner anfangs auch Augustiner-Eremiten genannt. Der Orden wurde nach Augustinus von Hippo (354–430)[10)] benannt, weil diese neue Brüderschaft die Ordensregeln des hl. Augustinus übernahm beziehungsweise zu übernehmen hatte. Sonst wäre wohl der päpstliche Gründungssegen ausgeblieben, denn nach damaligen Vorschriften waren neue Orden nur dann erlaubt, wenn sie sich zu bereits bekannten und erprobten Regeln verpflichteten. Bekanntlich schossen in jenen Zeiten ordensähnliche Gemeinschaften wie Pilze aus dem Boden, darunter aber auch eine ganz Menge mit häretischen Ansichten. Da war es für Rom vonnöten, ganz genau hinzusehen.

Trotz Konflikten innerhalb des Ordens – es ging um verschiedene Ansichten darüber, wie das Gemeinschaftsleben zu gestalten sei – war eine rege Entwicklung zu beobachten. Die Augustiner blühten auf und in den folgenden 200 Jahren wurden Abteien in ganz Europa gegründet, gegliedert in 30 Ordensprovinzen, von denen jede mehrere Klöster innerhalb ihrer Grenzen aufzuweisen hatte.

Als sich aber im 14. Jahrhundert ein gewisser moralischer Verfall zu verbreiten begann und gemeinsame Gebete, das Armutsgelübde, Gehorsam, aber auch Keuschheit nicht mehr ganz so genau genommen wurden, spaltete sich eine Gruppe vom Orden ab. Diese wollten die Ordensregeln weiterhin genau beachten und nannten sich deshalb Observanten.[11)] Heute bemühen sich die Augustiner, und natürlich auch die Augustinerinnen, vornehmlich um Mission, Seelsorge und Bildung.

Der Orden der Jesuiten, in unserer Zeit neben den Benediktinern die wichtigste und einflussreichste Ordensgemeinschaft überhaupt, hebt sich in seiner Lebensweise von den anderen deutlich ab; keine Ordenstracht, keine gemeinsamen Gebete, keine Klöster, keine Klausur. 1534 gründete der Spanier Ignatius von Loyola den Orden „Societas Jesu", zu Deutsch Gesellschaft Jesu, kurz Jesuiten genannt. Die Ordens-Satzungen verpflichten neben Armut, Keuschheit und Gehorsam auch zu ganz besonderem Gehorsam gegenüber dem Papst.

Die Jesuiten haben sich der Mission und der Bildung verschrieben. Sie waren eine solch erfolgreiche Waffe der Gegenreformation, dass sie um 1570 vom Kaiser in das bereits zu 70 Prozent protestantische Wien gerufen wurden. Dort kam ihnen nicht nur ihr rhetorisches Talent zugute, sondern auch ihre Prachtbauten, denn kaum jemand errichtete prächtigere und glanzvollere Kirchen. So konnte Kaiser Matthias den Wiener Protestanten sagen: „Wenn die Katholiken schon im Diesseits so wunderbare Kirchen vorfinden, wie schön werden sie es dann erst im Jenseits haben!"

Der Orden wuchs, verbreitete sich, gewann an Macht und auch an Gegnern. So wurde der Generalobere ob seines Einflusses der schwarze Papst genannt. Es wurde den Jesuiten Verschwörung, politische Einflussnahme und Loyalitätsverweigerung vorgeworfen, galt doch ihr Gehorsam einzig dem Papst. So war es eine Frage der Zeit, bis die Jesuiten zwischen 1759 und 1767 aus Portugal, Spanien und Frankreich vertrieben und ihre Besitzungen eingezogen wurden. 1773 wurde der Orden dann, auf Druck von verschiedenen Seiten, von Papst Clemens XIV. aufgehoben, doch bereits 1814 von Pius VII. wieder anerkannt.

Rasch wurde der Orden nun größer und war in weiten Teilen Europas mit der Gründung von Schulen und Universitäten bald richtungsweisend für höhere Bildung. So waren die Jesuiten Mitte des 20. Jahrhunderts die Ersten, die an ihren Gymnasien Schach als Pflichtfach einführten. Doch sie wurden immer wieder verfolgt. In Konzentrationslagern starben über 40 von ihnen als „Volksschädlinge". Heute aber erfreut sich der Orden, dem um die 16.000 Mitglieder angehören, weltweiter Anerkennung und Beliebtheit. Das Wichtigste ist den Jesuiten aber, für sich selbst und für alle Gläubigen, die Erfahrung einer persönlichen Beziehung zu Jesus.

Eine interessante Ordensgemeinschaft ganz anderer Art sind die Kartäuser. 1084 gegründet und 1170 als Orden anerkannt, schotten sich die Kartäuser vollkommen von der Außenwelt ab. Sie verpflichten sich zu Schweigen, zur Einsamkeit und zum Gebet, ohne Medien und ohne Besucher, bis auf Angehörige, deren Besuch an zwei Tagen pro Jahr erlaubt ist. Mahlzeiten werden, außer dem sonntäglichen Mittagessen, alleine in der Klosterzelle eingenommen. Außer Beten beschäftigen sie sich noch mit Studien und mit Handarbeit.

An den wenigen Tagen, an denen es den Mönchen erlaubt ist, miteinander zu sprechen, herrscht auch meistens Stille. Man hat sich nach Jahren, die größtenteils schweigend vergehen, eben nicht mehr viel zu sagen. So leben diese Mönche in Erwartung der Wiederkunft Christi, der Ankunft des Herrn.

Nicht unbedingt jesuanisch, doch auch nicht als unwichtig abzutun, ist die Tatsache, dass die Welt den Mönchen alkoholische Getränke und Spezialitäten jeder Art zu verdanken hat. Steht doch in der Bibel, dass Jesus Wasser in Wein verwandelt hatte[12)] und nicht nur einmal über die Frucht des Weinstocks sinnierte. Auch darf daran gedacht werden, dass Jesus beim letzten Abendmahl den Kelch mit Wein hob und ihn als „mein Blut" bezeichnete.

Daran erinnert sich der klösterliche Klerus gerne beim Brauen, Keltern und Brennen. Alkohol ist nicht verwerflich, höchstens sein übermäßiger Genuss. Wurden doch alkoholische Getränke von den Klöstern aus verschiedensten Gründen hergestellt. Da waren erst einmal eine wirtschaftliche und eine religiöse Komponente. Der Verkauf von Alkohol war und ist für Orden eine wichtige Einnahmequelle. Und nicht zu vergessen, Pfarreien und Kirchen wollen mit Messwein versorgt sein. Kein Wein, keine Eucharistie. Ja, und außerdem benötigte man Alkohol für den Eigenbedarf, um den Durst zu löschen, als Heiltrunk und besonders während den Fastenzeiten als Nahrungsergänzungsmittel. Der Satz „Liquida non frangunt ieunum" (Flüssiges bricht das Fasten nicht) besaß in jedem Kloster Gültigkeit.

Sogar die heilige Hildegard von Bingen (1098–1179) soll gesagt haben: „Wein ist Medizin, Bier ist ein Getränk, Wasser ist zum Waschen." Und Heilige haben ja meistens recht.

So haben deutsche Mönche in Asien die Braukunst bis nach China verbreitet. Eine Biersorte in Thailand heißt immer noch „Klosterbräu". Und wer von uns hat noch nie ein Gläschen Wein genossen, der von Mönchen vergärt wurde? Der Mönch Dom Pérignon, geboren um 1638 in der französischen Champagne, hat den Schaumwein erfunden. Der Edellikör Chartreuse, ein Geheimrezept mit 130 Kräutern, ursprünglich als Elixier für langes Leben gedacht, wird von den Kartäusern hergestellt. Vergessen wir auch bitte nicht das traditionelle Tonikum Klosterfrau Melissengeist. Und woher der Kräuterlikör Bénédictine kommt, darüber dürfte kein Zweifel bestehen. Auch haben sich Mönche mit Glühwein für kalte Tage gewappnet. Und selbst hergestellte Brände, Schnäpse, Liköre und andere alkoholische Köstlichkeiten sind seit jeher Renner in Klosterläden.

Doch zurück zu den Klöstern. Außer den einigen Orden, über die wir hier Auskunft finden, gibt es auf dieser Welt noch viele Dutzend andere. Alle unterscheiden sich voneinander, manche mehr und manche weniger, aber alle haben sehr ähnliche Vorstellungen, Ziele und Erwartungen. Mögen sich diese erfüllen.

Männer und Frauen, die einen solchen Weg einschlagen, um sich einer religiösen Gemeinschaft anschließen, machen dies freiwillig, heute immer, früher meistens. Dabei geben sie Annehmlichkeiten, ihre vertraute Umgebung, Familie, Freunde, soziale Anerkennung und ihr Recht auf Selbstbestimmung auf. Sie verpflichten sich dafür zu Armut, Keuschheit, Gehorsam, oft zu Askese und manchmal zusätzlich zu körperlicher Buße, auch wenn diese unter Umständen schmerzhaft ist.

Die Wahl, ein solch religiöses Leben zu führen, wird Berufung genannt, Berufung zu einem Leben, das aus weltlichem Verzicht und zugleich aus Hingabe zu Jesus Christus besteht. Diese Wahl verdient Hochachtung.

Hochachtung verdienen aber auch alle anderen Menschen, die Klostermauern nur von außen kennen, ein weltliches Leben führen und dabei ethische Herausforderungen meistern. Und diese Menschen dürfen sicher sein: Wohlbehagen ist eben keine Sünde, die Lust am Leben ist nicht verwerflich und ein Leben ohne Entsagung kann auch selig machen.

Begriffe, Literatur, Zitate

1) Das Wort Kloster kommt vom lateinischen „claustrum" (verschlossener Ort).

2) Antonius der Große (hl., angeblich 251–356) war ein ägyptischer Einsiedler und Asket. Er wird als erster christlicher Mönch und damit als Begründer des Mönchtums gesehen.

3) Bonifatius (hl., um 673–754) war ein angelsächsischer Mönch und Missionar, Auftraggeber mehrerer Klöster, Bischof von Mainz und zuletzt Bischof von Utrecht.

4) Sarazenen waren arabische Kämpfer, die ab dem Jahr 700 in Mittelmeerländern Europas einfielen, um den Islam mit dem Schwert zu verbreiten.

5) Subversiv bedeutet aufrührerisch, revolutionär.

6) Minoriten: eine Ordensgemeinschaft, die zu den Franziskanern zählt.

7) Dominikus, (hl., um 1170–1221); Gründer des Dominikanerordens.

8) Bibelzitat: „Eher geht ein Kamel durch ein Nadelöhr, als ein Reicher in das Reich Gottes gelangt." Mar 10,25; Luk 18,25; Mat 19,24.

9) Karmeliter, eigentlich: Orden der Brüder der allerseligsten Jungfrau Maria vom Berge Karmel. Dem Eremitentum entsprungener Orden, gegründet um 1150 im Heiligen Land (Palästina).

10) Augustinus von Hippo (354–430) ist einer der vier großen lateinischen Kirchenväter.

11) Observanten: ein Orden, der sich im 14. Jh. von den Franziskanern abspaltete, um unter strengeren Ordensregeln zu leben.

12) Eine der biblischen Wundererzählungen: Auf der Hochzeit zu Kana verwandelte Jesus Wasser zu Wein; Joh 2,1-12.

Jesus – sein Wirken, sein Erbe
Kapitel 31

DIE WIEDERKEHR

Wir schreiben 2033, kurz nach Ostern, und rechtzeitig zu diesem Fest ist Jesus auf die Erde zurückgekehrt. Nein, das Jüngste Gericht tagt nicht, auch die Welt ist nicht untergegangen, bis auf ein paar kleine Inseln im Pazifik, die dem steigenden Meeresspiegel zum Opfer gefallen sind.

Jesus kam zurück, weil er sich Sorgen macht, Sorgen um die Welt, um die Menschen, aber besonders um seine Kirche. Denn hier ist leider nicht alles zum Besten bestellt, nicht so, wie er es sich gewünscht hätte. Entwicklung und Zustand der Glaubenseinrichtung, die er vor ziemlich genau zweitausend Jahren selbst ins Leben gerufen hatte, bedürfen seiner persönlichen Anwesenheit. Die Gläubigen laufen ihm davon, und zwar in Scharen, doch der Führungsriege in Rom ist es bis jetzt nicht gelungen, diesen Trend zu stoppen, geschweige denn, ihn umzukehren. Wäre der Vatikan börsennotiert, dann wäre die Aktie jetzt im Keller. Doch dafür hatten seine über 260 Nachfolger seit Petrus nicht so hart gearbeitet. Na ja, vielleicht nicht alle.

Gut, die Konkurrenz macht sich immer breiter, der allgemeine Lebensstandard steigt, wenn auch in letzter Zeit etwas langsamer. Fast jeder Haushalt kann schon aus über 200 Fernsehkanälen wählen. In der westlichen Welt sind Jahrzehnte seit dem letzten Weltkrieg vergangen, worum soll man also noch bitten? Und die Menschen neigen immer mehr zur Bequemlichkeit. So ist in den USA der Kirchgang bereits die Ausnahme. Wenn man die heilige Messe im Fernsehen mitfeiert, so kann man das ja auch vom Bett aus tun. Vollkommener Ablass? Kein Problem, die Gläubigen brauchen während der Ablassformel nur mehr den Bildschirm zu berühren.

Und reuige Sünder verirren sich nur noch so selten in Beichtstühle, dass diese meist geschlossen bleiben. Das ist ja auch vernünftiger bei dem derzeit herrschenden Priestermangel. Also weisen Schilder an den Beichtstühlen darauf hin: „Beichte bitte nur nach vorheriger Terminabsprache." Dazu ist ein Trend der Zeit auch nicht zu übersehen, nämlich, dass immer mehr Christen, die ihre Sünden getilgt wissen wollen, online beichten. Die Programme dazu gibt es schon länger. Online beichten kann man jederzeit, und keiner sieht es, wenn man sich dabei ein Schlückchen Wein gönnt. In die Augen sehen muss man auch niemandem und das Beichtprogramm zeigt die Bußgebete automatisch an. Ersatzweise kann eine Geldbuße online überwiesen werden, gestaffelt nach Schwere der Sünden. Nach Bußgebet oder Zahlung bekommt der Büßer per E-Mail ein Absolutionsformular zum Ausdrucken. Dieses ermächtigt zum Absetzen der Kosten von der Steuer. Dazu gibt es eine Kundennummer. Gibt man diese beim nächsten Mal an, geht es schneller. Die Gefahr dabei ist allerdings, dass man dann vom Beichtprogramm, für welche Sünden auch immer, als Wiederholungstäter erkannt wird, was die ganze Sache wieder ein wenig teurer macht.

Jesus stellte mit Betrübnis fest, dass der Klerus damit beschäftigt war, endlos zu diskutieren, sich zu zanken und mit dem Finger aufeinander zu zeigen. Sein derzeitiger

Stellvertreter auf Erden ist Clemens XV. Er ist nun schon ein alter Mann und wieder einmal Italiener. Dieser Papst gilt in den meisten Medien als zu schwach und zu milde, um sich durchzusetzen. Er hat seine engsten Vertrauten, die Kurienkardinäle, nicht immer im Griff, einige von ihnen machen meistens, was sie wollen. All dies wirkt sich wieder in den verschiedenen Bistümern und Diözesen dieser Welt aus. Es geht eben nicht an, dass in so einer großen Organisation jeder sein eigenes Süppchen kocht. Aber es lässt sich nicht mehr verbergen, dass sich die Führung der katholischen Kirche für Clemens als ein wenig zu schwierig erweist. Und zu allem Überfluss trug die Presse diese Erkenntnis gnadenlos in jeden Winkel der Welt.

Schon unter dem Pontifikat einiger seiner Vorgänger hatten ein paar Mauern zu bröckeln begonnen, Kritik an deren Stil war laut geworden. So wollte einer der Vorgänger von Clemens XV. durch gelebte Anspruchslosigkeit, wie auch mit der Wahl seines Papstnamens auf Demut und Bescheidenheit der Kirche hinweisen. Doch wie glaubhaft ist das, wenn Kardinäle und Bischöfe in Palästen und Prachtwohnungen residieren?

Und wie sehr berührte es diese Vorgänger von Clemens, dass Gläubige, vor allem in der westlichen Welt, in beängstigend großen Zahlen aus der Kirche austraten? Gab es da nicht einige Vorkommnisse von bischöflichem Fehlverhalten, die Empörung auslösten und viele Christen gegen die Kirche aufbrachten?

So wurde zum einen die unbotmäßige Zweckentfremdung von Kirchengeldern für persönlichen Luxus aufgedeckt, bei denen es um viele Millionen ging. Dabei war schon auf dem 2. nicäischen Konzil im 8. Jahrhundert Kleiderluxus und Geldgier höherer Kleriker angeprangert worden. Zum anderen wagten es immer mehr Missbrauchsopfer, aus dem Schatten zu treten und anzuklagen.

Die Kirche gab aber immer nur das zu, was aufgrund der Beweislage nicht mehr zu leugnen war. Als dem jeweiligen Papst solches zu Ohren kam, so wurde berichtet, war er wohl schockiert, trotzdem fand er, es sei wohl das Beste, erst einmal Gras über solch leidige Angelegenheiten wachsen zu lassen. Danach wurden Beschuldigte versetzt, in eine andere Diözese oder gleich in den Vatikan. Tutto bene! Denn die intakte Kirchenfamilie war dem Papst zu wichtig. Empörte Gläubige und Kirchenaustritte hatte es schließlich früher auch schon gegeben.

Auch war einer der Vorgänger von Clemens XV. ein „discutabile“. Für ihn, der einst als Wunschkandidat seines Papstes Präfekt der Glaubenskongregation und somit oberster Hüter der reinen Wahrheit war, für ihn war bereits die kleinste Abweichung von Tradition und Dogma inakzeptabel. Beim ersten Mal war es gerade noch verzeihlicher Irrtum, beim zweiten Mal unverzeihliche Ketzerei, die nicht geduldet werden durfte. Diese Kompromisslosigkeit gefiel jenem Teil des Klerus nicht, der der zunehmenden Austrittswelle mit Zugeständnissen entgegenwirken wollte. Auch Teile der recht kritischen katholischen Jugendbewegungen lehnten sich auf. Von Spaltung konnte zwar nicht gesprochen werden, doch die Meinungsverschiedenheiten zwischen den beiden Lagern, dem konservativen und dem liberalen, die vertieften sich. Diese Spannungen und das Verweigern jeder Konzession gegenüber den fortschrittlicheren Flügeln in der Kirche haben jenen Papst dann auch eingeholt, den einstigen Universitätsprofessor und rationalen Denker, der sehr wohl wusste, dass ohne Kompromiss keine Einigung zu erzielen war. Daher wäre es naiv anzunehmen, altersbedingt nachlassende Kräfte wären das Hauptmotiv für seinen Rücktritt gewesen.

Dies sind nur einige Beispiele kirchlicher Führung, die selbst Gott schmerzen mussten. Jesus hatte längst erkannt, so kann es nicht weitergehen. Er musste selbst kommen und persönlich eingreifen, um sein Boot wieder auf Kurs zu bringen.

Niemand hat die Ankunft des Herrn bemerkt, doch irgendetwas ist anders. Die Kurie in Rom, die Bischöfe, Priester und Diakone, alle, die am Kirchenwerk mitwirken, haben auf einmal das Gefühl, beobachtet zu werden. Wenn man sich aber beobachtet fühlt, steigt das Bedürfnis, rechtens zu handeln. Und Jesus will als Erstes dafür sorgen, dass seine Seelsorger wieder zu mehr Eintracht neigen, sich einander und auch den Schafen, deren Hirte sie sein sollen, näher fühlen.

In dieser Nacht richtet Jesus es ein, dass Clemens XV. einen Traum hat. Ihm träumt, er hätte von einem ernstlichen Zwist unter einigen seiner Bischöfe gehört, ein Umstand, der ihn sehr betrübt. Deshalb möchte er Rat im Gebet suchen, zieht sich in seine kleine Privatkapelle zurück und erinnert sich an den heiligen Franz von Sales, Kirchenvater und Schutzpatron der Gehörlosen und Schriftsteller. So betet Clemens zu Franz von Sales und bittet um Hilfe. Gibt es nicht einige Mitglieder im Klerus, die im übertragenen Sinn gehörlos sind, die nicht hören wollen? Clemens ist im Gebet versunken, als er die Stimme des Heiligen zu hören meint, der sagt: „Verfasse eine Enzyklika über Harmonie und Einklang, verlange von jenen, die mit dir an Jesus Christus glauben, Friede und Einmütigkeit."

Als Clemens am nächsten Morgen sein päpstliches Büro betritt, kommt sein Privatsekretär strahlend auf ihn zu und teilt ihm mit: „Eure Heiligkeit, die ersten Reaktionen auf Eure neue Enzyklika treffen eben ein und alle sind über die Maße positiv." Der Papst bemüht sich, dem Blick seines Sekretärs freundlich, doch unbeeindruckt zu begegnen, und er entgegnet: „Danke, mein Guter, seien sie doch so nett und legen sie mir ein Exemplar auf den Schreibtisch. Ich möchte sie noch einmal durchgehen."

Einige Minuten später hat Clemens das päpstliche Schreiben vor sich liegen. Auf der ersten Seite prangt der Titel in großen roten Lettern. „Caritas Dei transeundum est" – „Die Liebe Gottes ist weiterzugeben". In der Enzyklika werden seine Bischöfe aufgefordert, gemeinsam mit ihren Kardinälen ein Papier auszuarbeiten, in dem Wünsche und Anregungen über den zukünftigen Weg der Kirche dargelegt werden. Dazu soll es gleichzeitig Vorschläge geben, wie diese umgesetzt werden könnten. Der Papst verlangt in seiner Botschaft, keine Gedanken auszugrenzen. Die Vorschläge aber sollten offene Herzen, kirchliche Tradition und Kompromissbereitschaft miteinander verbinden. Nur so könnten die Gläubigen auf der ganzen Welt wieder die Liebe Gottes spüren und sie auch weitergeben, diese selbstlose, wärmende Liebe, die ihnen von der Kirche zuteilwerden sollte.

In diesem Schriftstück wendet sich Clemens an die Liberalen und versichert ihnen, ihre Anliegen wie den Zölibat, Frauen in der Kirche, die Eucharistie für Wiederverheiratete und weitere Selbstbestimmung der Diözesen zu verfolgen, denn die Zeit sei gekommen, um mit der Zeit zu gehen. Gleichzeitig beruhigt der Papst den konservativen Flügel und lässt ihn wissen, Erneuerungen würden mit Maß und Ziel in Angriff genommen, mit Traditionen werde respektvoll umgegangen, auch in Zeiten des Umbruchs.

Schon nach ein paar Wochen ist bereits größeres Bemühen um Einigkeit spürbar, und zwar über alle Kontinente hinweg. Jesus sieht dies und lächelt, denn es ist gut. Ein erster Schritt ist getan.

Kurze Zeit später, niemand hat damit gerechnet, erkrankt der Kardinal-Staatssekretär, der zweite Mann im Vatikanstaat. Auf dringendes ärztliches Anraten bittet er Clemens um Versetzung in den Ruhestand, der dieses Ansuchen auch bewilligt. Der Papst ernennt aber nicht den vom Kardinalstaatssekretär vorgeschlagenen Nachfolger, sondern einen Kardinal, dessen Loyalität er sich sicher sein kann. Dieser Neue hilft Clemens von Anfang an, sanften, doch stetigen Druck auf jene auszuüben, die glauben, ein wenig aus der Reihe tanzen zu können. Es geht um mehr Respekt füreinander, aber auch um die Anliegen des Papstes und der Kirche. Und dieser Respekt bewirkt auch mehr Einigkeit. Bemerkbar erhöht sich die Bereitschaft, aufeinander zuzugehen. Und Jesus ist wieder zufrieden.

Immer noch weiß niemand, dass Jesus wieder unter den Lebenden weilt. Er ist ja auch nicht zu sehen, so wie damals nach seiner Auferstehung, als er zwei seiner Jünger auf dem Weg nach Emmaus getroffen hatte. Und Jesus macht weiter. Für das Erste sind wohl einige Wogen geglättet und einige Wege geebnet, doch das reicht noch lange nicht. Die Achse Papst-Kurie-Bischöfe scheint wieder besser zu funktionieren. Doch der nächste Schritt muss heißen: das Vertrauen der Gläubigen stärken und es dort, wo es verloren ging, zurückgewinnen.

So hat der Papst wieder eine Eingebung, wieder nach einem Gebet und wieder ein wenig mit der Hilfe von Jesus. In Absprache mit der Kurie weist Clemens alle Diözesen an, Priester, Pfarrer und Bischöfe nicht mehr nach Gutdünken oder nach deren Verdiensten in Gemeinden einzusetzen, sondern erst zu sondieren, wen die Gläubigen gerne als Seelsorger hätten. Wer ist in der Gemeinde anerkannt und wem wird Vertrauen entgegengebracht? Dazu kann man die Menschen doch befragen. Nach derart gewonnenen Erkenntnissen sollen Geistliche den Pfarrgemeinden zugeteilt werden und Bischöfe den Diözesen. Sie haben schließlich die schwierigste Aufgabe, die seelsorgerische Begleitung der Menschen, und das in der Bewältigung der immer schwieriger werdenden Auseinandersetzung mit dem Leben.

Mitglieder der Gemeinden aber staunen und freuen sich über ihr neues Mitspracherecht. Und einige, die vorher aus der Kirche ausgetreten waren, treten spontan wieder ein. Jesus aber freut sich ein weiteres Mal.

Und er nimmt seinen Laptop und entwickelt eine App, die auf einmal auf allen kirchlichen Websites in vielen Sprachen abrufbar ist. Und sie wird oft heruntergeladen, sehr oft. Auf dieser App werden die Gemeinden über samstägliche und kostenlose Kindernachmittage informiert, in jeder Pfarrei, überall auf der Welt. Noch dazu mit professioneller Kinderbetreuung, sodass Eltern ihre Kinder auch für ein paar Stunden abgeben können. Und nebenher informiert diese App über Messzeiten, Veranstaltungen, Sakramente und deren Vorbereitungskurse. Auch Termine für zwanglose Zusammenkünfte können hier abgerufen werden. Das Einzige, was fehlt, sind Spendenaufrufe und Berichte über Kosten und Ausgaben der Kirche. Und auch keine anderen finanziellen Themen finden sich.

Besonders die Kindernachmittage werden gestürmt, viele kommen regelmäßig, mehr und mehr der Besucher nehmen in der Folge auch wieder an der Sonntagsmesse teil, ja sogar an Abendandachten, weil diese jetzt von Chören begleitet werden. Wer hätte gedacht, dass so viele Pfarrmitglieder so gut und vor allem so gerne singen? Was aber keiner sieht: Jesus hebt sein Haupt und dankt dem Vater.

Eines Morgens arbeitet sich der Papst durch seine Korrespondenzmappe, als ihn ein Memorandum eines Kardinals, jenes des Präfekten des vatikanischen Wirtschaftssekretariats, aufmerken lässt. Der Kardinal weist auf die steigende Zahl jener Kirchenaustritte hin, die aus finanziellen Gründen erfolgen. Gleichzeitig schlägt der Präfekt dem Heiligen Vater vor, die Kirchensteuer für Bedürftige und Menschen in Not abzuschaffen. Das könne für die Kirche nur ein Gewinn sein, denn weniger Austritte seien zu erwarten, finanzielle Einbußen aber kaum.

Dieser Vorschlag gefällt Clemens gut und er lässt ihn auf die Tagesordnung des wöchentlichen Kurien-Kolloquiums setzen. Der Kardinal aber fragt sich, wieso er sich beim besten Willen nicht an dieses Memorandum erinnern kann. Könnte es sein, dass da etwa sein Sekretär ohne sein Wissen …? Nein, unmöglich, das Dokument trägt doch seine Unterschrift. Und so sagt sich der Kardinal: „… am besten so tun, als ob, schließlich gefällt es dem Heiligen Vater." Und jemand, der zwar in der Nähe ist, aber nicht gesehen werden kann, schmunzelt.

In dem Vorschlag, Bedürftigen die Kirchensteuer zu erlassen, sieht die Kurie ein Zeichen christlicher Barmherzigkeit, und sie nimmt ihn einstimmig an. Gleich nach dem Votum aber meint Clemens XV. ein paar leise, doch unmissverständlich gemurmelte Worte zu vernehmen: „Was du dem geringsten meiner Brüder tust!" Clemens blickt in die Runde, kann diese Worte aber keinem seiner Kardinäle zuordnen.

Der Osservatore Romano meldet diese Neuigkeit und tags darauf überschlägt sich die internationale Presse. Vornehmlich wird diese Nachricht unter dem Titel „Caritas“, Nächstenliebe, veröffentlicht. Viele Christen, die aus finanzieller Not ausgetreten sind, können es kaum glauben und vergewissern sich bei ihrer Pfarrei, ob es sich auch ganz sicher um keinen Irrtum handelt. Und es ist Begeisterung zu spüren.

Die Kirche hätte, um einen modernen wirtschaftlichen Terminus zu gebrauchen, keinen effektiveren Marketing-Coup landen können. Denn was jetzt geschieht, das hat niemand erwartet. In den folgenden Wochen ziehen fast eine Viertel Million Katholiken ihre Austrittsanträge zurück und bitten um Wiederaufnahme. Sonntagsmessen sind auf einmal um vieles besser besucht als noch vor Kurzem, viele Pfarreien müssen sogar Hostien nachbestellen und die Kirchenbesucher freuen sich außerdem, jene Priester predigen zu hören, die sie sich gewünscht haben. Es herrscht Aufbruchsstimmung, von der auch andere christliche Lager mitgerissen werden.

Für Jesus indes ist klar: Das darf keine Eintagsfliege bleiben! Jetzt aufzuhören wäre ein Fehler.

Diese Erfolge innerhalb der Kurie, der Kirche und der ganzen katholischen Gemeinde sind für Clemens Anlass zu demütiger Freude. Es ist spät geworden an diesem Abend. Der Papst küsst die Bibel, klappt sie an der Stelle vom Barmherzigen Samariter zu und geht die paar Schritte zu seinem Betschemel. Er kniet nieder, fühlt sich dem Kreuz vor ihm sehr nahe und dankt dem Herrn für das, was in den letzten Monaten geschehen ist. Die Jesusfigur, die vom Kreuz herabsieht, scheint ein wenig heller als sonst und Clemens, tief in Gedanken versunken, fühlt eine Eingebung, so als würde jemand sagen. „Du hast auf deine Kirche geschaut, nun schaue auf die anderen. Es gibt da draußen noch so viel zu tun!“

Diesen Gedanken greift der Papst bei der nächsten Kurienversammlung auf und bittet um Vorschläge. Da, fast gleichzeitig, melden sich zwei Kardinäle zu Wort. Der erste ist der Präfekt des Dikasteriums für den Dienst der Nächstenliebe. In seinem kurzen Vortrag erinnert er an die schrecklichen Erdbeben in Teilen Asiens, besonders aber in Bangladesch und Vietnam. Hunderte, ja Tausende Menschen sterben dort an den Folgen dieser Naturkatastrophen, weil sie es nicht bis zum nächsten Krankenhaus schaffen. Die Lösung könnte sein, dass der Vatikan jenen Ländern Ambulanzen zur Verfügung stellt, die ähnlich dem roten Kreuz, aber unter anderem Namen operieren. „Die helfende Hand“ als Logo, in päpstlichem Gelb mit weißer Manschette und einem Kreuz auf der Handfläche. Die Fahrzeuge samt Innenausstattung, Medikamenten und Wartung sowie Ausbildung und Gehältern von Fahrern und Sanitätern würden vom Vatikan übernommen. Man könnte doch mit je 25 Rettungswagen für Vietnam und Bangladesch beginnen. Dafür wolle der Vatikan selbstverständlich nichts außer der Erlaubnis, an jedes der angefahrenen Krankenhäuser eine kleine Kirche anbauen zu dürfen, deren Betrieb und freier Zutritt vom Staat garantiert sei.

Der Präfekt des Wirtschafts-Dikasteriums kalkuliert kurz, bevor er der Runde mitteilt, dass sich die Anschaffungskosten auf etwa 4 Millionen belaufen würden und mit jährlichen Betriebskosten von ungefähr 1,5 Millionen zu rechnen sei. Nach allgemeinem Kopfnicken bittet Clemens den Kardinalstaatssekretär, er möge sich doch mit den Botschaftern dieser Länder in Verbindung setzen.

Als Nächster ist der Präfekt der päpstlichen Kommission für Kulturgüter an der Reihe. Er erinnert an unzählige Bilder und Kunstwerke in den Vatikanischen Lagern und Bibliotheken, die aus Platzmangel nie ausgestellt werden. Eine Auswahl könnte man doch zu einer Wanderausstellung zusammenstellen, für die sich auch muslimische Länder interessieren.

Schließlich finden sich viele biblische Gestalten auch im Koran wieder. Da hätten wir zum Beispiel Abraham, Moses, Noah, den Erzengel Gabriel, aber auch Jesus als Prophet und seine Mutter Maria, die auf Arabisch Marjam heißt und der im Koran sogar eine eigene Sure gewidmet ist.

Der Präfekt des Dikasteriums für interreligiöse Angelegenheiten erklärt, sich bei dem nächsten paneuropäisch-nordafrikanisch-arabischen Treffen für dieses Thema einzusetzen. Doch niemand in dieser Runde kann sehen, wie die Augen von Jesus vor Freude leuchten.

Über ein Jahr ist nun vergangen. Der Herbst 2034 bringt herrliches Wetter, das nach diesem heißen Sommer allen guttut. Und für diesen Herbst hat Clemens XV. ein außerordentliches Konsistorium einberufen – mit der verpflichtenden Teilnahme aller Kardinäle. Und als diese Versammlung mit einem Hochamt eröffnet wird, spüren die Teilnehmer, was für eine Leidenschaft, welch ein Elan vom Papst ausgeht.

In den nächsten drei Wochen werden wichtige Entscheidungen getroffen, von denen einige wegweisend sind. Als Erstes wird eine Freitagsmesse eingeführt, die auch als Sonntagsmesse gilt. Als Nächstes wird die Pflicht der jährlichen Beichte und Eucharistie erleichtert. Denn diese wird von der österlichen Zeit auf das ganze Jahr ausgedehnt.

Das Thema Frauen und Kirche – es wurde ja auf Wunsch des Papstes seit über einem Jahr diskutiert – findet nun viel mehr Befürworter als noch unter den Vorgängern von Clemens. So erfährt das Konsistorium, dass in Europa und Nordamerika fast achtzig Frauen ein Theologiestudium abgeschlossen haben, von denen die meisten jetzt auf eine offizielle Funktion innerhalb der Kirche hoffen.

Der Kardinal von Utrecht, einer der Hauptvertreter des fortschrittlichen Lagers, erklärt sich dazu bereit, zwei dieser Theologinnen zu Diakoninnen zu weihen. Dabei verweist er auf den heiligen Paulus, der Junia im Römerbrief als Apostelin bezeichnet hatte. Diesem Ansinnen schließt sich der Erzbischof von Zagreb an, er will ebenfalls eine Diakonin einsetzen und dabei beobachten, wie sie vom übrigen Klerus und auch von der Gemeinde akzeptiert wird. Von den 144 stimmberechtigten Kardinälen stimmen 107 mit ja, bei 4 Neinstimmen und 33 Enthaltungen. Angenommen!

Ähnlich eindeutig wird über die Zulassung von Wiederverheirateten zum Sakrament der Eucharistie entschieden. Doch eine Einschränkung gibt es: Die Zulassung gilt nur für einmal Wiederverheiratete, nicht aber für darüber hinaus mehrmals Verheiratete.

Die hitzigsten Diskussionen werden über den Zölibat geführt. Doch können schließlich viele der Zölibats-Befürworter von Statistiken überzeugt werden. Hochrechnungen sagen nämlich voraus, dass sich der Priestermangel weiter verschärfen wird. Zwischen 5 und 7 Prozent pro Jahr werden es weniger werden, besonders aber während der Jahre 2039-2041, während deren eine altersbedingte Pensionswelle zu erwarten ist.

Und der eheliche Zölibat wird gelockert, außereheliche Enthaltsamkeit ist aber selbstverständlich weiterhin angesagt. Priester dürfen nun heiraten und Bischöfe dürfen, wenn sie es schon waren, verheiratet bleiben, sich aber während der Ausübung ihres Bischofsamtes nicht verehelichen. Und für Ordensgemeinschaften gilt der Zölibat wie bisher.

Dieser Beschluss wird in den CIC, den Kodex des kanonischen Rechtes, aufgenommen und erlangt damit Rechtsgültigkeit. Die erste Gratulation aber, die zu diesem Entschluss im Vatikan eintrifft, kommt von einer anglikanischen Bischöfin aus Birmingham.

Jesus blickt zufrieden auf das Konsistorium und er erinnert sich daran, dass Petrus, sein Fels, auch verheiratet gewesen ist. Er hat sogar dessen Schwiegermutter geheilt. Und dass gerade der verheiratete Petrus es war, dem Jesus die Schlüssel anvertraut hatte, das könnte ja von manchen seiner Stellvertreter auch als Zeichen gesehen werden.

Und Jesus richtet für alle Kardinäle, Bischöfe und Priester Internet-Accounts ein. Niemandem ist klar, woher diese Accounts eigentlich kommen, doch die Anzahl der Follower schmeichelt und ermutigt. Wie einfach es ist, sich über diese Accounts auszutauschen. Auf diese Weise wird auch die Nachricht über den gelockerten Zölibat verbreitet und Priesterseminare gewinnen mit einem Schlag wieder an Attraktivität. Wie schnell das geht! Jesus aber klappt seinen Laptop wieder zu. Ein weiterer Punkt ist abgehakt.

Doch zwei Tage nach dem Ende des Konsistoriums wird die Welt mit einer Schreckensnachricht konfrontiert. In der östlichen Türkei ist ein Staudamm gebrochen. Fast zwanzig kleinere Städte und Dörfer sind überflutet und zerstört. Die Anzahl der Toten wird auf über siebzigtausend geschätzt.

Hilfe ist rasch vonnöten, denn mit dem ersten Wintereinbruch ist bald zu rechnen, auch vor Seuchen wird bereits gewarnt. Die Türkei, die sich von der letzten Wirtschaftskrise nur sehr langsam erholt, hat aber ihre Devisen und Goldreserven fast vollständig aufgebraucht und kann ihrer eigenen Bevölkerung nur mehr sehr eingeschränkt helfen.

Am Morgen nach dem Unglück feiert der Papst in seiner Kapelle wie jeden Tag die Frühmesse. Dazu hat er heute einen Gast eingeladen, einen Kardinal, den Präsident der päpstlichen Kommission für religiöse Beziehungen zu den Muslimen. Nach der Messe sitzen sie bei einem kleinen Frühstück beisammen und dabei unterbreitet der Papst dem Kardinal eine Idee.

Zwar sind nur zwei Prozent der Türken auch Christen, und davon die wenigsten katholisch. Doch sind nicht alle Menschen, die jetzt Hilfe brauchen, für den Vatikan Brüder und Schwestern? Clemens eröffnet seinem Besucher, der Präfekt des Wirtschafts-Dikasteriums hätte ihm bestätigt, dass genügend finanzielle Mittel für einen Hilfsfond zur Verfügung stünden. Wie also könnte man am besten helfen? Der Kardinal muss nicht lange überlegen. Er schlägt einen Langzeitkredit in Höhe von einhundert Milliarden Euro mit einer Laufzeit von 20 Jahren vor, und zwar zinslos. Das wäre für die Türkei zu schön, um wahr zu sein, also könne man dafür auch etwas verlangen. Dabei schwebt dem Kardinal dreierlei vor.

Als Erstes könnten sich Muslime und Christen die Hagia Sophia in Istanbul, einst die größte katholische Kirche der Welt, teilen. Freitags für die einen, sonntags für die anderen, an Wochentagen ein Museum. Während des Ramadan für die Muslime, während der österlichen und Weihnachtszeit für die Christen. Sollten sich diese Perioden überschneiden, dann täglich abwechselnd, mit Rücksicht auf die religiösen Traditionen des jeweils anderen.

Zweitens, so der Kardinal, bräuchte der Vatikan dort wieder ein Priesterseminar, und zwar in der Grenzstadt Edirne, im europäischen Teil der Türkei, denn diese Stadt ist dem vatikanischen Einflussbereich am nächsten. Zwanzig Priester jährlich sollten nach der Weihe die christliche Präsenz im ganzen Land verstärken.

Drittens aber, und das wäre für die türkischen Lokalregierungen sicherlich nicht schmerzlich, möge man doch die wenigen verbliebenen Klöster in Ruhe lassen, deren annektierte Ländereien restituieren und ihnen keine weiteren Steine mehr in den Weg legen.

Und schließlich wäre es doch rechtens, die Christen – und zwar nicht nur die Katholiken – ein paar Gotteshäuser in der Türkei bauen zu lassen, so wie die türkischen Muslime ihre Moscheen in Europa bekommen, manche sogar mit Minarett.

Der Papst ist begeistert, und wer der Meinung ist, dass im Vatikan alles über Gebühr dauert, der irrt diesmal. Denn schon am selben Nachmittag sitzen drei Kardinäle in einem Flugzeug mit dem Ziel Ankara.

Vor dem Mittagessen verrichtet der Papst ein Tischgebet wie bei jeder Mahlzeit. Dabei dankt er Gott für all die wunderbaren Eingebungen und Vorschläge, aber auch für die Kraft, um auf Worte Taten folgen zu lassen. Zum Schluss fügt er noch hinzu: „… und bitte, Heiland, lass doch die Schmerzen in meinem rechten Knie etwas abklingen." Als er sich aber nach dem Essen vom Mittagstisch erhebt, vergisst er beim Hinausgehen seinen Gehstock, denn die Schmerzen mit einem Mal wie weggeblasen.

Nur wenig später berichtet der Osservatore Romano, dass der Heilige Stuhl eine Hilfsorganisation namens „Helfende Hand" ins Leben gerufen und bereits Ambulanzen nach Vietnam und Bangladesh geliefert hat. Und, man höre und staune, es haben bereits fünf weitere asiatische Regierungen um ähnliche Unterstützung angesucht. Kommuniqués dazu finden sich in ganz Asien und meist auf den Titelseiten.

In der Türkei geht der Wiederaufbau nach dem Dammbruch zügig voran. Aus China treffen jede Woche Bauteile für eintausendfünfhundert Fertighäuser ein, und am letzten Sonntag ist in der Hagia Sophia ein ökumenisches Hochamt gefeiert worden. Teilgenommen haben Katholiken, griechische und syrische Orthodoxe, Chaldäer und Vertreter der armenischen Kirchen. Dieses Ereignis aber wollte sich Jesus nicht entgehen lassen. Unbemerkt saß er in der letzten Reihe und betete zum Vater.

So nehmen die Dinge ihren Lauf.

Ein paar Gehminuten vom Petersplatz gibt es schon seit Jahren ein kleines, aber gutes Restaurant, die Trattoria à la Madonna. Sie bietet hervorragende Küche bei gemütlichem römischem Ambiente, einen gut sortierten Keller, diskretes Personal und einen Padrone, der mit Leib und Seele Gastgeber ist.

Eines Abends im Mai 2035 betreten zwei Herren in schwarzen Anzügen die Trattoria. Nur das Kollar, der ringförmige Stehkragen, weist sie als Kleriker aus. Salvatore, der Assistent des Hausherrn, führt sie zu einem der hinteren Tische, wo sie vor neugierigen Blicken geschützt sind. Einer der beiden Herren bittet: „Salvatore, heute vielleicht Weißwein, eine Flasche Gavi di Gavi, eine kalte Platte für zwei und etwas Brot. Danke!“ Ein paar Minuten später stoßen die beiden Kurienkardinäle an. Der eine ist Kardinalspräfekt des Dikasteriums für den Klerus, der andere der Kardinalspräfekt für Laien, Familie und Leben. Und sie haben Grund zu feiern.

In dem halben Jahr seit dem letzten Konsistorium geben die monatlichen Berichte der Landeskardinäle und der Nuntien Anlass zu Freude und Zuversicht. Der für den Klerus zuständige Präfekt dankt dem Herrn, dass sich in Europa und Amerika über 65.000 Kandidaten um einen Platz in einem Priesterseminar beworben haben. Das ist etwas mehr als alle Bewerbungen der letzten vier Jahre zusammen, und die Hörsäle für Theologie platzen aus allen Nähten. Wie wohltuend hat sich die Lockerung des Zölibats in dieser Hinsicht ausgewirkt.

Der Kardinalspräfekt für Laien, Familie und Leben, eine vatikanische Umschreibung für Familienminister, weiß zu berichten, dass 1,4 Millionen verloren geglaubter Schäfchen wieder zur Herde des Herrn gefunden haben. Zugleich aber sind die monatlichen Kirchenaustritte um fast 65 Prozent gesunken. Halleluja! Und es macht die Herren ein wenig verlegen, dass sie dem Heiligen Vater in den ersten Jahren seines Pontifikates nicht mehr zugetraut haben.

Was die beiden nicht wissen: Die jungen Priester in spe haben vor ihrem endgültigen Entschluss das Gefühl gehabt, von Jesus selbst in seinen Kreis berufen worden zu sein. Und vielen Gläubigen, die zurückgefunden haben, dünkte, Jesus hätte sie bei der Hand genommen. Das hat Jesus auch getan, er ist auf viele Menschen zugegangen, hat mit ihnen gesprochen, aber so behutsam, dass seine Nähe nie erkannt, sondern immer nur erahnt wurde.

Die Kardinalspräfekten grübeln: Was war der Auslöser für diese Trendwende? Ja, all die Beschlüsse und Änderungen der letzten Zeit sind ihnen sehr wohl bekannt. Dass ihrer Kirche aber in einigen wenigen Monaten so viel Zuspruch von allen Seiten zuteilwurde? Ein Wunder! Und sie hören ein paar Worte, die wie eine Bestätigung klingen: „Ein

Wunder, zu dem ihr beigetragen habt!" Leicht erstaunt blicken sich die beiden um, aber niemand ist zu sehen. Nur die kleine barocke Holzstatue scheint von ihrem Ecksockel auf die beiden herabzulächeln, die Madonna, nach der die Trattoria benannt ist.

Die zwei Kardinäle wissen, dass diese Aufwärtskurve irgendwann abflachen wird. Wenn sie sich nur nicht wieder umkehrt, dann wäre so viel erreicht, dann kann die Santa Mater Ecclesia guten Gewissens der nächsten Generation übergeben werden. Und bei der zweiten Flasche Wein haben sie eine Idee. Sie wollen bei der Präfektur des Päpstlichen Hauses um eine Privataudienz beim Heiligen Vater ansuchen, um ihm eine Bitte vorzutragen. Der Papst hätte es doch in der Hand, auf den Präfekten der Glaubenskongregation einzuwirken, etwas weniger streng zu sein. Und wäre es nicht überlegenswert, mehr ökumenische Eucharistien mit den anderen christlichen Kirchen anzudenken? Für all diese ist die Bibel doch auch das Wort Gottes.

Die beiden Präfekten merken kaum, dass aus der zweiten Flasche mehr fehlt, als sie getrunken haben. Jesus hat sich zu ihnen gesetzt. Sehen können sie ihn freilich nicht, doch sie spüren eine Kraft, eine Stärke, die festigt und verbindet. Und sie wissen, mit der Hilfe Gottes werden sie das Werk der Kirche entschlossen fortführen.

Jesus aber sagt leise zu sich selbst: „Wahrlich ein edler Tropfen. Ja, ich habe zwar gesagt, dass ich nicht mehr von der Frucht des Weinstocks trinken werde bis zu dem Tag, an dem ich von Neuem davon trinke im Reich Gottes. Aber gehört das, was sich mir hier auftut, nicht auch zum Reich Gottes? Nun kann ich beruhigt zurückkehren zum Vater. Amen!"

Anhang 1

RELIGIONS-WISSENSCHAFTLICHE FACHBEGRIFFE

Apokalypse Enthüllung, Offenbarung
Apokryphe (das Verborgene) eine nicht in den Kanon aufgenommene altchristliche Schrift
Apologet Glaubensverteidiger
Apologie Glaubensverteidigung
Apophthegma Sinnspruch, Redewendung
Apostasie Glaubensabfall
Apostel Gesandter
Apostolat Weitergabe des Glaubens
apostolisch 1. Auf den Aposteln gegründet 2. Den Glauben weitergebend
apostolische Sukzession kontinuierliche Weitergabe des Sendungsauftrages der Apostel
Apotheose Vergöttlichung
äsopische Fabeln mythische und säkulare Kurzgeschichten in Form von Gleichnissen, die menschliche Schwächen wie Neid, Dummheit, Geiz, Eitelkeit usw. ansprechen

Basileia Reich Gottes, auch Gottesherrschaft – in der Bibel das dynamische Wirken Jahwes
Bibel auch Heilige Schrift genannt; die wichtigste religiöse Textsammlung des Judentums (AT) und auch des Christentums (AT & NT)

Charismatiker frühchristliche falsche Propheten, die vortäuschten, das Datum des Jüngsten Gerichts zu kennen
Cherubim Engel von hohem Rang, Diener und Begleiter Gottes in verschiedener Erscheinungsform
Codex Handschrift in Buchform
Conditio sine qua non Bedingung, ohne die es nicht geht, unerlässliche Bedingung
Confessio Geständnis, Bekenntnis, Beichte
Christologie theologische Lehre über Jesus Christus als wahrer Gott und wahrer Mensch
christologisch sich auf die Lehre Gottes beziehend
Christus der Gesalbte

Deismus Gottesauffassung der Aufklärung des 17. und 18. Jh., nach der Gott die Welt zwar erschaffen hat, aber keinen weiteren Einfluss auf sie ausübt
Demiurg böser Weltschöpfer des Gnostizismus
Diaspora Gläubige einer Konfession als Minderheit in einem Land
Didache, auch Lehre der Zwölf Apostel, ist die älteste Kirchenordnung, entstanden um 120 n. Chr.
Diözese Jurisdiktionsbereich eines Bischofs
Dogma Glaubensaussage mit unumstößlichem Wahrheitsanspruch
Dogmatik Glaubenslehre der Kirche
Doxologie Lobpreis
Dualismus Lehre, nach der die Wirklichkeit aus zwei einander widersprechenden Prinzipien aufgebaut ist

Ekklesia (altgriechisch: die Herausgerufenen); ursprünglich Volksversammlung, dann Bezeichnung für Zusammenkünfte von Christen, danach für den Ort dieser Zusammenkünfte, heute: die Kirche
Ekklesiologie Lehre von der Kirche
Engel Geistwesen, als Boten Gottes tätig, in (geflügelter) Menschengestalt

Enzyklika päpstlicher Rundbrief
Epigramm Inschrift
Epiphanie Erscheinen von Göttern in Menschengestalt
Episkopos Aufseher, Vorsteher; daraus entstanden der Begriff und das Amt des Bischofs
Epitome Auszug aus einem Schriftwerk, wissenschaftlicher oder geschichtlicher Abriss
Eschatologie Endzeitlehre von Tod, Auferstehung und jüngstem Gericht
Eschaton bedeutet Endschicksal, also Weltuntergang und jüngstes Gericht
Eucharistie wörtlich Danksagung
euphemisch beschönigend
Evangelium frohe Nachricht, gute Kunde
Exegese wissenschaftliche Schriftauslegung
Ex cathedra vom päpstlichen Stuhl aus, in päpstlicher Vollmacht

Genese Entwicklung, Geburt
Gnosis wörtlich Erkenntnis, eine christliche Irrlehre

Hagiographie Darstellung des Lebens von Heiligen
Harmatologie Lehre von der Sünde
Häresie Irrlehre
Heidenchrist Nichtjude, der sich taufen ließ
heilig bezeichnet in der Religion etwas Besonderes und Verehrungswürdiges
Hellenismus römisch-griechische Kultur- und Denkform der Antike, geprägt durch kulturellen und religiösen Synkretismus
Hermeneutik Interpretations- oder Auslegetechnik; Lehre vom rechten Verständnis von Sachverhalten
Heterodoxie Andersgläubigkeit
Homiletik Predigtlehre in der Theologie

Imprimatur kirchliche Druckerlaubnis

IHS Kürzel für Jesus Christus (die ersten 3 Buchstaben des griechischen Jesusnamens – ΙΗΣ)
INRI Iesus Nazarenus Rex Iudaeorum, Jesus von Nazareth König der Juden

Kanon Verzeichnis der kirchlich anerkannten biblischen Schriften; Kirchenrecht
kanonisch kirchenrechtlich
kanonisieren heiligsprechen
Katechese Glaubensunterweisung
Katechismus Glaubenslehrbuch
katholisch allumfassend, universell, weltumspannend
Kerygma Verkündigung der christlichen Botschaft

Kirchenjahr, dauert vom 1. Adventssonntag eines Jahres bis zum 1. Adventssonntag des Folgejahres und besteht aus 4 Jahresfestkreisen

- der 1. Jahresfestkreis, genannt Weihnachtsfestkreis, beginnt am 1. Adventsonntag und dauert bis zum Sonntag nach dem 6. Januar, der Erscheinung des Herrn (vor 1969 endete er mit Maria Lichtmess am 2. Februar)
- der 2. Jahresfestkreis beginnt am Montag nach der Erscheinung des Herrn und dauert bis zum Faschingsdienstag
- der 3. Jahresfestkreis, genannt Osterfestkreis, beginnt am Aschermittwoch und endet mit dem Pfingstsonntag
- der 4. Jahresfestkreis beginnt am Montag nach Pfingsten und dauert bis zur ersten Vesper des 1. Adventssonntages

kompilieren aus anderen Werken zusammenstellen
Konfession eine Untergruppe innerhalb einer Religion (ursprünglich nur einer christlichen)
Konkordat völkerrechtlicher Vertrag zwischen dem Vatikan und einem Staat bezüglich der Rechte der Kirche
Konsistorium Versammlung der Kardinäle

Konstantinische Wende religiöse Entwicklung des Christentums, die 313 von Kaiser Konstantin eingeleitet wurde, an Einfluss im römischen Reich gewann und schließlich zur Staatsreligion erhoben wurde
Konzil Kirchenversammlung, zu der alle rechtmäßigen Bischöfe als Träger der kirchlichen Lehr- und Regierungsgewalt ordnungsmäßig vom Papst eingeladen sind
konzis kurz, gedrängt (in Rhetorik, Stilkunde)
Kynismus ist eine philosophische Strömung mit Schwerpunkten auf ethischem Skeptizismus und Bedürfnislosigkeit. Davon abgeleitet ist das moderne Wort Zynismus

Liturgie gottesdienstliche Handlung
Logos das Wort, Gottessohn
lukanisches Doppelwerk Lukasevangelium und Apostelgeschichte
LXX Abkürzung für Septuaginta, die griechische Bibelübersetzung

Makarismus Seligpreisung
masoretisch überliefert; im Judentum die hebräische Textversion des Tanach
Metropolit Erzbischof über eine Kirchenprovinz
Messias der Gesalbte in aramäischer Sprache; griechisch: Christus
Messianismus Haltung, die einen zukünftigen Retter erwartet
Mystik das religiöse Erleben der Nähe Gottes
Mysterium Geheimnis

Narrativ Erzählung oder Darstellung, um eine Gestalt oder eine historische Periode zu erklären oder zu rechtfertigen
Nepotismus Neffenwirtschaft

orthodox rechtgläubig

pagan heidnisch, nicht einer monotheistischen Religion angehörig
Pantokrator Allmächtiger, Allgewaltiger

Parabel lehrhafte Gleichniserzählung
Paradigma Vorbild, Beispiel
Parenäse Mahnrede, häufig in apostolischer Briefliteratur zu finden
Parusie eschatologische Wiederkunft Christi
Passion Leidensgeschichte
Patriarch 1. Stammväter Israels, 2. kirchlicher Titel für die Bischöfe von Rom, Konstantinopel, Alexandria, Antiochia und Jerusalem – deren Bischofsitze unmittelbar auf die Apostel zurückgehen, 3. katholischer Ehrentitel für bestimmte Bischöfe
Patristik in der christlichen Theologie und Philosophie die Wissenschaft, die sich mit der Zeit der Kirchenväter (1.–7. Jh.) beschäftigt
pejorativ abwertend, abfällig
Pentateuch die 5 Bücher Mose
Perikope liturgischer Leseabschnitt aus der Bibel
Pharisäer Anhänger einer theologisch-philosophischen und politischen Schule sowie bedeutende Strömung im antiken Judentum. Experten in der Auslegung und Befolgung von Gesetzen, Bräuchen und Traditionen. Im NT als Selbstgerechte und Heuchler kritisiert
pharisäisch selbstgerecht, heuchlerisch
Pneuma Heiliger Geist
Pneumatologie Lehre über den Heiligen Geist
Polytheismus Vielgötter-Glaube
Pontifex Brückenbauer
Pontifex Maximus Papsttitel, ursprünglich heidnischer Titel des obersten Priesters eines römischen Gottes
pontifikal zur bischöflichen oder päpstlichen Liturgie gehörend
profan weltlich
Prophet Verkünder einer Offenbarung Gottes
Proskynese Verehrung, Anbetung
Psalm wörtlich Lied, eigentlich Gebet
Pseudepigraphie Schrift, die unter einem pseudonymen Verfassernamen herausgegeben wird

Q Abkürzung für Spruchquelle, Sammlung von Worten und Reden Jesu, die den Evangelisten Matthäus und Lukas zur Verfügung stand. Q ist zwar verschollen, konnte aber aus diesen Evangelien rekonstruiert werden
Quadragesima vierzigtägige Fastenzeit
Qumran ein Ort am Toten Meer, an dessen Steilhängen in Höhlen 1947 geschätzte 900 bis 1000 antike Schriftrollen, darunter das gesamte AT außer dem Buch Esther, gefunden wurden. 15 Buchrollen sind erhalten, der Rest ist in Fragmente zerfallen

Religion kommt von Religio – Verpflichtung, Gottesverehrung
Reliquie verehrungswürdiges Erinnerungsstück an einen Heiligen
retardierend aufschiebend, hemmend

Sakrament heilige Handlung und sichtbares Zeichen mit unsichtbarer Gnadenwirkung
Schisma Glaubensspaltung
Sekte eine von einer Mutterreligion abgespaltene religiöse Gemeinschaft
Seligkeit das geistliche Glück, am Reich Gottes Anteil zu haben
Septuaginta griechische Übersetzung des Alten Testaments
Seraphim sechsflügelige, menschenähnliche Engelwesen
Simonie Kauf oder Verkauf geistlicher Ämter
Skopos Ziel, Zweck, Absicht
Sophia Christologie die Lehre von Jesus Christus, dargestellt als Lehre der Weisheit
Soteriologie Lehre von der Erlösung
Sukzession Weihevollmacht, die seit den Aposteln an die nächsten Bischöfe übergeben wird
Summar Zusammenfassung
Sündenbock ein Ziegenbock wurde symbolisch mit den Sünden Israels beladen und in die Wüste gejagt. Dies diente der jährlichen Versöhnung zwischen Gott und Mensch

Syllabus Errorum Anhang der Enzyklika „Quanta cura (mit welcher Sorge)" und Verzeichnis von 1864, in dem Papst Pius IX. 80 theologische Irrtümer verurteilt
Synedrium jüdische Ratsversammlung
Synode Ratsversammlung von Bischöfen
Synoptiker einer der drei Evangelisten Mk, Mt und Lk, deren Evangelien an vielen Stellen gleich sind (Synopsis = Zusammenschau)
Synkretismus eine Vermischung von Religionen und religiösen Gebräuchen, die auf einen Absolutheitsanspruch verzichtet

Testament gegenseitige Vereinbarung, Bund
Theologie Lehre von Gott
Theophanie Gotteserscheinung
theophor bezeichnet Begriffe, die einen Gottesnamen enthalten

Verklärung in den synoptischen Evangelien eine sichtbare Umwandlung der Gestalt Jesu in göttliche Herrlichkeit
Vulgata lateinische Bibelübersetzung

Wehe ein Ausruf, der Unheilvolles ankündigt

XP „Chi-Ro", Christusmonogramm aus den ersten beiden griechischen Buchstaben für Christus XP

Zion ursprünglich die Davidburg in Jerusalem; Metapher für das irdische und himmlische Jerusalem
Zionismus politisch-jüdische Bewegung mit dem Ziel eines selbstständigen jüdischen Staates in Palästina
Zöllner wurden zur Zeit Jesu von den Römern eingesetzt, um Abgaben von der jüdischen Bevölkerung einzutreiben. Als Kollaborateure der Besatzungsmacht waren sie deshalb verhasst und wurden gesellschaftlich isoliert

Zweiquellentheorie ist eine Hypothese zur Frage der Entstehung der synoptischen Evangelien. Kernpunkt ist die Annahme, dass die Evangelisten Matthäus und Lukas zwei Quellen verwendet haben, nämlich das **Markusevangelium** und eine nicht erhaltene Quelle, die sogenannte **Logienquelle**, abgekürzt **Q**. Neben diesen beiden Hauptquellen und dem Alten Testament (das etwa 9 % des Neuen Testaments ausmacht) als dritter Hauptquelle verwendeten die Synoptiker noch andere, ihnen jeweils eigene, mündliche und schriftliche Quellen.
Berichte, die nur im eigenen, aber in keinem anderen synoptischen Evangelium vorkommen, werden Sondergut genannt. Zur Annahme der Zweiquellentheorie führten folgende Beobachtungen:

- **Mehrfachüberlieferung**: In den synoptischen Evangelien gibt es Perikopen, die in allen drei Evangelien stehen (triplex traditio), und andere, die nur in einem Evangelium stehen (simplex traditio). Bei der duplex traditio kommen alle drei Kombinationen vor, also Mt-Mk, Mt-Lk und Mk-Lk.
- **Wortlautübereinstimmung**: Verschiedene Evangelien-Abschnitte stimmen wortwörtlich überein. Dies spricht für literarische Abhängigkeit, also Abschreiben und keineswegs nur die Verwendung der gleichen Überlieferung.
- **Stoffquantum und Reihenfolge**: Nur sehr wenige Stücke des Markusevangeliums fehlen bei Matthias und bei Lukas, deshalb gibt es wenig markinisches Sondergut. Auch zeigt sich bei der dreifachen Überlieferung, dass Matthäus und Lukas nie beide von der Reihenfolge des Markus abweichen, sondern immer nur einer. Daher spricht man von der Markuspriorität, also von der Annahme, dass das Markusevangelium das älteste der drei Evangelien ist und den anderen beiden als Vorlage diente.
- **Matthäus-Lukas Übereinstimmung**: Mt und Lk sind nichtmarkinische Evangelien-Abschnitte gemeinsam, vor allem Redestücke. Für diese gemeinsamen Stücke, die Mt und Lk jeweils an verschiedenen Stellen verwenden, spricht eine zusätzliche, von beiden genutzte Quelle, die sogenannte Logienquelle Q. Hier handelt es sich

um 235 parallele Verse (Predigten, Gebete, Gleichnisse, Mahnworte etc.), die bei Mt und Lk wortgleich bzw. fast wortgleich verwendet werden.

Außerdem standen den Evangelisten mit großer Sicherheit noch eine Reihe von weiteren mündlichen und schriftlichen Jesus-Überlieferungen zur Verfügung.
Auch muss noch einmal betont werden, wie wichtig das Alte Testament als weitere Quelle für das Neue Testament war. In den Evangelien wird 220-mal wörtlich und 70-mal in leicht veränderter Form aus dem Alten Testament zitiert. Darüber hinaus finden wir im Neuen Testament um die 1600 Anspielungen auf das Alte Testament.

Jesus – sein Wirken, sein Erbe
Anhang 2

REGISTER

BIBLISCHER und BIBELNAHER PERSONEN, sowie SAKRALER und PROFANER PERSÖNLICHKEITEN

BIBLISCHE PERSONEN

Abraham der erste Erzvater Israels.

Adam heißt Mensch und ist zugleich die Bezeichnung für den Stammvater der Menschheit.

Agabus einer der 72 Jünger, die Jesus aussandte. Er starb in Antiochien als Märtyrer. Auch als Prophet bezeichnet, der den Apostel Paulus traf.

Alphäus Ehemann von Maria Cleophas, der Halbschwester der hl. Maria; Vater der vier Apostel Jakobus des Jüngeren, Simon Zelotes, Judas Thaddäus und Matthäus sowie des Josef Justus Barsabbas.

Annas, der erste mächtige Beamte, der Jesus verhörte. Als dieses Verhör aber unergiebig bleibt, schickt Annas Jesus zu seinem Schwiegersohn, dem Hohepriester Kaiphas zu weiteren Befragungen.

Andronikus ein Judenchrist in Rom, von Paulus im Römerbrief erwähnt.

Antiochus IV., 215–164 v. Chr., war ein Seleukidenkönig. Er unterdrückte die Judäer und löste damit den Makkabäeraufstand aus.

Artaxerxes dieser Perserkönig erlaubt dem Propheten Esra mit einer

Gruppe von hebräischem Tempelpersonal von Babylon nach Hause zu reisen, um den Tempel zu renovieren.
Andreas der jüngere Bruder von Simon Petrus. Nach dem Tode Jesu predigte er auf dem Balkan und in der heutigen Türkei. Im griechischen Patras wurde er 60 n. Chr. vom Statthalter des Kaiser Nero an ein Kreuz mit schrägen Balken geschlagen (daher Andreaskreuz). Er ist Nationalheiliger von Russland, Rumänien und Schottland.
Aschera westsemitische Fruchtbarkeitsgöttin, dem Gott Baal zugeordnet.

Baal kanaanäischer Berg-, Wetter- und Fruchtbarkeitsgott.
Balthasar wird einer der drei heiligen Könige genannt. Dieser babylonische Name bedeutet „Gott schützt das Leben".
Barabbas ein jüdischer Bandit, der auf Verlangen des Volkes statt Jesus zum Paschafest freigelassen wird.

Barnabas Begleiter des Apostel Paulus auf dessen 1. Missionsreise.
Bartholomäus wurde als Apostel auch Nathanael (deutsch: Gott hat gegeben) genannt. Er lehrte und predigte in Indien, Mesopotamien und zum Schluss in Armenien, wo er auch wegen seines Glaubens hingerichtet wurde.
Bileam Prophet und Wahrsager des AT in der Landnahmezeit, der einen Fluch gegen Israel in einen Segen kehrt.

Caspar einer der heiligen drei Könige. Dieser persische Name bedeutet „Hüter des Schatzes".
Cheba kanaanäische Fruchtbarkeitsgöttin, wird auch oft als Aschera identifiziert. Aus Cheba entwickelte sich der biblische Name Eva.
Christus (griechisch: der Gesalbte) Würdename Jesu, der aber auch als dessen Eigenname verwendet wird.

David der zweite und gleichzeitig wichtigste König des Volkes Israel. Er regierte ca. 1000–965 v. Chr. und brachte den Sturm- und Vulkangott

Jahwe nach Jerusalem. Als junger Mann hatte er es bereits zu Ruhm gebracht, weil er den Hünen Goliath besiegte.
Deuterojesaja siehe Jesaja
Dismas der Schächer rechts von Jesus, der sich am Kreuz bekehrte und zu dem Jesus sagte: „Noch heute wirst du mit mir im Paradies sein." Schächer ist ein biblischer Ausdruck für Räuber und Mörder.

Elia Prophet des AT, der Wunder vollbrachte, Kranke heilte und Tote auferweckte. Er starb nicht, sondern wurde in den Himmel entrückt.
Elisabeth Mutter von Johannes dem Täufer und Verwandte der hl. Maria.
Erastus ein Mitarbeiter des Apostel Paulus auf dessen 3. Missionsreise.
Eva ist der Name der ersten Frau, der Ehefrau von Adam.
Ezechiel einer der fünf großen Schriftpropheten.

Gestas der linke Schächer, der Jesus am Kreuz verhöhnte: „Wenn du der Messias bist, dann hilf dir selbst und auch uns."
Goliath riesenhafter Philister, der von David im Zweikampf besiegt wurde.

Habakuk ein Prophet des Zwölfprophetenbuches.
Henoch, Vater des Methusalem, der 365 Jahre alt wurde und wegen seiner Frömmigkeit entrückt wurde.
Herodes der Große von 37–4 v. Chr. Klientelkönig eines großen Teiles von Palästina. Er gründete Städte und baute viel, so begann er auch den glanzvollen Tempelneubau in Jerusalem. Aber auch ein Tyrann. Jesu Geburt fiel wahrscheinlich in seine Zeit.
Herodes Antipas Sohn von Herodes dem Großen. Wie sein Vater von Rom abhängiger Regent. Wegen der Heirat mit seiner Schwägerin von Johannes dem Täufer verurteilt, ließ er diesen enthaupten.
Herodias Enkelin des Herodes des Großen, verließ ihren ersten Mann, um ihren Onkel Herodes Antipas zu heiraten, veranlasste den Tod Johannes' des Täufers.

Hiskija König des Südreiches Juda und Vasall der Assyrer.
Hosea einer der Propheten des Zwölfprophetenbuches.

Isebel phönizische Königstochter und Frau von König Ahab. Als Anhängerin des Baal-Kultes was sie Widersacherin des Propheten Elija.

Jahwe hebräischer Eigenname des Gottes Israels.
Jakobus der Ältere Apostel und Vetter von Jesus, wurde, wie sein Bruder wegen seines ungestümen Wesens Donnerbruder genannt. Er predigte in Santiago de Campostella, einem heute populären Wallfahrtsort, soll in der dortigen Kathedrale begraben sein und wurde 44 n. Chr. als Märtyrer hingerichtet. Er ist Nationalheiliger von Spanien, sein Zeichen ist die Jakobsmuschel.
Jakobus der Jüngere war Apostel und Leiter der jerusalemer Urgemeinde und Haupt des Judenchristentums. Er wurde 62 n. Chr. auf Befehl des Hohenpriesters Ananos in Jerusalem gesteinigt. Wie seine drei Brüder Simon, Judas Thaddäus und Joseph Justus Barsabbas war er ein Vetter von Jesus.
Jeremia einer der fünf großen Schriftpropheten.
Jesaja einer der fünf großen Schriftpropheten. Sein 60 Bibelseiten langes Buch ist in drei etwa gleich lange Abschnitte geteilt. Jesaja ist der Autor des ersten Abschnittes, die anderen beiden Teile wurden von zwei anderen, unbekannten Verfassern geschrieben, die in Unkenntnis ihrer Namen Deuterojesaja und Tritojesaja genannt werden.
Jesus die zentrale Gestalt des Christentums, über die vor allem in den Evangelien berichtet wird. Der Name ist die deutsche Version der griechischen und lateinischen Übersetzungen des hebräischen Namens Joshua.
Johanna Frau eines Beamten des Herodes, dennoch Jüngerin Jesu, eine der Frauen am leeren Grab.
Johannes der Täufer, Vetter von Jesus und Bußprediger, der von Herodes enthauptet wurde.
Johannes Apostel, Evangelist, Vetter des Jesus und Bruder von Jakobus dem Älteren war der Lieblingsjünger Jesu. Er wirkte in der heutigen

Türkei, starb dort in hohem Alter und ist der einzige Apostel, der kein Märtyrer wurde.

Jojachin vorletzter König des Südreiches Juda.

Jojakim 1. König des Südreiches Juda.

Jona Prophet des Nordreiches Israel, Hauptgestalt des Buches Jona.

Joschija König des Südreiches Juda im 6. Jh v. Chr.

Joshua (Gott rettet) siehe Jesus.

Josef Ziehvater des Jesus und Ehemann der Maria.

Josef von Arimathäa jüdischer Ratsherr, der Jesus sein Felsengrab überließ.

Josef Justus Barsabbas Jünger & Verwandter von Jesus.

Judas Iskariot war der Apostel, der Jesus an die Römer auslieferte und nach der Kreuzigung starb. Matthäus berichtet von Selbstmord, Lukas hingegen von einem Unfall.

Die moderne Bibelforschung untersucht zwei Deutungen. Hat Judas den Herrn absichtlich verraten oder ihn nur übergeben? War sein Handeln negativ, weil er von Jesus, in dem er den erhofften Befreier der Israeliten gesehen hatte, in seiner Messias-Erwartung enttäuscht worden war? Oder war sein Handeln positiv, da er zur Erfüllung von Gottes Heilsplan beitrug? War also Judas der Einzige, der den Willen des „Lammes Gottes" verstanden hatte? Über diese Frage waren und sind Kirchenhistoriker, aber auch verschiedene Richtungen des Christentums tief gespalten.

Judas Thaddäus war Apostel und Bruder von Jakobus dem Jüngeren, Vetter von Jesus. Die Armenische Apostolische Kirche sieht in ihm neben Bartholomäus einen ihrer Begründer. Er soll das Kloster Sankt Thaddäus in Armenien gegründet haben und dort um 70 n. Chr. nach seinem Märtyrertod auch beigesetzt worden sein.

Junia eine Apostelin, die von Paulus im Römerbrief als solche bezeichnet wird.

Kaiphas 18–37 Hohepriester, der maßgeblich am Urteil gegen Jesus beteiligt war.

Kornelius, auch Petronius genannt, war ein römischer Hauptmann, der bei der Kreuzigung sagte: „Wahrhaftig, das war Gottes Sohn!" Kornelius hatte Jesus schon gekannt, denn dieser hatte seinen Diener geheilt. Einige Zeit danach wurde Kornelius von Petrus als erster Heide getauft.

Kyrus persischer König (558–529 v. Chr.), unterwarf den Iran, Kleinasien, Babylonien, Syrien, Palästina und begründete so das persische Weltreich. Er erlaubte den im babylonischen Exil lebenden Hebräern, in ihre Heimat zurückzukehren und den Tempel wieder aufzubauen.

Lazarus aus Betanien, Bruder von Maria und Marta. Jesus erweckte ihn vom Tode.

Levi Im Markusevangelium wird der Apostel Matthäus „Levi" genannt.

Longinus jener römische Centurio, der Jesus nach dessen Tod die Lanze in die Seite stieß.

Lot Neffe von Abraham, der sich in Sodom niederließ und dem Gericht über die Stadt entkam. Seine Frau erstarrte dabei zur Salzsäule, weil sie sich trotz Verbotes umblickte.

Lukas Evangelist, Verfasser des Lukasevangeliums und der Apostelgeschichte.

Lydia in Philippi lebende reiche Purpurhändlerin, die Paulus in ihrem Haus beherbergte, als er nach Philippi kam. Sie wurde von ihm bekehrt und getauft.

Makkabäus ein Freiheitsheld aus Juda, der das jüdische Volk im siegreichen Kampf gegen die Herrschaft der Seleukiden anführte.

Maleachi einer der Propheten des Zwölfprophetenbuches.

Maria die Mutter Jesu, sie stammte aus Nazareth und war mit Josef verheiratet.

Maria von Bethanien die Schwester der Martha und des Lazarus war Mitglied der Jerusalemer Gemeinde.

Maria Kleophas Halbschwester der Maria Mutter Gottes und Mutter der Apostel Jakobus der Jüngere, Simon Zelotes und Judas Thaddäus sowie des Jüngers Josef Justus Barsabbas. Anderen Quellen zufolge war sie auch die Mutter des Apostels und Evangelisten Matthäus.

Maria Magdalena Jesusjüngerin, die das leere Grab vorfand und dies den Aposteln berichtete. Papst Gregor I. erklärte sie im Jahre 591 ob ihrer vermeintlichen Nähe zu Jesus zur Sünderin, und erst 2016 wurde sie vom Vatikan rehabilitiert.

Maria Salome Halbschwester der Maria Mutter Gottes und Mutter der Apostel Jakobus der Ältere und Johannes, der „Donnersöhne".

Markus Evangelist, Verfasser des Markusevangeliums.

Marta Jüngerin Jesu und Schwester des Lazarus.

Matthäus, auch Levi genannt, war Evangelist, Apostel und Vetter von Jesus. Von ihm ist nur bekannt, dass er Palästina um das Jahr 42 n. Chr. verlassen hat, um in Äthiopien und in Mesopotamien zu predigen. Heute weiß die Exegese, dass er nicht Verfasser des Matthäusevangeliums war.

Matthias Apostel – nach dem Tod des Judas in den Zwölferkreis gewählt.

Melchior einer der drei heiligen Könige. Der Name ist hebräisch und bedeutet „König des Lichts".

Messias aramäischer Würdename, Bezeichnung für „Gesalbter" (wörtlich: heilbringender König). Die griechische Übersetzung lautet „Christus".

Moses eine der Hauptgestalten des AT, der, vom Pharao aufgezogen, das Volk Israel aus der ägyptischen Knechtschaft in das gelobte Land führte und den Hebräern ihre 613 Gesetze hinterließ.

Natanaël ein nur im Johannesevangelium genannter Apostel. Es könnte sich vielleicht um Bartholomäus handeln.

Nebukadnezar, König und Gründer des neubabylonischen Großreiches. Zweimal lehnten sich die Hebräer gegen ihn auf und zweimal bestrafte er sie mit Deportation nach Babylon.

Nehemia judäischer Prophet des 5. Jh. v. Chr. Er war Mundschenk des persischen Königs in Babylon, wurde aber später vom König Artaxerxes

I. zum Statthalter von Jerusalem ernannt und bevollmächtigt, die Jerusalemer Stadtmauern wieder aufzubauen.
Nikodemus jüdischer Ratsherr, der Kräuter für die Einbalsamierung von Jesus stiftet.
Noach einer der Urväter, wird von Jahwe vor der Sintflut bewahrt und dadurch ein Ahnherr der Menschheit. Das sichtbare Zeichen für den Bund zwischen Jahwe und Noach ist der Regenbogen.

Paulus von Tarsus, Apostel, Heidenmissionar, Begründer der christlichen Theologie und bestbekannte Gestalt des Urchristentums. Seine Briefe sind die ältesten erhaltenen Schriften des Neuen Testaments.
Petrus – siehe Simon Petrus.
Philippus: Apostel des Zwölferkreises. Er lehrte und predigte 20 Jahre lang in Skythien, der heutigen Ukraine. Er bekehrte viele Menschen, soll viele Wunder vollbracht haben und starb um 81 n. Chr. als Märtyrer.
Phöbe (Phoibe) Diakonin aus Korinth, die Paulus beherbergte und von ihm bekehrt und getauft wurde. Sie überbrachte der Gemeinde in Rom den Römerbrief des Paulus.
Pontius Pilatus Präfekt des römischen Protektorates Judäa, der Jesus verurteilte und kreuzigen ließ.
Procula Claudia Ehefrau des Pontius Pilatus, die Jesus für unschuldig hielt.

Salome 1, eine im Markusevangelium erwähnte Jüngerin Jesu.
Salome 2, in der Bibel nicht namentlich genannte Stieftochter des Herodes Antipas, die auf Verlangen ihrer Mutter von Herodes die Enthauptung von Johannes dem Täufer verlangt.
Salomo Sohn des David und ca. 965–926 v. Chr. dritter König des Reiches von Israel und Juda. Er regierte weise, ließ den ersten Tempel in Jerusalem bauen und hatte einen Harem von 300 Frauen.
Sanherib, 705–681 v. Chr. Assyrerkönig, der einen großen Teil Judas zerstörte und die Hebräer zu Tributzahlungen zwang.
Saul Name des Apostels Paulus vor seiner Bekehrung.

Silas – siehe Silvanus.

Silvanus (auch Silas) zunächst ein führendes Mitglied der judenchristlichen Gemeinde in Jerusalem, danach Begleiter des Paulus auf dessen 2. Missionsreise.

Simon Magus Wundertäter und Zauberer in Samaria, der mit dem Apostel Petrus in Konflikt geriet.

Simon Petrus (Petrus: lateinisch für Fels; aramäisch Kephas) war erst ein Jünger von Johannes dem Täufer, später Apostel von Jesus und der erste, der nach dem Tode Jesu auch Heiden bekehrte. In Rom wurde er Gründer der dortigen christlichen Gemeinde, erster Papst und Bischof von Rom, bevor er unter Kaiser Nero zwischen 64 und 67 n. Chr. gekreuzigt wurde.

Simon von Kyrene wurde von den Soldaten gezwungen, Jesus beim Tragen des Kreuzes zu helfen.

Simon Zelotes, der Eiferer, war Apostel, Bruder des Judas Thaddäus und ebenfalls Vetter von Jesus. Er soll mit seinem Bruder in Babylonien und Persien missioniert haben, wo beide als Märtyrer starben.

Stephanus Mitglied des sieben-Männer-Kollegiums der Jerusalemer Urgemeinde. Er wurde wegen seiner Kritik am Tempel gesteinigt und ist somit der erste christliche Märtyrer.

Thaddäus siehe Judas Thaddäus

Thomas war der Apostel, der nicht glaubte und deshalb seine Finger in die Wunde des Herrn legen wollte. Er predigte in Kleinasien und dann auch in Indien, wo er um 60 n. Chr. durch einen Speer getötet wurde. Als Thomas beim letzten Abendmahl Jesus fragte, wohin die Apostel gehen sollten, antwortete dieser: „⊠ ich bin der Weg und die Wahrheit und das Leben".

Tiberius von 14–37 n. Chr. römischer Kaiser. Stiefsohn und Nachfolger des Augustus. In seine Regierungszeit fällt das Wirken von Jesus.

Timotheus war ein enger Mitarbeiter des Apostels Paulus und wurde von diesem mehrmals mit schwierigen Aufgaben betraut. Nach dem Tod des Apostels wurde Timotheus Gemeindeleiter in Ephesus.

Titus Mitarbeiter des Apostels Paulus.

Tritojesaja, siehe Jesaja.

Zebedäus war der Ehemann von Maria Salome, der zweiten Halbschwester der hl. Maria, und Vater von zwei Söhnen; des Apostels Jakobus der Ältere und des Apostels Johannes, der auch Lieblingsjünger von Jesus und Evangelist war.
Zidkija Vom babylonischen König Nebukadnezzar eingesetzt, war er der letzte König des Südreiches Juda. Als er sich gegen Nebukadnezzar auflehnte, nahm der Babylonierkönig Jerusalem ein, ließ Zidkija blenden, dessen Söhne hinrichten und die hebräische Oberschicht nach Babylonien deportieren.

BIBELNAHE PERSONEN & GESTALTEN

Anna Mutter der hl. Maria, Großmutter von Jesus und somit Urmutter der heiligen Sippe. Sie war dreimal verheiratet

Emerentia Mutter der hl. Anna, Großmutter der hl. Maria
Esmeria Schwester der hl. Anna, Großmutter von Joannes dem Täufer
Enki sumerischer Weisheitsgott

Inanna sumerische Göttin der Sterne

Gilgamesch sumerischer König um 2600 v.Chr., der im Gilgamesch-Epos 1/3 Gott war

Joachim 1. Ehemann der hl. Anna, Großvater von Jesus

Kleophas einer der Emmaus-Jünger und 2. Ehemann der hl. Anna
Kleophas Maria Halbschwester der hl. Maria und, Ehefrau des Kleophas und Mutter von 5 Söhnen: Jakobus, Simon, Judas Thaddäus, Joseph Jus-

tus Barsabbas und Matthäus. Die ersten vier werden in der Bibel Brüder von Jesus genannt, tatsächlich sind sie aber Vettern

Salomas 3. Ehemann der hl. Anna, sonst ist nichts über ihn bekannt
Saturn war der römische Gott des Ackerbaus, der römische Staatsschatz wurde in seinem Tempel aufbewahrt und sein mehrtägiges Hauptfest, die Saturnalien, jedes Jahr am 17. Dezember begangen, sind das eigentliche Vorgängerfest von Weihnachten
Schalem & Schachtar Morgen- und Abendgestalt des kanaanäischen Sonnengottes (Jerusalem = Gründung des Schalem)

Ysaschar Ehemann der Emerentia und Vater der hl. Anna

VERTRETER DER KIRCHE

Abraham a Santa Clara (1644–1709) war Augustiner und ein berühmter Prediger und Schriftsteller in Wien, der auch ein freundschaftliches Verhältnis zum Habsburger Kaiser Leopold I. pflegte.
Aegidius von Rom (ca. 1234–1316) war Augustiner-Eremit und bedeutender Schüler von Thomas von Aquin.
Alanus ab Insulis (†1202) französischer Mönch und Scholastiker. Er differenzierte zwischen der aktiven (erzeugenden) und der passiven (erzeugten) Erbsünde.
Albertus Magnus (1200–1280) war deutscher Dominikaner, Philosoph und Gelehrter. Er schrieb über 70 theologische und philosophische Werke, wurde von Päpsten als Bischof und Kreuzzugsprediger eingesetzt. Er förderte Bildung und Schulgründungen, deshalb sind noch heute Schulen nach ihm benannt.
Alexander von Alexandria (†328) war Bischof ebendort und schärfster Gegner des Presbyters Arius, der die Wesensgleichheit von Gottvater und Sohn ablehnte und deshalb die Sekte der Arianer gründete.

Alexander III., Papst (ca. 1100–1181) lag jahrelang im Zwist mit Kaiser Barbarossa, ebenso mit dem englischen König Heinrich II. Auch musste er den Stuhl Petri gleich gegen vier Gegenpäpste verteidigen.

Ambrosius von Mailand (339–397) war der älteste der vier großen lateinischen Kirchenväter und Bischof von Mailand. Sein Wirken war gekennzeichnet von seinem Kampf gegen den Arianismus und von seiner Einflussnahme auf Kaiser Theodosius I. Doch Ambrosius hatte nicht nur Anhänger. Der Kirchenvater Hieronymus beschreibt Ambrosius als Vogel, der sich mit fremden Federn schmücke. Dem entgegnete der Kirchenvater Augustinus, es komme nicht auf einen schönen Stil an, sondern auf gute Argumente für die Kirche.

Anicetus war der 10. Papst von 154 bis 166 und der erste, der den Irrglauben verdammte.

Anselm von Canterbury (ca. 1033–1109), Erzbischof ebenda, war Theologe, Philosoph und wird oft als Begründer der Scholastik (wissenschaftliche Beweisführung) gesehen.

Ansgar (hl.), erster Bischof von Hamburg im 9. Jh., wird auch Apostel des Nordens genannt, weil er in Dänemark und Schweden missionierte.

Antonius der Große (ca. 251–356) war ein ägyptischer Mönch und Einsiedler und Begründer des christlichen Mönchtums.

Aquin Thomas von 1224–1274, Dominikaner, ein bedeutender Theologe, Kirchenvater und Philosoph des Mittelalters.

Arius (ca. 260–327) war ein geweihter Presbyter, der die Wesenseinheit zwischen Vater und Sohn wie auch die Trinität ablehnte. Mit seiner Lehre gewann er viele Anhänger. Am Konzil von Nicäa (325) wurde er als Häretiker verurteilt und verbannt. Doch seine Ansichten lebten noch bis Ende des 4. Jhs. weiter.

Arnold von Brescia, ein italienischer Mönch und Prediger des 11. Jh., gründete aus Protest gegen das luxuriöse Leben der Kurie die Gemeinschaft der Arnoldisten und wurde deshalb als Häretiker verurteilt und hingerichtet.

Assisi Franz von (1181–1226) war der Gründer des Franziskanerordens. Nach einer Vision sagte er sich von seinem Vater los, lebte als Einsiedler, pflegte Kranke und gründete den Orden. Im Alter erblindete er und starb an Schwäche durch zu starkes Fasten.

Augustinus – siehe Hippo.

Athanasius von Alexandrien (ca. 300–373) einer der vier großen orthodoxen Kirchenväter, war ein streitbarer Bischof und Metropolit, der seine Standpunkte unnachgiebig vertrat und deshalb mehr als einmal seines Amtes enthoben und verbannt, danach aber immer wieder rehabilitiert wurde. Neben einer ganzen Reihe von theologischen Werken legte er die Reihenfolge der 27 Bücher des NT fest. Dies verkündete er 367 in seinem Osterfestbrief, nannte diese Reihenfolge, die bis heute gültig ist, kanonisch und bestimmte, dass nichts hinzugefügt, weggelassen oder verändert werden dürfe.

Basilius von Caesarea, der Große (ca. 330–379) ist einer der vier orthodoxen Kirchenväter und gleichzeitig ein katholischer Kirchenlehrer. Er war als Theologe eine herausragende Persönlichkeit der damaligen Zeit und ist ein Mitverfasser des Glaubensbekenntnisses von Nicäa-Konstantinopel. Sein karitatives Großprojekt, es war zugleich Kloster, Gästehaus und Krankenhaus, wurde Basileias genannt. Sein „Asketikon" ist ein zweiteiliges Werk über Lebensregeln. Der katholische Kirchenvater des 4. Jh. Gregor von Nyssa war sein jüngerer Bruder.

Benedikt XVI (1927–2022), ab 2005 Papst, 2013 zurückgetreten; vor seinem Pontifikat Professor für katholische Dogmatik und Fundamentaltheologie, Erzbischof von Freising und München und Präfekt der vatikanischen Glaubenskongregation.

Benedikt von Nursia (480–547) Einsiedler, Ordensgründer und Abt des Frühmittelalters. Auf ihn gehen das benediktinische Mönchstum und dessen Regel zurück.

Blassoni Clara war eine italienische Nonne, die die im 12. Jh. den Orden der weiblichen Humiliaten, die nach ihr benannten Blassonischen Nonnen, gründete.

Bonifatius (hl., 673–754) war ein angelsächsischer Mönch, Missionar, päpstlicher Legat, Bischof von Mainz und zuletzt von Utrecht. Auch gründete er einige Klöster. Im 16. Jh. wurde er wegen seiner Missionstätigkeit als Apostel der Deutschen verehrt.

Bonifatius VIII., Papst von 1294–1303; ihm wurde posthum wegen Häresie der Prozess gemacht, der aber ergebnislos endete.

Calixt I. 217–222 Bischof von Rom. Er erließ Neugetauften die Bußzeit für vor der Taufe begangene Sünden und er erlaubte schweren Sündern wie Mördern und Ehebrechern die Teilnahme an Mahlgottesdiensten ohne vorherige Buße, was in der damaligen Zeit mutig und kontrovers war.

Clemens I., apostolischer Vater und 4. Bischof von Rom, Verfasser des 1. Clemensbriefes, der heute zu den bedeutendsten apokryphen Schriften zählt. Auch er litt unter der Christenverfolgung von Kaiser Domitian, wurde auf die Krim verbannt und dort getötet.

Clemens V. von 1305 bis 1314 Papst. Er verlegte die päpstliche Residenz nach Avignon. Clemens V. verurteilte gemeinsam mit dem französischen König Philipp IV. die Templer als Ketzer, damit deren riesiges Vermögen abgeschöpft und geteilt werden konnte. Der letzte Großmeister der Templer wurde 1314 auf dem Scheiterhaufen hingerichtet. Dies gilt heute als einer der ungeheuerlichsten Justizmorde, die es je gab.

Clemens VII. (1478–1534), Papst seit 1523, wahrscheinlich unehelich geboren, später legalisiert. Mit der Formulierung „non possumus" lehnte er die Annullierung der Ehe Heinrichs VIII mit Katharina von Aragon ab und nahm damit die zweite Kirchenabspaltung nach der Lutherischen in Kauf.

Clemens VIII. Papst von 1592 bis 1605. Es war eine seiner ersten Amtshandlungen, zwei seiner Neffen zu Kardinälen zu ernennen. Doch er entpuppte sich als bedeutender Reformer, der den Vorgaben des Konzils von Trient folgte. Auch führte er liturgische Bücher, das Messbuch „Missale Romanum" und das Brevier ein. Er war ein strenger, doch beliebter Papst.

Clemens XII. Papst von 1730 bis 1740, war politisch sowie kirchlich recht farblos und hätte hier kaum Erwähnung gefunden, hätte er nicht im Jahre 1738 in einer päpstlichen Bulle die Freimaurerei auf das Schärfste verdammt. Die skurrilen Vorwürfe: Toleranz gegenüber anderen Religionen, Stillschweigen über interne Angelegenheiten, Geheimniskrämerei, Häresie und andere nicht weiter definierte Verfehlungen.

Clemens XIV. Papst von 1769 bis 1774, ordnete 1773 auf Druck der Könige von Spanien, Frankreich und Neapel die Aufhebung des Jesuitenordens an

Cornelius, Papst von 251 bis 253, machte sich einen Namen durch seine Milde, die er gegen vom Glauben abgefallene walten ließ.

Cyrill von Alexandrien (ca. 375 bis 444) war Patriarch von Alexandrien, Kirchenvater, Kirchenlehrer und Heiliger, Letzteres besonders aufgrund seiner dogmatischen Auseinandersetzungen mit Juden und Heiden. „De adoratione et cultu in spiritu et veritate" (über Anbetung und Verehrung in Geist und Wahrheit) ist sein erstes Werk und eines seiner Hauptwerke.

Damasus I. (305–384) war ab 366 Papst. Er forderte das Zölibat und die Vorrangstellung des Bischofs von Rom. Damasus stimmte Kaiser Theodosius I. zu, das Christentum im römischen Reich zur Staatsreligion zu machen.

Dassel Rainald von war Erzbischof von Köln, dem Kaiser Barbarossa 1164 die Gebeine der heiligen drei Könige schenkte, die sich vorher im Mailänder Dom befanden. Diese Reliquien sind seither im Dreikönigsschrein im Kölner Dom verwahrt.

Dominikus (ca. 1170–1221) war ein spanischer Mönch, der den Dominikanerorden gründete.

Dom Pérignon war ein französicher Mönch, der im 18. Jh. die Methode zur Herstellung von Schaumwein (Champagner) erfand.

Eusebius von Cäsarea (ca. 260–340) war Bischof ebendort und ist Kirchenvater. 325 war er einer der Wortführer beim 1. Konzil von Nicäa. Als theologischer Schriftsteller bleibt er in Erinnerung mit seiner Kirchengeschichte und mit seinen Märtyrergeschichten, in denen er die Diokletianische Christenverfolgung behandelt.

Faber Stapolensis (ca. 1450–1536) war ein französischer Theologe, der durch seine französische Bibelübersetzung Bekanntheit erlangte. Leider machte er aus der Apostelin Junia einen Apostel Junias, eine Täuschung, die von der Kirche erst im 20. Jh. rückgängig gemacht wurde.
Franz von Assisi siehe Assisi.

Giordano Bruno war ein italienischer Mönch des 16. Jh., der wegen seiner astronomischen Ansichten – er vertrat die Lehre des Kopernikus –, als Ketzer auf dem Scheiterhaufen verbrannt wurde.
Gregor I. der Große Pontifikat 590–604, einer der bedeutendsten Päpste und lateinischer Kirchenvater. Er verteidigte die Kirchengebiete, suchte aber keinen Streit mit europäischen Fürsten. Er sandte Missionare nach Britannien und zwang die Heiden von ganz Sardinien mit Strafen, zum Christentum überzutreten. Doch er selbst lebte bescheiden nach der Regel des hl. Benedikt und hielt die Kirche mit fester Hand zusammen.
Gregor XIII. Papst von 1572 bis 1585. Er förderte Wissenschaft und Bildung, reformierte den Kalender, der noch heute gültig ist, und spielte eine zentrale Rolle in der Gegenreformation. Als er 1572 vernahm, dass in Paris in der sogenannten Bartholomäusnacht an die 3000 Protestanten niedergemetzelt worden waren, ließ er zum Dank ein Te Deum singen und eine Gedenkmünze prägen.
Gregor IX. Papst von 1227 bis 1241, war jener Pontifex, unter dem die Inquisition ihren Anfang nahm.
Gregor von Nazians – der Ältere (329–390) war zusammen mit Basilius dem Großen und dessen Bruder Gregor von Nyssa einer der vier großen orthodoxen und einer der drei kappadokischen Kirchenväter. Er führte ein asketisches Einsiedlerleben mit intensivem Bibelstudium und Gebet. 380 wurde er Metropolit von Konstantinopel und hatte beträchtlichen Einfluss auf das erste Konzil ebendort. Doch sein asketisch-provinzieller Lebensstil wurde in der Metropole als befremdlich empfunden und bereits nach einem Jahr trat er zurück und verbrachte den Rest seines Lebens als Einsiedler.

Gregor von Nyssa - siehe Nyssa.

Guy Bernard (1261–1331) war ein französischer Dominikaner und gefürchteter Inquisitor.

Helena, Mutter des Kaisers Konstantin I. und Heilige, die angeblich während einer Pilgerreise in Palästina Reste des Kreuzes und andere Reliquien fand.

Hieronymus (349–), einer der vier großen lateinischen Kirchenväter, war der Verfasser der lateinischen Bibelübersetzung Vulgata. Außerdem gründete er ein Mönchskloster, einige Damenstifte und ein Pilgerhospiz.

Hildegard von Bingen (1098–1179) war deutsch Benediktinerinnen-Äbtissin, aber auch Dichterin, Komponistin und Expertin der Heil- und Kräuterkunde.

Hippo Augustinus von (354–430) war römischer Bischof und ist einer der vier großen lateinischen Kirchenväter. Er schuf eine ganze Reihe exegetischer und homiletischer (Homiletik = Predigtlehre) Schriften, doch sein Werk „Bekenntnisse" (confessiones) wird zur Weltliteratur gerechnet. Leider wirkt seine körperfeindliche Sexualethik bis heute in der Kirche nach. In seiner Heimat Algerien war er Bischof und Klostergründer.

Honorius I., war Papst von 625 bis 638 und wurde posthum wegen Ketzerei mit dem Kirchenbann belegt.

Hyppolit von Rom (170–235) Kirchenvater, bedeutender christlicher Autor, selbst Schüler des Kirchenvaters Irenäus und Papst. Er war möglicher Gegenpapst zu Calixt I. doch bewiesen ist das nicht. Wenn dem so war, dann war er der 1. Gegenpapst, der heiliggesprochen wurde. Sein wohl bekanntestes Werk ist „die Widerlegung aller Häresien".

Ignatius von Antiochien (3. Jh.) Apostolischer Vater und Bischof von Antiochien, der von Petrus geweiht wurde. Er hinterließ sechs theologische Briefe an verschiedene Gemeinden und war der erste, der für die Kirche den Ausdruck „katholisch" gebrauchte.

Ignatius von Loyola (1491–1556) war Spanier und Begründer des Jesuitenordens.

Ildefonso Rea (1896–1971) war während und nach dem 2. Weltkrieg Erzabt des Benediktiner-Gründungsklosters Montecassino. Unter ihm wurde das im Krieg völlig zerstörte Kloster wieder aufgebaut.
Innozenz III. Papst 1198–1216, war unerbittlich gegen Ketzer, aber auch ein Feind der Juden, gegen die er grausam vorging.
Innozenz IV. Papst 1243–1254, verschärfte die Regeln von Inquisitionsverfahren und legalisierte dazu die Folter.
Innozenz V. Sein Pontifikat (1225–1226) war mit 6 Monaten zu kurz, um beurteilt zu werden. Als Erzbischof von Lyon und Professor an der Sorbonne hatte er sich jedoch vor seiner Wahl in der Wissenschaft einen Namen gemacht, auch als Mitarbeiter von Thomas von Aquin und Albertus Magnus.
Innozenz VIII. Papst 1484–1492 förderte neben der Inquisition auch besonders die Hexenverfolgung.
Irenäus von Lyon (135–200), Bischof ebendort, war einer der bedeutendsten Theologen des 2. Jh. Unter seinen vielen Schriften stechen die 5 Bücher „gegen den Irrglauben" (versus haereses) hervor. 2022 erhob Papst Franziskus Irenäus zum Kirchenlehrer.

Johannes VIII., wurde als 20Jähriger auf den Papstthron gehoben und regierte von 872 bis 882, bevor er mit 30 Jahren eines unnatürlichen Todes starb. Um seine Person wurde die Legende der Päpstin Johanna gesponnen, die es aber niemals gab.
Johannes XV., Papst 985–996; unter ihm litt das Ansehen des Vatikans, denn er war bekannt für Nepotismus und Raffgier.
Johannes Chrystostomos (344–407), einer der vier orthodoxen großen Kirchenväter, war glänzender Redner, Prediger, Asket und Erzbischof von Konstantinopel. Er wurde zweimal verbannt, weil er mit seinen Predigten gegen Luxus, Torheit, Verschwendung und Unzucht die Eliten der Stadt und die Familie des Kaisers gegen sich aufbrachte. Während der zweiten Verbannung starb er.
Johannes Paul II. (1920–2005) Erzbischof von Krakau, als Papst der erste Slawe am Stuhl Petri, nach Pius IX. der Papst mit dem zweitlängsten

Pontifikat. Von Benedikt selig, von Franziskus wenig später heiliggesprochen.

Julius II. (1443–1513), 1503 zum Papst gewählt, verstand sein Amt als das eines Territorialfürsten, begründete die Schweizergarde, begann den Bau der Peterskirche als prächtigste Kirche weltweit. Beauftragte Michelangelo mit der Ausgestaltung der Sixtinischen Kapelle.

Justin der Märtyrer (100–165) Kirchenlehrer, Apologet, Märtyrer und Philosoph der 2. Jahrhunderts. Seine bekanntesten Schriften sind seine Apologien (Verteidigung des Christentums) und seine Auslegungen der biblischen Schriften.

Kaysersberg Johann Geiler von (1445–1519), Priester, Professor für Theologie und Universitätsrektor, war der bedeutendste deutsche Prediger des ausgehenden Mittelalters. Er predigte erst in Würzburg und dann bis an sein Lebensende in Straßburg. Er scheute sich auch nicht, die Kirche zu kritisieren, und sein Wirken ist mit Abraham a Santa Clara vergleichbar. Er entpuppte sich aber auch in vielen Predigten als Befürworter der Hexenverfolgung.

Konrad von Marburg (1185–1233) war ein deutscher Priester und fanatischer Inquisitor, der ob seiner Grausamkeit selbst erschlagen wurde.

Lactantius (um 250 bis 325) war ein Apologet, der auch zu den Kirchenvätern gezählt wird. Er war auch Geschichtsschreiber, der über seine Zeit berichtet und von Kaiser Konstantin I. gefördert wurde.

Le Bougre Robert (der Bulgare!) war ein Dominikaner und Inquisitor im 13. Jh. Er machte sich in Frankreich durch besondere Grausamkeit einen Namen.

Leo I. Papst von 440 bis 461 wurde bekannt als einer der großen Verteidiger des Christentums gegen Irrlehren.

Leo II. Papst, †683, galt als sehr gebildet, weil er Griechisch und Latein sprach. Er musste den von seinem Vorgänger, Papst Agatho, über den früheren Papst Honorius I. ausgesprochenen Kirchenbann wegen „Sympathisieren mit Häretikern" schriftlich begründen. Doch mit dem in den

Raum stehenden Argument der päpstlichen Unfehlbarkeit entwickelte sich eine eigene Diskussion um diese Begründung.
Linus, war der zweite Bischof von Rom und damit Nachfolger von Petrus.
Lucius III. Papst 1181–1185 ging scharf gegen Ketzer vor, besonders aber gegen Katharer und Waldenser. Damit war er einer der Wegbereiter der Inquisition.
Luther Martin (1483–1546) Augustinermönch und Begründer der Reformation. Dadurch kam es zur Kirchenspaltung, die evangelischen Kirchen, auch lutherisch genannt, entstanden, wie auch andere protestantische Bewegungen.

Markion (ca. 90–160), Gründer einer christlichen Bewegung, des „Markionismus". Er lehnte den zornigen, strafenden Gott des AT ab und anerkannte nur den milden, vergebenden Gott des NT. Deshalb akzeptierte er das AT nicht und aus dem NT nur die Paulusbriefe und das von allen AT-Bezügen bereinigte Lukasevangelium. Er war auch der erste, der einen Text „euangelion" nannte. Die Kirche erkannte die Konkurrenz und erstellte darum einen eigenen Kanon, der freilich in den folgenden 2 Jahrhunderten noch einige Male geändert wurde.
Martin von Tours, hl. (316–397) war Begründer des Mönchtums in Europa und Bischof von Tours. Bekannt ist durch die Legende des frierenden Armen, mit dem er seinen Mantel geteilt hat.
Miltiades war von 310 bis 314 Papst, als das Christentum von Kaiser Konstantin I. legalisiert wurde.

Nikolaus V. (1397–1455) war ab 1447 Papst. Auf dem Basler Konzil vermied er 1449 ein Schisma, indem er den Gegenpapst Felix V. zum Rücktritt bewegen konnte. Während seinem Pontifikat wurde Konstantinopel von den Osmanen erobert. Auch erlaubte er Sklavenhandel mit Nichtchristen.
Nyssa Gregor von Bischof & Kirchenlehrer des 4. Jh. Nyssa war eine Stadt und ein Bistum in der heutigen Türkei.

Origenes (185–254) war Kirchenvater und stammte aus Alexandria. Er war ein christlicher Gelehrter, Theologe und Schriftsteller, der eine ganz Reihe von Werken und exegetischen Schriften hinterließ, vor allem Bibelübersetzungen und Bibel-Kommentierungen.

Papias von Hierapolis (ca. 60–163) Apostolischer Vater, Bischof, der noch Schüler des Apostel Johannes war. Seine Bücher der „Herrenworte" sind nur mehr teilweise erhalten, doch er berichtete als Erster über Entstehung und Verfasser der Evangelien. Papias starb als Letzter der Apostolischen Väter und mit seinem Tod endete die sogenannte zweite Generation des Christentums.

Paul III. Papst von 1534 bis 1549. Er belegte 1537 Heinrich VIII. wegen dessen Scheidung mit dem Kirchenbann und England mit dem Interdikt (Verbot von gottesdienstlichen Handlungen). Er rief die Schweizergarde wieder ins Leben, setzte den Bau des Petersdoms fort und bestellte Michelangelo zum Baumeister.

Paul IV. war Papst von 1555 bis 1559 und wurde dies erst mit 79 Jahren. Er verschärfte die Inquisition, ging ohne Milde gegen Protestanten vor, stritt mit den Herrschern halb Europas und unterdrückte die Juden grausam. Sein Tod wurde von den Römern gefeiert und das Inquisitionsgebäude niedergebrannt, nachdem alle Gefangenen freigelassen worden waren.

Paul VI. (1894–1978), zweiter Papst von Vatikanum II, Erzbischof von Mailand, schrieb viele der Reden seines Vorgängers Johannes XXIII. Von Franziskus 2014 selig und vier Jahre später heiliggesprochen.

Pelagius (360–418) ein Laienmönch aus der römischen Provinz Britannia, predigte in Rom. Er lehnte die Lehre der Erbsünde ab, doch diese Lehre wurde von der Kirche als Häresie verworfen. Sein großer Gegenspieler dabei war Augustinus von Hippo.

Peñaforte von, Raimund (1175–1275) war ein spanischer Dominikaner und Kirchenrechtler, der von Papst Gregor IX. beauftragt wurde, das Kirchenrecht zu überarbeiten und dabei ein strengeres Vorgehen gegen Ketzer zu entwerfen.

Petrus Lombardus italienischer Theologe und Scholastiker des 12. Jh. Von seinen vielen theologischen Schriften werden seine vierbändigen Sentenzen als Hauptwerk gesehen.

Philo Alexandrinus, auch Philo Iudaeus *15 v. Chr. +40 n. Chr., Philosoph und Theologe. Sein Werk de specialibus legibus (spezielle Erläuterung des Gesetzes,) umfasst 4 Bände; Band 1: Beschneidung, Priester, Opfer; Band 2: Sabbat, Elterngebot; Band 3: Ehebruch, Mord; Band 4: Begehren (8.–10. Gebot).

Pius V. Papst von 1566 bis 1572, galt als weiser Kirchenreformer; er verfolgte die Waldenser, vor allem aber Protestanten und begrüßte die an ihnen begangenen Massaker.

Pius VII. Papst von 1800 bis 1823; unter seinem Pontifikat löste Napoleon den Kirchenstaat auf und zwang Pius VII., bei seiner Kaiserkrönung anwesend zu sein.

Pius VIII. Papst 1829–1830, gilt trotz seines kurzen Pontifikates als modern und weitsichtig.

Pius IX. 1846–1878 Papst, damit das längste Pontifikat der Geschichte. Er leitete das 1. Vatikanische Konzil und erhob sowohl die unbefleckte Empfängnis Mariens als auch die Unfehlbarkeit des Papstes zum Dogma. Er ließ im Vatikan noch bis 1868 Hinrichtungen zu. Er war machtbesessen und deshalb schmerze ihn am meisten, dass unter seinem Pontifikat der Kirchenstaat aufgelöst wurde.

Pius X. Papst 1903–1914 war ein Reformer; er ließ das Kirchenrecht überarbeiten und bei dieser Gelegenheit den päpstlichen Machtanspruch festigen.

Polykarp von Smyrna (ca. 69–155) ist ein Apostolischer Vater, der vom Apostel Johannes als Bischof eingesetzt wurde. Er ist vor allem bekannt durch sein theologisches Werk „adversus haereses“ (gegen den Irrglauben).

Priscillian (340–385) war Bischof von Avila in Kastilien, der wegen Ketzerei hingerichtet wurde. Also ein Mord von Christen an einem Christen.

Quadratus von Athen († um 130) war Apostolischer Vater, Bischof von

Athen und gilt als erster christlicher Apologet (Verteidiger des Glaubens gegen andere Religionen). Angeblich kannte er Menschen, die noch von Christus selbst geheilt worden waren.

Ratzinger Joseph Aloisius siehe Benedikt XVI.
Rufinus von Aquileia war Mönch, Theologe und Historiker des 4./5. Jh., bekannt durch seine Übersetzungen christlicher Schriften vom Griechischen in Latein, und hier insbesondere durch seine Übersetzungen der Werke des Origenes.

Silvester I., Papst 314–335, war jener Bischof von Rom, unter dem sich die Legalisierung des Christentums im römischen Reich vollzog. In seine Amtszeit fiel auch das Konzil von Nizäa (325).
Siricius war im 4. Jh. Papst, als Bischof Priscillian (siehe ⊠) hingerichtet wurde. Obwohl schockiert, konnte er nicht eingreifen, denn damals war Kastilien zu weit weg von Rom.
Sixtus IV., Papst 1471–1484; er war einer der korruptesten Päpste. Von 34 Kardinälen, die er ernannte, waren die Hälfte Verwandte. Er erlaubte dem spanischen König, Inquisitoren zu ernennen. Zeitgenössische Geschichtsschreiber sagen ihm Wollust, Prunksucht, Eitelkeit und Geiz nach. Er starb an einem Schlaganfall, ausgelöst durch einen Tobsuchtsanfall.
Sixtus V., 1521–1590, war ab 1585 Papst. Es war sittenstreng, rief im Jahre 1588 die Kardinalskongregation ins Leben. Bekannt aber wurde er vor allem durch seine Bautätigkeit.
Stefan I., Papst 254–257 focht mit dem Bischof Cyprian von Karthago den sogenannten Ketzer-Taufstreit aus. Dabei ging es vorrangig um die Frage, ob bei Personen, die vom römischen Kaiser unter Todesdrohung gezwungen wurden, dem Christentum abzuschwören, doch die später wieder eingetreten sind, die gespendete Taufe Gültigkeit hatte. Diejenigen, die auf Ungültigkeit beharrten, spalteten sich ab und wurden als die sogenannten Donatisten der Irrlehre beschuldigt.
Stefan VI. war Papst 896–897. Er ließ Papst Formosus posthum den Prozess machen und ihn wegen Meineides und Usurpation verurteilen. Dies

ging in die Geschichte als „Leichensynode" ein. Sein Pontifikat aber war so kurz, weil er kurz danach selbst ermordet wurde.
Stefan IX. Papst von 1057 bis 158 blieb auch während seines kurzen Pontifikates Benediktiner-Abt von Montecassino.

Tertullian (ca. 150–220) Kirchenvater, war der 1. Lateinische Kirchenschriftsteller und gilt als Vater des Kirchenlatein. Er prägte theologische Begriffe wie trinitas (für Dreifaltigkeit) und damnatio (für Kirchenbann).
Torquemada von, Thomas (1420–1498) war ein Dominikaner aus Kastilien und ein für seine Brutalität bekannter Inquisitor.

Urban VIII. war 1623–1644 Papst. Er war ein geschickter Diplomat, hörte aber nicht auf den Rat der Kardinäle und war ein klassischer Nepotist, der eine ganz Reihe von Verwandten im Vatikan unterbrachte. Auch wollte er die Inquisition kontrollieren, aber dazu war er nicht imstande. In europäischen Konflikten verhielt er sich neutral, als aber 1631 Magdeburg von der katholischen Liga gestürmt wurde und dabei 20.000 Menschen massakriert wurden, drückte dieser Papst in einem Schreiben seine Freude über die Ausrottung dieses Ketzernestes aus. Er lebte so verschwenderisch, dass sich das Defizit des Kirchenstaates verdoppelte und dass das Volk bei seinem Tod jubelte.

PROFANE PERSÖNLICHKEITEN

Achenaton siehe Echnaton
Amenothep IV. siehe Echnaton
Aristoteles 384–322 v. Chr., griechischer Universalgelehrter und einer der bedeutendsten altgriechischen Philosophen und Naturforscher.
Artaxerxes III., persischer König im 4. Jh. v. Chr., der in viele Kriege verwickelt war, Ägypten erfolglos angriff und Bewohner des heutigen Syrien nach Babylon deportierte. Sein Nachfolger wurde sein Sohn Arses,

nachdem er seine Brüder und seinen Vater von seinem Haueunuchen Bagoas vergiften ließ.
Aurelian römischer Kaiser von 270 bis 275, dem es gelang, das vom Zerfall bedrohte römische Reich zu einen. Er war Anhänger des Sonnengottes Sol-Invictus, dessen Geburtstag er am 25. Dezember 274 erstmals im ganzen Reich feiern ließ. Dies war sozusagen die Grundsteinlegung für das Weihnachtsfest.

Caligula römischer Kaiser von 37 bis 41. Wurde zunehmend unberechenbar und ließ Bürger, auch hohe Amtsträger und Politiker willkürlich umbringen. Deshalb wurde er durch seine eigene Leibgarde ermordet.
Chlodwig I. 466–511, war fränkischer König. Er ist der Begründer des Frankenreiches, wählte Paris zur Hauptstadt und ließ sich taufen. Dieser Schritt war eine der treibenden Kräfte, die dazu führte, dass sich das Christentum in Europa ausbreiten konnte.
Constantius II., (317–361) war römischer Kaiser. Er musste sich unter anderem während seiner gesamten Regierungszeit mit Religionsstreitigkeiten herumschlagen.
Crispus (ca. 305–326) war der älteste Sohn von Kaiser Konstantin I. Crispus wurde auf Anordnung seines Vaters getötet, die Gründe sind bis heute unbekannt.

de Molay Jacques war der letzte Großmeister des Templerordens, der 1314, der Ketzerei angeklagt, auf dem Scheiterhaufen hingerichtet wurde.
Diogenes von Sinope (413–323 v. Chr.) war ein griechischer Philosoph der Strömung der Kyniker. Anhänger des Kynismus streben durch größtmögliche Bedürfnislosigkeit und durch möglichst wenig Besitz nach Glück und Zufriedenheit. Seine Schriften existieren nicht mehr, doch er prägte den Begriff „Selbstgenügsamkeit" und er akzeptiert gelebtes sexuelles Lustempfinden als elementares Bedürfnis. Von ihm stammt auch der Ausspruch „Ich suche einen Menschen" und die Bitte an Alexander den Großen: „Geh mir aus der Sonne".

Diokletian, etwa 240–312, war römischer Kaiser, gleichzeitig wichtiger Reformer der auch die Tetrarchie, die Vierkaiserherrschaft einführte. Er war aber auch ein gnadenloser Verfolger des Christentums.

Echnaton (13. Jh. v. Chr.) war ein ägyptischer Pharao, sein Geburtsname war Amenhotep IV. Er wollte den Eingottglauben einführen, sah den Sonnengott Aton als einzigen Gott, änderte deshalb seinen Namen in Achenaton und wollte alle anderen Götter abschaffen. Er sah sich und seine Frau und Mitregentin Nofretete als die einzigen Bindeglieder zwischen Aton und den Menschen an und ließ sich zusammen mit seiner Frau und Aton in einer Art göttlicher Dreifaltigkeit anbeten. Dieses Ansinnen wurde von der reichen und mächtigen Priesterkaste nicht akzeptiert und der Aton-Eingott-Glaube sofort nach dem Tod des Pharaos wieder abgeschafft. Der Sohn des Echnaton wurde von den Priestern erst als nächster Pharao anerkannt, als sich die pharaonische Familie bereit erklärte, seinen Namen von Tut-Anch-Aton in Tut-Anch-Amun zu ändern.

Epiktet, ca. 50–138, war einer der bekanntesten Vertreter der späteren Stoa. Kam als Sklave nach Rom, wo er sich selbst unterrichtete. Von dort vertrieben, gründete er in Nikopolis eine Philosophenschule. Er hinterließ das „Handbüchlein der Moral".

Fausta (ca. 295–326) war 2. Ehefrau des römischen Kaiser Konstantin I. Er ließ sie, so wie auch seinen Sohn, umbringen. Historiker vermuten, dass sich die beiden gegen den Kaiser verschworen hatten.

Ferdinand II. (1452–1516) war König von Kastilien und wurde „der katholische" genannt. Er vertrieb nicht nur die Mauren von der iberischen Halbinsel, sondern begann auch die Juden in seinem Land zu verfolgen.

Flavius Josephus (ca. 38–100 n. Chr.) war ein jüdisch-hellenistischer Historiker und Geschichtsschreiber. Seine Hauptwerke waren „Die Geschichte des jüdischen Krieges" (Bellum) und „Die Geschichte des jüdischen Volkes" (Antiquitates). Wir verdanken Josephus sehr viel Wissen über das letzte vorchristliche und das erste nachchristliche Jahrhundert.

Friedrich II. (1194–1250), ein Stauffer, war König von Sizilien, deutsch-römischer König und ab 1220 Kaiser des Heiligen Römischen Reiches Deutscher Nation. Er gilt als einer der ganz großen Landesherrn. Obwohl exkommuniziert, führte er 1228 einen Kreuzzug an. Im Heiligen Land verhandelte er, statt zu kämpfen, erreichte dabei, dass Jerusalem den Christen zurückgegeben wurde, musste dem Sultan aber zugestehen, dass die Al-Aqsa-Moschee muslimisches Territorium blieb.

Galileo Galilei (1564–1641) war italienischer Physiker und Astronom. Er erkannte, dass sich die Erde um die Sonne dreht; deshalb wurde ihm von der Kirche ein Ketzerprozess angedroht und er wurde gezwungen zu widerrufen.
Gratian (359–383) Westkaiser des römischen Reiches und Mitregent des Kaiser Theodosius I.
Gratus Valerius war von 15 bis 26 n. Chr. römischer Präfekt in Judäa und damit Vorgänger des Pontius Pilatus.

Hegel Georg Wilhelm Friedrich (1770–1831) war ein deutscher Philosoph, besonders auch auf den Fachgebieten Soziologie und Theologie.

Isabella I. (1451–1504), Frau von Ferdinand II., König von Kastilien, und damit Mitregentin.
Isabella II. (1830–1904) beendete die spanische Inquisition offiziell.

Julian (331–363) war ab 360 römischer Kaiser. Er strebte eine Wiederbelebung des römischen Götterkultes an, wollte deshalb die konstantinische Wende rückgängig machen und ging gegen Christen vor.

Kant Immanuel (1724–1804) war ein deutscher Philosoph der Aufklärung
Karl der Große (748–814) war ein Karolinger und fränkischer König. Im Jahre 800 wurde er der erste westeuropäische Kaiser. Er sicherte und erweiterte das Gebiet Frankreichs und verstand es ein Leben lang, mit den Päpsten freundschaftliche Beziehungen zu unterhalten.

Kleanthes, bedeutender Philosoph der älteren Stoa im 4. Jh. v. Chr. Er lehrte, dass tugendhaftes Handeln nur durch Erkenntnis der Wirklichkeit möglich ist. Kleanthes soll sich zu Tode gehungert haben.
Kleopatra VII. Philopator (69–30 v. Chr.) war die letzte ägyptische Herrscherin der Ptolemäer-Dynastie mit dem Titel Pharao. Geliebte von Cäsar und danach von Marc Antonius. Doch die Niederlage des Marc Antonius gegen Octavian, den späteren Kaiser Augustus beendete auch ihre Herrschaft. Sie beging Selbstmord durch Schlangenbiss.
Konfuzius war ein chinesischer Philosoph des 6./5. Jh. v. Chr.
Konstantin I. römischer Kaiser, auch der Große genannt, legalisierte 313 n. Chr. das Christentum im ganzen römischen Reich. 321 erklärte er den Sonntag zum Feiertag (vorher war dieser nur Ruhetag) und 325 berief er das Konzil von Nicäa ein. Zur Staatsreligion gemacht wurde das Christentum schließlich im Jahre 380 von Kaiser Theodosius I.
Konstantin II. (316–340) war römischer Kaiser, Sohn und Nachfolger von Konstantin I.
Kriton griechischer Philosoph (465–395 v. Chr), Schüler und Freund des Sokrates.

Leo II., Papst 682–683 legte fest, dass es sich bei den Magiern, die Jesus in der Krippe besuchten, um drei Personen handelte.
Licinius (308–324) römischer Ostkaiser. 313 vereinbarte Konstantin I. mit ihm im Mailänder Edikt die Legalisierung des Christentums. In den Jahren darauf verfeindeten sie sich und 324 siegte Konstantin über die Armee des Licinius, ließ diesen hinrichten und wurde Alleinherrscher des römischen Reiches.
Ludwig IX. (1214–1270) König von Frankreich, ging in Absprache mit dem Papst sehr streng gegen Ketzer und Ungläubige vor, konnte er auf diese Art doch deren Besitz beschlagnahmen.

Marcus Antonius (ca. 86–30 v. Chr.), römischer Staatsmann und Feldherr, festigte seine Macht und wurde nach der Ermordung des Cäsar einer der mächtigsten Männer des Reiches. Er schloss mit Octavian (dem späteren Kaiser Augustus) und dem Feldherrn Marcus Aemilius Lepidus das zweite Triumvirat. Das Verhältnis zwischen Octavian und Marc Antonius trübte sich immer mehr, besonders weil er der Geliebte von Kleopatra war. 31 v. Chr. kam es bei Actium zur offenen Schlacht zwischen beiden, Marc Anton verlor und beging Selbstmord.

Markian war 450–457 Kaiser des oströmischen Reiches. Unter seiner Herrschaft wurde 451 das Konzil von Chalcedon (heute ein Stadtteil von Istanbul) eröffnet.

Manuel I. (1469–1521), genannt der Glückliche, war einer der bedeutendsten Könige von Portugal. Unter seiner Herrschaft entwickelte sich das sogenannte goldene Zeitalter, aber auch die portugiesische Inquisition.

Matthias von Habsburg (1557–1619) war österreichischer König und Kaiser des Heiligen Römischen Reiches.

Maximinus II., auch Maximinus Daia genannt (†313) war ab 305 Caesar und ab 311 Augustus in Ostrom. Er förderte den Kult des ägyptisch-hellenistischen Gottes Serapis und ging deshalb gegen die Christen vor.

Nebukadnezzar (605–562 v. Chr.) bedeutendster babylonischer König. 587/586 v. Chr. eroberte und zerstörte er Jerusalem und den Tempel und führte einen Großteil des Volkes ins babylonische Exil.

Nero (37–68) war römischer Kaiser, der zu Beginn seiner Regierung als gerecht und überlegt galt. Doch mit den Jahren verschlechterte sich sein Verhältnis zum Senat. Im Jahre 64 brach in Rom ein Brand aus, den er angeblich selbst legen ließ, um Platz für Neubauten und einen riesigen Palast zu schaffen. Doch starker Wind vernichtete ganze Stadtteile und Nero, der einen Sündenbock brauchte, beschuldigte die Christen. In den folgenden Jahren wurde Nero immer grausamer, verdächtigte jeden und ließ sehr viele Menschen hinrichten. Im Jahr 68 war er so verhasst, dass er erst nach Ägypten flüchten wollte, doch dann seinen Selbstmord beschloss. Er war aber für diese Tat zu feige und so musste ihn sein Sekretär umbringen.

Nietzsche Friedrich (1844–1900) war einer der großen deutschen Philosophen. Er lehnte alles Religiöse radikal ab, so dokumentiert in seinem Werk „Götzendämmerung".

Nofretete – siehe Echnaton.

Oktavian (63 v.–14 n. Chr) , der spätere Kaiser Augustus, war ein Großneffe des Julius Cäsar. Nach Machtkämpfen und einem Sieg über Mark Antonius wurde er Alleinherrscher. So beendete er das Jahrhundert der römischen Bürgerkriege. Er ordnete den Staat, erneuerte die Republik und schuf dazu ein römisches Gesetzeswerk. Bevor er starb, hatte er noch die Politik neu geordnet und die Grenzen seines Reiches gesichert.

Philip IV. (1268–1314), genannt der Schöne, war König von Frankreich. Er zerschlug unter abartigen Vorwänden den Templerorden, um an dessen Vermögen zu kommen.

Phokylides 50 v.–50 n. Chr. jüdischer Spruchdichter. Nicht zu verwechseln mit dem Philosophen Phokylides von Milet.

Platon, griechischer Philosoph im 5. Jahrhundert v. Chr., ist vor allem bekannt für die von ihm entwickelte Ideenlehre. Diese besagt, dass absolute Erkenntnis möglich ist, weil es zwei Welten gibt. Die eine ist die unveränderliche Welt der Ideen, welche nur durch Vernunft zu begreifen ist, und die andere ist eine vergängliche Welt von Materie und Leben. Das geflügelte Wort „Ich weiß, dass ich nichts weiß" stammt wahrscheinlich von ihm, wird aber auch Sokrates zugeschrieben.

Plinius der Jüngere (ca. 61–115) war römischer Senator, Schriftsteller und Philosoph, der zur Stoa tendierte.

Pulcheria war die Frau des oströmischen Kaisers Markian, der 451 das Konzil von Chalcedon eröffnete. Sie aber hatte dieses Konzil gemeinsam mit dem Bischof von Chalcedon organisiert.

Ramses II., der Große, war der mächtigste, am längsten regierende und heute bekannteste aller Pharaonen. Er regierte 66 Jahre lang, von 1279 bis 1213 v. Chr. Unter ihm erlebte Ägypten eine wirtschaftliche und kulturelle Entwicklung wie unter keinem anderen. Auch erfreuten sich die Ägypter eines Friedens, der, damals sehr ungewöhnlich, fünfzig Jahre anhielt.

Sanherib, Assyrerkönig von 705 bis 681 v. Chr., führte ständig Kriege und zerstörte 701 große Teile von Juda, doch ohne es zu erobern, und machte den judäischen König Hiskija tributpflichtig.
Schopenhauer Arthur (1788–1860) war einer der großen deutschen Philosophen.
Schwarz Günther (1928–2009) war ein deutscher Priester, Theologe und Experte der Aramaistik. Er hatte über 50 Jahre lang Aramäisch studiert, um Rückübersetzungen ins Aramäische von den auf Griechisch verfassten Evangelien anzufertigen, denn er wollte wissen, was Jesus wirklich gesagt hatte. Die Resultate seiner Übersetzungen sind sehr aufschlussreich, werden aber von der Kirche nicht kommentiert.
Seianus Lucius Aelius war der Kommandeur der Prätorianergarde, der Pontius Pilatus als Präfekt in Judäa einsetzte.
Seneka (5 v.–65 n. Chr.), römischer Philosoph (Stoiker), Dramatiker, Naturforscher und Politiker. De Beneficiis (über Wohltaten) ist eines der bekanntesten seiner Werke.
Sokrates (469–399 v. Chr.) war griechischer Philosoph und einer der größten Denker überhaupt. Durch ihn wurde das abendländische Gedankengut maßgeblich beeinflusst. Als Ethiker war es ihm ein Anliegen, Unrecht aufzudecken. Deshalb wuchs die Anzahl seiner Gegner, es wurde ihm ein politisch motivierter Prozess gemacht und er wurde zum Tode durch den Schierlingsbecher verurteilt.
Sueton (ca. 70–122) war römischer Beamter, Schriftsteller und Historiker, der viele der Geschehnisse seiner Zeit für die Nachwelt dokumentierte.

Tacitus Publius Cornelius (ca. 58–120) war römischer Senator und ein bedeutender Geschichtsschreiber.
Theodosius I., der Große (347–395), römischer Kaiser, bestimmte 380 mit dem sogenannten Dreikaiseredikt (die beiden Mitregenten waren Valentinian II. und Gratian), dass das Christentum zur Staatsreligion im römischen Reich erhoben wurde, alle anderen Religionen und Glauben waren damit ab sofort illegal und strafbar.

Tiberius, römischer Kaiser von 14 bis 37 n. Chr. Ihm zu Ehren nannte Herodes Antipas die Stadt Tiberias nach ihm. Der See Genezareth wurde von Herodes auch in See Tiberias umbenannt.
Tolstoi Leo Nikolajewitsch (1828–1910) war russischer Schriftsteller und Philosoph. Auch war er gläubig, doch Kirchengegner und deshalb wurde er von der katholischen Kirche, obwohl russisch-orthodox war, exkommuniziert.

Valdes Petrus († um 1218) war ein französischer Laie und Wanderprediger, der die Gemeinschaft der Waldenser gründete.
Valens (328–378) war 364 bis 378 römischer Ostkaiser. Im arianischen Streit schlug er sich auf die Seite der Arianer, löste damit einen Konflikt zwischen sich und Athanasius von Alexandrien aus, den er schließlich verbannte.
Valentinian I. (321–375) war 364–375 römischer Kaiser im Westen des Reiches. Seine Regentschaft war gezeichnet von Kämpfen gegen die Germanen und sein größter Verdienst war die Sicherung der Rhein- und Donaugrenze.
Valentinian II. (371–392) war ab 375 Augustus des West-Imperiums und somit der erste Kinderkaiser des Reiches. Während seiner Kindheit und Jugend war sein Halbbruder Gratian sein Vormund, und im zarten Alter von 21 Jahren wurde er von seinen Heerführern im Bad erdrosselt.
Valerius Gratus, römischer Präfekt zur Zeit von Jesus. Er berief Kaiphas zum Hohenpriester.
Vespasian (9–79 n. Chr.) war römischer Kaiser, der durch seinen Sohn und Nachfolger Titus im Jahre 70 den Jüdischen Aufstand niederschlagen und dabei Jerusalem und den Tempel zerstören ließ.
Vitellius, Stadthalter der römischen Provinz Syria und Vorgesetzter des Pontius Pilatus.

Xenophon (ca. 425–354 v. Chr.) war ein griechischer Politiker und Feldherr, aber auch Schriftsteller, Philosoph und Historiker. Seine Werke, besonders sein Hauptwerk „Anabasis" (Bezeichnung für antike Heereszüge) ist bis heute eine bedeutende Abhandlung für Philosophen. Weitere bekannte Werke von ihm sind das Geschichtswerk „Hellenika", und die „Apologie", die hypothetische Verteidigungsrede des Sokrates vor Gericht.

Jesus – sein Wirken, sein Erbe

Anhang 3

LITERATURVERZEICHNIS

Abraham a Santa Clara; Wunderlicher Traum von einem großen Narrennest, Reclam Verlag, Leipzig ca. 1920

Abraham a Santa Clara; „Lach nur, lach, eitler Weltaff'-", Herder & Co. 1983

Alt Franz; Was Jesus wirklich gesagt hat (eine Auferweckung), Gütersloher Verlagshaus, Gütersloh 2015

Baigent Michael & Leigh Richard; Verschlusssache Jesus, die Wahrheit über das frühe Christentum, Droemer Knaur, München 1991

Barthel Manfred; Was wirklich in der Bibel steht, Das Buch der Bücher in neuerer Sicht, Econ Verlag Düsseldorf, Lizenz Deutsche Buchgemeinschaft, C.A. Kochs Verlag Nachf., Berlin, Darmstadt, Wien 1980

Baur Andreas, Plöger Wilhelm (Hrsg.); Botschaft des Glaubens; Ein katholischer Katechismus, 4. Nachdruck, Verlag Ludwig Auer, Donauwörth 1980

Benedikt XVI. (Joseph Ratzinger); Jesus von Nazareth, 1. Teil Von der Taufe im Jordan bis zur Verklärung, Herder, Freiburg, Basel, Wien 2006

Benedikt XVI. (Joseph Ratzinger); Auf Hoffnung hin gerettet; Die Enzyklika „Spe Salvi", Herder, Freiburg, Basel, Wien 2008

Benedikt XVI. (Joseph Ratzinger); Licht der Welt; Der Papst, die Kirche und die Zeichen der Zeit; ein Gespräch mit Peter Seewald, Herder, Freiburg, Basel, Wien 2010

Berger Klaus; Qumran, Funde – Texte – Geschichte, Reclam, Stuttgart 1998

Bibliothek der Kirchenväter (BKV); Universität Freiburg, theologische Fakultät (bkv.unifr.ch)

Bichlmaier SJ. Georg; Der Mann Jesus, Verlag Herder, Wien 1948

Birnstein Uwe & Gutschera Herbert & andere; Chronik des Christentums, Chronik Verlag im Bertelsmann Lexikon Verlag GmbH, Gütersloh/ München 1997

Bischoff Erich; Die Kabbala, Anaconda Verlag GmbH, Köln 2014

BKV; siehe Bibliothek der Kirchenväter

Brill Klaus; Beim Papst im Zimmer brennt noch Licht: Recherchen im Vatikan, Picus Verlag Ges.m.b.H., Wien 1999

Buber Martin; die Erzählungen der Chassidim, Manesse Verlag, Zürich 1949

Ceming Katharina & Werlitz Jürgen; Die verbotenen Evangelien, Apokryphe Schriften, Marix Verlag GmbH, Wiesbaden 2004

Colonna Marcantonio; Der Diktator Papst, Renovamen Verlag, Bad Schmiedeberg 2018

Coreth SJ, Neidl, Pfligersdorfer (Hrsg.); Christliche Philosophie im katholischen Denken des 19. und 20. Jahrhunderts, Band 1, Neue Ansätze im 19. Jahrhundert, Styria, Graz, Wien, Köln 1987

Coreth SJ, Neidl, Pfligersdorfer (Hrsg.); Christliche Philosophie im katholischen Denken des 19. und 20. Jahrhunderts, Band 2, Rückgriff auf scholastisches Erbe, Styria, Graz, Wien, Köln 1988

Deschner Karlheinz; Kriminalgeschichte des Christentums, Erster Band, die Frühzeit, Rowohlt Taschenbuch Verlag GmbH, Reinbek bei Hamburg, 1986

Die Bibel, Einheitsübersetzung der Heiligen Schrift, Gesamtausgabe, österreichisches Katholisches Bibelwerk, Klosterneuburg 1982

Dietrich Walter, Mathys Hans-Peter, Römer Thomas, Smend Rudolf; Die Entstehung des Alten Testaments, Verlag W. Kohlhammer, Stuttgart 2014

Dietzfelbinger Konrad; Erlösung durch Erkenntnis – Die Gnosis, Königsdorfer Verlag, Königsdorf 2008

Dreyer Martin; Der vergessene Jesus (auf keinen Fall von gestern und auf jeden Fall für heute), Gütersloher Verlagshaus, Gütersloh 2016

Ebner Martin; Das Markusevangelium, Verlag Katholisches Bibelwerk GmbH, Stuttgart 2008

Errico Rocco A.; Das aramäische Vaterunser, Verlag Hans-Jürgen Maurer, Frankfurt am Main 1997

Falk- Rønne Arne; Auf Petrus Spuren; Leopold Stocker Verlag, Graz 1977

Feldmann Christian; Johannes Paul II., Der Jahrhundertpapst, überarbeitete Neuausgabe, Herder, Freiburg, Basel, Wien 2011

Foster Paul; Die apokryphen Evangelien, Reclam, Stuttgart 2011

Frankemölle Hubert; Das Matthäusevangelium, Verlag Katholisches Bibelwerk GmbH, Stuttgart 2010

Franziskus Papst; Ich glaube – wichtige Lebensfragen neu interpretiert, Kösel-Verlag, München 2020

Funk Dr. S.; Die Entstehung des Talmuds, Göschen'sche Verlagshandlung, Leipzig 1910

Gänswein Georg; Vom Nine-Eleven Unseres Glaubens, fe Medienverlags GmbH, Kißlegg 2019

Garrett Randall; Papst Johannes XXIII. Ein Lebensbild, Kindler Verlag München, Lizenz Eduard Kaiser Verlag, 1962

Gnilka Joachim; Johannesevangelium, Echter Verlag GmbH, Würzburg 2009

Grasberger Ulrich Hrsg.; Die geheimen Schriften der frühen Christen. Apokryphen und Gnosis; Verlagsgruppe Weltbild GmbH, Augsburg 2008

Gruber Reinhard H.; Die Domkirche Sankt Stephan zu Wien, Kirchenmeisteramt der Domkirche St. Stephan, Wien 2011

Haacker Klaus; Paulus, der Apostel, Verlag Katholisches Bibelwerk GmbH, Stuttgart 2008

Hahne Peter; Leid. Warum lässt Gott das zu?, mediaKern GmbH, Friesenheim-Schuttern 2012

Harder Ernst; Der Koran, Insel-Verlag, Leipzig 1915

Hasmann Gabriele; Der Stephansdom, Kral-Verlag, Berndorf 2016

Jaspers Karl; Die großen Philosophen, 1. Band, 6. Auflage, Piper GmbH & Co KG, München 1988

Jeromin Karin; Das kleine Handbuch zur Bibel, Verlag Katholisches Bibelwerk GmbH, Stuttgart 2014

Johannes Paul II.; Erinnerungen und Identität, Gespräche an der Schwelle zwischen den Jahrtausenden, Weltbild Buchverlag, 3. Auflage, Augsburg 2005

Johannes Paul II; Wir fürchten die Wahrheit nicht, Der Papst über die Schuld der Kirche und der Menschen, Verlag Styria, Graz, Wien, Köln 1997

Johannes Paul II.; Love & Responsibility, HarperCollinsPublishers, London 1981

Kee Howard Clark; Was wissen wir über Jesus?, Reclam, Stuttgart 1993

Keel Othmar; Die Geschichte Jerusalems und die Entstehung des Monotheismus (Teil 1 und 2), Vandenhoeck & Ruprecht GmbH & Co. KG, Göttingen 2007

Keller Werner; Und die Bibel hat doch recht, Forscher beweisen die historische Wahrheit, Revidierte Neuausgabe, Lizenzausgabe der ECON GmbH Düsseldorf für die Deutsche Buchgemeinschaft, Düsseldorf und Wien 1978

Knaurs farbige Taschenbücher; Die großen Religionen der Welt,101.–112. Tausend, Droemersche Verlagsanstalt Th. Knaur Nachf., München, Zürich 1973

Kratz Reinhard Gregor; Die Propheten der Bibel-Geschichte und Wirkung, Verlag C.H.Beck oHG, München 2022

Lanczkowski Günter; Geschichte der Religionen, Fischer Taschenbuch Verlag, Frankfurt 1972

Leloup Jean-Yves; Evangelium der Maria Magdalena, Die spirituellen Geheimnisse der Gefährtin Jesu, Wilhelm Heyne Verlag, München 2008

Liss Hanna; Tanach – Lehrbuch der jüdischen Bibel, Universitätsverlag Winter GmbH, Heidelberg 2019

Lucado Max; Staunen über den Erlöser, Hänssler Verlag, Holzgerlingen 2008

Lütz Manfred; Gott: eine kleine Geschichte des Größten, Pattloch Verlag GmbH & Co. KG, München 2007

Marchi Cesari; Große Sünder große Kathedralen, Gustav Lübbe Verlag GmbH, Bergisch Gladbach 1992

März Claus-Peter; Hebräerbrief, Echter Verlag, Würzburg 1990

Maxwell Stanley; Zu allem bereit – für Jesus, Als Christ im kommunistischen China, Advent Verlag, Lüneburg 2000

Melchers Erna und Hans; Das große Buch der Heiligen, Geschichte und Legende im Jahresablauf, Südwestverlag GmbH & Co. KG München, Lizenz Deutsche Buchgemeinschaft, C.A. Kochs Verlag Nachf., Berlin, Darmstadt, Wien 1978

Mensching Gustav; Die Weltreligionen; Carl Habel Verlagsbuchhandlung, Darmstadt

Meyer Eduard; Urgeschichte des Christentums; Ursprünge und Anfänge, Band 1, die Evangelien, Phaidon, unveränderter Nachdruck Cotta 1923

Meyer Eduard; Urgeschichte des Christentums; Ursprünge und Anfänge, Band 2, Die Apostelgeschichte und Anfänge des Christentums, Phaidon, unveränderter Nachdruck Cotta 1923

Müller Paul-Gerhard; Lukasevangelium, Verlag Katholisches Bibelwerk GmbH, Stuttgart 1984

Nigg Walter; Das Buch der Ketzer, Diogenes Verlag AG, Zürich 1986

Nursia Benedikt von; Die Regel des heiligen Benedikt, Beuroner Kunstverlag, Beuron 1990

Nuzzi Gianluigi; Alles muß ans Licht – das geheime Dossier über den Kreuzweg des Papstes

Ortkemper Franz-Josef; Jetzt verstehe ich die Evangelien, Verlag Katholisches Bibelwerk GmbH, Stuttgart 2008

Pagels Elaine; Apokalypse (Das letzte Buch der Bibel wird entschlüsselt), Verlag C.H. Beck oHG, München 2013

Pagels Elaine; Das Geheimnis des fünften Evangeliums, Warum die Bibel nur die halbe Wahrheit sagt, Deutscher Taschenbuchverlag GmbH & Co. KG, München 2015

Papini Giovanni; Lebensgeschichte Christi, Allgemeine Verlagsanstalt München

Pesch Rudolf & Osborne Thomas; Die lebendigste Jesuserzählung – Das Lukasevangelium, Katholisches Bibelwerk e.V., Stuttgart 2013

Prostmeier Ferdinand R.; Kleine Einleitung in die synoptischen Evangelien, Verlag Herder, Freiburg 2006

Ranke Leopold von; Die Päpste. Die Römischen Päpste in den letzten vier Jahrhunderten. Kardinal Consalvi und seine Staatsverwaltung unter dem Pontifikat Pius VII. Emil Vollmer Verlag, München, Wiesbaden

Reese Thomas J.; Im Inneren des Vatikan, Fischerverlag GmbH, Frankfurt am Main 1998

Rice David; Kirche ohne Priester. Der Exodus der Geistlichen aus der katholischen Kirche. Lizenz Bertelsmann, Donauland, Kremayr & Scheriau, Wien 1990

Rochedieu Edmond; Die großen Religionen der Welt, Von der Antike bis zum Mittelalter, Editoservice Genf, Lizenz Fackelverlag Stuttgart 1985

Roloff Jürgen; Einführung in das Neue Testament, Reclam, Stuttgart 1995

Rosa Peter de; Der Vatikan – von Gott verlassen? Ungekürzte Lizenz für Donauland der Droemersche Verlagsanstalt Th. Knaur Nachf., München 1993

Rosa Peter de; Gottes erste Diener. Die dunkle Seite des Papsttums, Lizenz Donauland Kremayr & Scheriau Wien von Droemer, München 1988

Rosa Peter de; Der Jesus-Mythos – über die Krise des christlichen Glaubens, Droemer Knaur Verlag, München 1991

Sanders E.P.; Paulus – Eine Einführung, Reclam, Stuttgart 1995

Schaik Carel van & Michel Kai; Das Tagebuch der Menschheit – was die Bibel über unsere Evolution verrät, Rowohlt Taschenbuchverlag, Reinbek bei Hamburg 2021

Schmid Konrad & Schröter Jens; die Entstehung der Bibel, Verlag C.H. Beck oHG, München 2022

Schmoldt Hans; Das Alte Testament, Reclam, Stuttgart 1993

Schmoldt Hans; Lexikon der biblischen Personen und Gestalten , Reclam, Stuttgart 2009

Scholl Norbert; Dem Stern folgen, Streifzüge durch das Matthäusevangelium, Verlagsgemeinschaft Topos plus, Kevelaer 2007

Schweer Thomas & Braun Stefan; Religionen der Welt, Wilhelm Heyne Verlag, München 1995

Seppelt Franz Xaver, Schwaiger Georg; Geschichte der Päpste, Von den Anfängen bis zur Gegenwart, Kösel Verlag, München 1964

Speamann Robert; der letzte Gottesbeweis, Pattloch Verlag GmbH & Co. KG, München 2007

Stemberger Günter; Pharisäer, Sadduzäer, Essener, Verlag Katholisches Bibelwerk GmbH, Stuttgart 2013

Theißen Gerd; Der Schatten des Galiläers, Jesus und seine Zeit in erzählender Form, Gütersloher Verlagshaus, Gütersloh 2008

Tolstoi Leo Nikolajewitsch; Kritik der dogmatischen Theologie (Band 1 und 2), Eugen Diederichs Verlag, Jena 1911

Trost Ernst; Der Papst aus einem fernen Land; Johannes Paul und seine Kirche, Lizenzausgabe für Bertelsmann von dem Verlag Fritz Molden, Wien 1980

Urban Martin; Die Bibel, Geschichte eines Buches, Piper Verlag GmbH, München 2010

Veyne Paul; Als unsere Welt christlich wurde, Aufstieg einer Sekte zur Weltmacht, Verlag C.H. Beck, München 2008

Werlitz Jürgen; Das Geheimnis der heiligen Zahlen, ein Schlüssel zu den Rätseln der Bibel, Marix Verlag GmbH, Wiesbaden 2004

Wolf Hubert; Konklave, Die Geheimnisse der Papstwahl, Verlag C.H. Beck oHG, München 2017

Wolf Hubert; Krypta-Unterdrückte Traditionen der Kirchengeschichte, dtv Verlagsgesellschaft mbH & Co. KG, München 2016

Zenger Erich; Einleitung in das Alte Testament, Verlag W. Kohlhammer GmbH, Stuttgart 1995

Zenger Erich; Stuttgarter Psalter, Verlag Katholisches Bibelwerk GmbH, Stuttgart 2005

Zulehner Paul M.; Eine epochale Reformchance, Vom synodalen Weg der katholischen Weltkirche, Patmos 2021

WIKIPEDIA: Diesem unvergleichlichen und unentbehrlichen Online-Lexikon und allen, die es bearbeiten und erhalten, gebührt ganz besonderer Dank. Ohne Wikipedia hätte der Autor sehr viel Zeit in einer Reihe von Bibliotheken verbringen müssen, was das Sammeln und Zusammenstellen von Information und Wissen ungleich komplizierter gemacht hätte.